勞工法系列

工資保護法
理論與實務

五南圖書出版公司 印行

楊通軒 著

自序

　　本書的寫作，主要是希望從法律面及理論面、制度面探討工資的各種問題。其中，夾雜著工資的政治心理功能，希望突顯出工資關懷社會的一面。在架構上，先以工資的法源為開端、隨後及於適用範圍，以收梗概之效。其後，作者嘗試從各個面向討論工資的規範體系，希望能收整合的功能，面面俱到。並以勞工保護法及勞動契約法面向的工資為重點。之後，探討工資的意義與內涵，條分縷析學者間及實務界的幾種判斷標準，希望能達到一窺全貌之用。再之後，本書綜合工資的法令規定及實務做法，將之歸納為各種原則，以作為工資的中心思想及指導原則。末了，本書也以為工資彈性化係一無法迴避的趨勢，必須思考應對之道。我國專家學者有關工資的著作已琳瑯滿目，本書的完成，希望能承擔一補遺的功能，以管窺天，幸不吝指教。

楊通軒

國立中正大學勞工關係學系515研究室
嘉義縣民雄鄉
2021年4月15日

目　錄

第一章 | 工資的法源

 案例1：憲法與工資保護法之關係

　　甲受僱乙保全公司並被派往丙公司從事保全工作。甲乙的勞動契約已經當地主管機關核備，雙方約定的每日正常工時為十小時，每月正常工時為二百四十小時，每月延長工時為四十八小時。問：

(1) 甲的延長工時工資如何計算[1]？

(2) 保全的基本工資與非勞基法第84條之1工作者的基本工資是否相同？

 案例2：件工的工資權利

　　甲受僱乙從事機械加工，雙方約定工資以完成的件數計算（按件計酬）。問：

(1) 如乙指示錯誤或不指示，則工資應如何計算？

(2) 按件計酬的勞工如正常工時後在夜間工作，得否依勞基法第24條請求延長工時工資？

(3) 甲的基本工資如何計算？

(4) 如果乙連續多年給付甲年終獎金，但某年突然停止，甲得否以勞動習慣為由向乙請求？

第一節　憲法

　　我國憲法並無工資保障的明文規定。惟憲法第15條，「人民之生存權、工作權及財產權，應予保障。」以及第153條第1項，「國家為改良勞工及農民

---

[1] 最高法院104年度台再字第25號民事判決參照。

之生活，增進其生產技能，應制定保護勞工及農民之法律，實施保護勞工及農民之政策。」似可解為我國憲法工資基本權之所在。緣工資為勞工提供勞務的對價，具有財產的價值，且又為其本身及其家屬生活之所依賴，過低的工資不僅無法彰顯人性尊嚴，且侵害勞工的生存權。因此，基本工資或最低工資即是立法者基於憲法第153條勞工保護原則的憲法委託，制定法律予以強制實施者。一個提供勞務的人如能獲得一個最低限度的工資，其才能認知勞動係建構其生活基礎的意義。即使對於一位監獄受刑人而言，如果作為法定的再社會化工具的義務（強制）勞動（Pflichtarbeit, Zwangsarbeit）只有或主要是以金錢作為清償，其工作對價似乎即應符合最低限度的要求。一個有受到適當認同的工作，才是一個有效的再社會化工具[2]。而在雇主有歇業、清算或破產宣告等情形時[3]，為確保勞工一定比例的工資請求權優先獲得清償，立法者所設立之工資墊償制度（勞動基準法第28條參照，以下或簡稱勞基法），屬於工資保全程序之一，其亦係憲法第15條、第153條的具體實踐。

　　上述憲法工資基本權之保障，可從司法院大法官釋字第726號理由書獲得依據。蓋其明白地列出憲法第15條及第153條。至於第494號理由書雖謂，「勞動基準法依據憲法維護人民生存權、工作權及改善勞工生活之意旨，以保障勞工權益，加強勞雇關係，促進社會與經濟發展為目的，而規定關於工資、工作時間、休息、休假、退休、職業災害補償等勞工勞動條件之最低標準，……。」惟，其所謂勞動基準法「依據憲法維護人民生存權、工作權及改善勞工生活之意旨」，實際上係整合憲法第15條及第153條的條文內容。

　　此一釋字第494號，也是大法官會議少數間接涉及工資的解釋者，具有相當的指標性。亦即，針對勞基法第84條之1工作者延長工時工作，是否得請求延長工時工資，釋字第494號解釋文認為，「關於延長工作時間之加給，自勞動基準法施行後，凡屬於該法適用之各業自有該法第24條規定之適用，俾貫徹法律保護勞工權益之意旨。至監視性、間歇性或其他性質特殊工作，不受上開法律有關工作時間、例假、休假等規定之限制，係中華民國85年12月27日該法

---

[2]　楊通軒，個別勞工法：理論與實務，第六版，2019年7月，頁171以下。另外，德國聯邦憲法法院1998年7月1日判決對此有詳細的論述，請參閱BVerfG v. 1.7.1998 – 2 BvR 441/90 u.a. (Ergangen u. a. aufgrund Vorlageschl. Des LG Potsdam), NJW 1998, 3337 ff。

[3]　須注意者，依據勞基法施行細則第15條規定，本法第28條第1項第1款所定積欠之工資，以雇主「於歇業、清算或宣告破產前六個月內」所積欠者為限。可知其與破產清冊的登錄時點無關。換言之，勞工即使在破產清冊登錄之前離職，仍然受到勞基法第28條適用。不同的法制，請參閱EuGH v. 25.7.2018, NZA 2018, 1395。

第84條之1所增訂，對其生效日期前之事項，並無適用餘地。」吾人從解釋文的反面解釋，在2016年12月27日第84條之1增訂施行後，從事監視性、間歇性或其他性質特殊工作的工作者，其延長工時工作即不得依據勞基法第24條請求延長工作時間之加給。

上述釋字第494號的看法，似乎亦為釋字第726號所採。依其解釋文，「勞動基準法第84條之1有關勞雇雙方對於工作時間、例假、休假、女性夜間工作有另行約定時，應報請當地主管機關核備之規定，係強制規定，如未經當地主管機關核備，該約定尚不得排除同法第30條、第32條、第36條、第37條及第49條規定之限制，除可發生公法上不利於雇主之效果外，如發生民事爭議，法院自應於具體個案，就工作時間等事項另行約定而未經核備者，本於落實保護勞工權益之立法目的，依上開第30條等規定予以調整，並依同法第24條、第39條規定計付工資。」似可推知第84條之1工作者之工作時間，如有報請當地主管機關核備，即可排除第32條之限制，且無須依第24條規定計付工資【案例1(1)】。

有問題的是，針對勞基法第55條、第56條及第58條規定之退休金，其法律性質為何[4]？此在學者間多持遞延工資的見解，即雇主所提撥者，實際上為雇主應該給付勞工之工資，只是立法者強制雇主應將之提撥至勞工退休金專戶，以為將來退休之用。雖然如此，大法官釋字第578號似非採取此種看法。蓋其理由書認為「就雇主言，以強制其按月提撥勞工退休準備金並為專戶存儲之規定，作為促使其履行給付勞工退休金義務之手段，雖因此使雇主自主決定契約內容之契約自由以及自由使用、處分其財產之財產權受到限制，惟其目的乃在貫徹保護勞工之憲法意旨，並衡酌政府財政能力、強化受領勞工勞力給付之雇主對勞工之照顧義務，應屬適當。」即其認為雇主之提撥退休金，係出於保護照顧義務而來，本質上為附隨義務，與雇主給付工資之主要義務，尚有不同。所以，解釋上「提撥」與勞基法第23條第1項的「給付」尚有不同。

本書以為：如將勞基法之退休金視為遞延工資，則其應是「工資每月至少定期發給二次」的例外，甚至也不在勞基法第23條第1項「當事人有特別約定或按月預付者」範圍之內，而是立法者特別允許的、具有獨立意義的「工資類型」。另一個問題是，作為退休金基數標準之月平均「工資」（勞基法第55條第2項參考），其內涵可否採取廣義的工資概念？例如包括福利性質的津貼、

---

[4]　相對而言，資遣費為補償費的性質，雇主並不需先行提撥至專戶。

獎金？甚至補償費？社會給付？對此，由於平均工資的定義係規定在勞基法第
2條第4款，其一體適用於退休金、資遣費、職業災害補償，基於整體考量性原
則，似難個別地針對退休金採取從寬的解釋[5]。

第二節　國際條約

　　針對我國身為會員的國際組織，其所公布的國際文件，如經我國政府簽
署、批准，自應對於我國發生效力。此在與特定國家或區域所簽訂的自由貿易
協定，亦是如此。中華民國自1971年10月26日退出聯合國後，解釋上即不再肩
負聯合國會員的權利義務。包括聯合國附屬機構的國際勞工組織（International
Labour Organisation, ILO），其相關的公約與建議書，即使我國退出聯合國之
前簽署，同樣亦中止效力。例如，我國在1930年2月20日批准的1928年第26號
創設訂定最低工資機構公約及1958年3月1日批准的1951年第100號男女勞工同
工同酬公約即是如此。然而，我國有關男女勞工同工同酬的勞工法令規定，即
使受到國際勞工公約相當的影響，其法律效力並不會受到動搖。而與第26號創
設訂定最低工資機構公約有關的1936年12月23日最低工資法，也已經在1986年
12月3日總統令廢止。

　　至於如國際勞工組織1949年第95號保護工資公約、1951年第100號公平
報酬公約、1970年第131號最低工資訂定公約、1992年第173號雇主破產時
員工給付請求權保障公約、2006年第186號海事勞工公約（Maritime Labour
Convention）、2007年第188號漁捕工作公約（Work in Fishing Convention）、
1928年第30號確定最低工資辦法建議書、1949年第85號保護工資建議書、1951
年第90號公平報酬建議書、1970年第135號最低工資訂定建議書、1996年第187
號海員薪資、工作時間與船舶人力配置建議書等，由於我國已無權再簽署，
當然無法律效力。只不過，基於我國是國際社會的一個成員，且有高度的自
由民主法治，對於勞動人權保護周到，自應基於國際條約友善原則，以立法
的方式，將符合國情之公約、建議書、及其他協議轉化為國內法而實施之。
俗稱的「兩公約施行法」，即是將聯合國的「經濟社會文化權利國際公約」
（International Covenant on Economic Social and Cultural Rights）及「公民與政治

---

[5]　不同的是，BAG v. 10.12.2019, NZA 2020, 976：在一定條件下，企業退休金得以底薪作為計算
　　基礎。

權利國際公約」（International Covenant on Civil and Political Rights），轉化為內國法而來。

　　其中，「經濟社會文化權利國際公約」第7條規定，「本公約締約國確認人人有權享受公平與良好之工作條件，尤須確保：（一）所有工作者之報酬使其最低限度均能：(1)獲得公允之工資，工作價值相等者享受同等報酬，不得有任何區別，尤須保證婦女之工作條件不得次於男子，且應同工同酬；(2)維持本人及家屬符合本公約規定之合理生活水平；……。」其所謂「公允之工資」，即為基本／最低工資之意，此已在勞基法第21條及2021年尚在立法中的最低工資法（草案）加以規範。而「工作價值相等者享受同等報酬，不得有任何區別，尤須保證婦女之工作條件不得次於男子，且應同工同酬」，即表示男女勞工應同工同酬，甚至是同質同酬，此在勞基法第25條及性別工作平等法第10條均已明訂。

　　有問題的是，無論是兩公約施行法或我國所簽署生效的多國公約、雙邊協議，由於並不得選擇特定的條文、而是全部條文在我國適用，如此，當發生與原本國內勞工法規相衝突時，究應何者優先？對此，本書以為該等公約施行法等，其法律位階仍為法律，而非憲法，故不得牴觸憲法。惟基於國際條約友善原則或後法優於前法原則，原本的勞工法規規定將失去其效力。即必須遵守國際條約的規定，否則將難免受到國際條約監督機關的制裁。為避免發生此種窘況，行政當局及立法者實應慎思引進國際條約的必要性及實用性，並且修正相關的勞工法規。

第三節　法律

　　有關工資的法源，主要係分散在各個法令中。

第一項　民法／僱傭契約章

　　民法有關工資的規範，並不以僱傭契約章為限。包括：民法總則編第72條（公序良俗的工資）、第73條（工資重利行為）[6]、及僱傭契約章第482條與第483條之報酬均屬之。其中，前兩者為狹義之工資，第482條與第483條之報酬

---

[6]　違反民法第72條或第73條者，通常已符合人口販運防制法第2條一（一）的定義。

則爲廣義之工資。在此，第482條爲尚未納入勞基法工作者規範之所在，而第72條、第73條與第483條則是一體適用於已納入及尚未納入勞基法工作者。

依據民法第482條規定，「稱僱傭者，謂當事人約定，一方於一定或不定之期限內爲他方服勞務，他方給付報酬之契約。」其所謂「服勞務」，並不以僱傭契約所約定的工作內容爲限，而是包括非爲自己利益的、而是與工作完成前後附隨的行爲，例如從事外勤工作或機器維修組裝工作者來往客戶間的駕駛車輛行爲與時間，連帶地，基於雙務契約的性質，僱用人遂須給付報酬[7]。

第二項　勞動基準法

勞基法及其施行細則，係工資主要規範所在。且其主要爲勞工保護法面向的工資，僅有勞基法第21條第1項上半句、勞基法施行細則第7條第3款與第5款、勞基法第70條第2款爲勞動契約法面向的工資。勞雇雙方基於契約自由原則，對於工資的議定、調整、組成等有相當大的形成權限。對於「狹義的勞務或勞務的本體」（例如組裝維修工作）及「廣義的勞務或輔助的工作」（例如準備工作、爲服務客戶行車往返時間），也可以約定不同的工資額度或津貼、獎金的給付。大略觀之，勞基法之主要條文有：第2條第3款與第4款、第7條、第21條～第29條、第70條第2款；勞基法施行細則之主要條文有：第7條第3款與第5款、第11條～第16條。

第三項　性別工作平等法

針對受到性別工作平等法（簡稱性平法）適用的受僱者、派遣勞工[8]，其有關薪資的平等待遇（第10條參照），性平法另有薪資的定義規定。其中，由於性平法並無適用行業的限制，「受僱者」概念與勞基法「勞工」概念並不相同，解釋上範圍應該較廣。

依據性平法第3條第8款「薪資：指受僱者因工作而獲得之報酬；包括薪資、薪金及按計時、計日、計月、計件以現金或實物等方式給付之獎金、津貼及其他任何名義之經常性給與。」其法律用語與勞基法第2條第3款工資的

---

[7]　BAG v. 25.4.2018, NZA 2018, 1211 ff.; BAG v. 17.10.2018, NZA 2019, 159 ff. Burkhard Boemke, Fahrzeiten als Arbeitszeiten, RdA 2020, 65 ff.

[8]　至於求職者、實習生、公務人員、教育人員及軍職人員，並非此處薪資平等的適用對象。

定義，幾乎完全相同。差異者僅爲「勞工 vs. 受僱者」、「工資 vs. 薪資」而已。本書以爲薪資亦是指狹義工資的概念，即爲勞務的對價及經常性的給與，其並不包括福利性質的津貼、獎金、社會給付等。與此不同的是，性平法第19條第1款「每天減少工作時間一小時；減少之工作時間，不得請求報酬。」其所謂「報酬」則是採廣義工資的概念。

第四項　團體協約法

團體協約法爲規範工會與雇主進行團體協商及締結團體協約的法律依據。依據團體協約法第12條第1項第1款，團體協約得約定工資、津貼、獎金等勞動條件。在此係採廣義工資的概念。特別的是，工會與雇主針對工資、津貼、獎金的協商，也及於工資制度的設立及程序的事項，例如議定或調整工資的程序或機制／構。也就是說，勞工與雇主之議定或調整工資，必須遵守工資制度的規定，也得借助於一定的程序或機制／構（例如由工會成員與雇主組成的工資委員會），以獲得較爲公允的工資。須注意者，團體協約工資制度並不得違反禁止差別對待原則，例如團體協約單純按照年齡的因素設定不同的級別，並給予不同額度的獎金、節金，而且滿65歲的勞工（甲）屬於額度最低的等級。甲即得主張受到不法的年齡差別待遇（中高齡者及高齡者就業促進法第12條第2項第3款參照）。

第五項　勞工保險條例、就業保險法、全民健康保險法

勞工參加勞工保險、就業保險及全民健康保險，其所應繳交的保險費，係依照投保薪資的一定比例而負擔。其爲社會保險法面向的工資。其分別規定在勞保條例第13條第1項、第14條第1項、勞保條例施行細則第27條第1項、就業保險法第40條、全民健康保險法第20條第1項第1款。

第六項　勞動事件法

勞動事件法爲民事訴訟法的特別法，惟其定義及實體規定恐會影響相關勞工法規的適用，亦即有直接的或間接的修正效力。其有關工資的規定，分散在總則、訴訟程序及保全程序。分別爲第12條、第37條、第47條及第48條等。其

係採取廣義工資的概念。其中，第37條推定工資的規定，將勞基法第2條第3款津貼獎金推定為工資之立法意旨予以明文化，有助於工資本質的釐清。而第47條及第48條之工資保全程序，則有助於勞工及其家屬生活資源的確保。

第七項　破產法、強制執行法

破產法有關工資之規定，主要係與勞基法第28條積欠工資相連結。依據破產法第98條規定，「對於破產人之債權，在破產宣告前成立者，為破產債權。但有別除權者，不在此限。」第108條規定，「在破產宣告前，對於債務人之財產有質權、抵押權或留置權者，就其財產有別除權。有別除權之債權人，不依破產程序而行使其權利。」

至於勞工的債權人對於工資債權請求強制執行時，為維持勞工及其共同生活家屬最低的生活費用，必須受到一定的限制。依據強制執行法第115條之1規定，「對於薪資或其他繼續性給付之債權所為強制執行，於債權人之債權額及強制執行費用額之範圍內，其效力及於扣押後應受及增加之給付（第1項）。對於下列債權發扣押命令之範圍，不得逾各期給付數額三分之一：一、自然人因提供勞務而獲得之繼續性報酬債權。二、以維持債務人或其共同生活親屬生活所必需為目的之繼續性給付債權（第2項）。前項情形，執行法院斟酌債務人與債權人生活狀況及其他情事，認有失公平者，得不受扣押範圍之比例限制。但應預留債務人生活費用，不予扣押（第3項）。第一項債務人於扣押後應受及增加之給付，執行法院得以命令移轉於債權人。但債務人喪失其權利或第三人喪失支付能力時，債權人債權未受清償部分，移轉命令失其效力，得聲請繼續執行。並免徵執行費（第4項）。」

第八項　其他法律

除了上述法規外，尚有其他法律也有關於工資的規定者。首先是勞工退休金條例有關按照工資6%提繳退休金（勞退條例第14條第1、2項參照），其「工資及平均工資之定義，依勞動基準法第二條規定。」（勞退條例第3條參照）又，例如公司法第235條之1有關員工酬勞的分派。

第四節　習慣法／慣例法

　　企業慣例／勞動習慣對於工資之適用，在2020年1月1日勞動事件法施行後，具有獨自的法律性格。本來，依據民法第1條之習慣法，只要不背於公共秩序或善良風俗，即可適用於工資。且依民法第483條第2項規定，「未定報酬額者，按照價目表所定給付之；無價目表者，按照習慣給付。」即具體地加以規定。不過，勞動事件法第2條第1項第1款明定勞動習慣所生民事上權利義務之爭議，為勞動事件。更是強化勞動習慣的重要性。

　　須注意者，此處的工資勞動習慣，似乎不採民法第1條習慣（法）必須在一定地區、施行一定期間的各企業間共同的慣行而言，而是以個別企業多年來的作為為準，蓋勞動事件法第2條立法理由謂「所謂勞動習慣，指企業中基於多年慣行之事實及勞資雙方之確信所形成之習慣。」而且，此處的工資，似應將之侷限在狹義工資，不及於非工資性質的津貼獎金或福利性給付（勞基法施行細則第10條參照），以免侵害雇主非工資給付的自由決定權【案例2(4)】。

第五節　行政命令

　　此處的行政命令，主要是指勞基法施行細則有關工資的規定，包括第7條第3款與第5款、第11條～第16條。除此之外，中央勞政機關有關工資的函釋（尤其是行政院勞工委員會85年2月10日（85）台勞動2字第103252號函），對於法未明定的工資（例如勞基法第16條預告期間工資的計算），也具有相當重要的地位。依據司法院大法官釋字第137號，對於各機關就其職掌所作有關法規釋示之行政命令，法官於審判案件時，「或為認定事實之依據，或須資為裁判之基礎，固未可逕行排斥而不用。惟各種有關法規釋示之行政命令，範圍廣泛，為數甚多。其中是否與法意偶有出入，或不無憲法第172條之情形，未可一概而論。法官依據法律，獨立審判，依憲法第80條之規定，為其應有之職責。在其職責範圍內，關於認事用法，如就系爭之點，有為正確闡釋之必要時，自得本於公正誠實之篤信，表示合法適當之見解。」可知，相對於勞基法施行細則工資規定具有明確性與安定性，法官對於行政函釋是否與母法法意一致之審查，得採取較為嚴格的態度。此無他，行政解釋畢竟具有較強的政策推動及拘束下級機關與屬員的用意，並非單純以法的角度論事。

第六節　司法裁判

我國各級民事法院與勞動法庭有關工資的裁判，不僅涉及工資的原理原則，也觸及各個議題。有助於工資法制的形成與成熟。從實證的觀察，多數法院係採取工資「雙標準說」的見解，即以勞務的對價及經常性給與作爲工資的認定標準。而中央勞政機關自1996年2月10日函釋起[9]，原則上係採取「單標準說」的見解，即以勞務對價爲認定標準。這也是其政策立場。法院實務幾乎無引用上述中央勞政機關1996年2月10日函釋，而中央勞政機關似乎亦無改變其立場的跡象。此種各自爲政的情形是否與法治國家的常態一致？或者中央勞政機關應該調整其看法？

根據勞動事件法第37條有關工資的立法理由，「勞動基準法第2條第3款所指工資，係指勞工因工作而獲得之報酬，需符合『勞務對價性』及『經常性之給與』之要件，且其判斷應以社會通常觀念爲據，與其給付時所用名稱無關。」顯然，其係將「雙標準說」予以明示化，應該具有排除中央勞政機關「單標準說」的效力。

第七節　法理

依據民法第1條規定，「民事，法律所未規定者，依習慣；無習慣者，依法理。」可知針對民事事件，法理爲法律及習慣的補充法。勞動契約法或私法性質部分的工資法，爲民事法之一，故亦有法理之適用。此並不因勞動事件法第2條第1項第1款無法理之規定，而有所影響。

所謂的法理，爲法律的自然道理或人類理性的自然理法，具有普遍的妥當性，由來於西洋法律思想派別中自然法學派，屬於實質的法規範，具有強制的效力。法律理論中的公平、正義、平等即爲普遍施行的法理。其由司法者在具體個案中予以確認。

有問題者，法理爲無待於立法即具有普遍施行的效力，則對於已立法但未施行的1936年勞動契約法、甚至已經廢止的1936年最低工資法、或者2020年8月尚在立法程序中的最低工資法草案，如其工資的規定符合法理的要求，則是否得將之引爲裁判的依據？本書毋寧持肯定見解。例如勞動契約法第19條規

---

[9]　　行政院勞工委員會85年2月10日（85）台勞動2字第103252號函參照。

定，「件工勞動者，如勞動之成績減少時，其減少部分不得請求報酬。但其減少係由雇方不指示或指示錯誤者，應給與當地普通工資之報酬。雇方及勞動者均無過失時，應給與當地普通工資半數之報酬。」本條但書的規定，對於現行法對於按件計酬勞工無相關規定者，應可作爲補充之用【案例2(1)】。

而2021年尚在立法程序中的最低工資法草案第4條第1項規定，「最低工資，分爲每月最低工資及每小時最低工資。」也可作爲中央勞政機關多年來未有法律明定、但一貫推行的月基本工資、時基本工資的法理依據。惟將來一旦立法程序完成施行，當然即是法律依據矣。

第八節　其他：行政指導

針對勞動事件，中央勞政機關不乏以行政指導提供參考者，其中也有涉及工資者，諸如僱用部分時間工作勞工應行注意事項[10]陸二、勞動派遣權益指導原則[11]五等相關規定。就行政指導的法律效力而言，依據行政程序法第165條規定，「本法所稱行政指導，謂行政機關在其職權或所掌事務範圍內，爲實現一定之行政目的，以輔導、協助、勸告、建議或其他不具法律上強制力之方法，促請特定人爲一定作爲或不作爲之行爲。」而且，第166條規定，「行政機關爲行政指導時，應注意有關法規規定之目的，不得濫用。相對人明確拒絕指導時，行政機關應即停止，並不得據此對相對人爲不利之處置。」可知，行政指導並不具有強制力，且其應對特定人爲之。故行政機關不得針對不特定的人，發布具有強制力的行政指導，以取代法律或行政命令。否則，將違反法治國家原則、依法行政原則。

雖然如此，上述行政指導有者僅在提醒當事人遵守，而將工資法理重述一遍而已，故其合法性尚屬無疑。例如針對是否延長工作時間的認定，依據僱用部分時間工作勞工應行注意事項陸二（二），「勞工每日工作時間超過約定之工作時間而未達勞動基準法所定正常工作時間部分之工資，由勞雇雙方議定之；超過該法所定正常工作時間部分及於休息日出勤工作者，應依該法第24條規定給付工資。但依勞工意願選擇補休並經雇主同意者，應依勞工工作之時數計算補休時數。」又，針對派遣單位與派遣勞工間的工資給付義務，依據勞動

---

[10]　勞動部107年5月17日勞動條1字第1070130761號函參照。

[11]　勞動部107年3月9日勞動關2字第1070125576號函參照。

派遣權益指導原則五（一），「派遣單位依法應全額定期給付工資，不得以任何理由遲延或拒絕給付工資。其與要派單位因履約所生爭議，派遣單位應另循司法程序救濟，不得以要派單位拖欠費用為由積欠派遣勞工工資或其他給與。」此實屬正確。惟（二）「要派單位支付派遣單位任何費用前，應確認派遣單位已依約按期支付派遣勞工工資，以確保無積欠派遣勞工工資或其他給與情事。」應僅係提醒要派單位而已，即使其未確認，也不代表其應為派遣單位積欠派遣勞工工資，負擔法律責任。況且，派遣單位支付派遣勞工工資，與要派單位支付派遣單位費用的時間點無關，換言之，可以在要派單位支付派遣單位費用之前或之後。

第二章 | 工資的適用範圍

案例1

　　甲係一熱愛中華文化的美國人，在2010年4月1日與位於台北市從事文學事業的乙簽訂僱傭契約，擔任將中文翻譯成英文的工作，雙方言明甲仍在美國住居及工作。問：

(1) 文學事業受到勞基法適用嗎？

(2) 如是，甲得主張適用勞基法嗎？

案例2

　　乙係從事紡織製造的事業，在世界各地都設有生產工廠。甲係一專業的委任經理人，與乙簽訂委任契約，負責管理經營工作。問：

(1) 委任經理人受到勞基法工資規定的適用嗎？

(2) 勞基法第7條勞工名卡之工資、第23條第2項工資清冊適用於委任經理人嗎？

　　依據規定工資的相關法規，乃衍生出時、人、地、事等適用範圍。

第一節　「時」的適用範圍

　　勞基法及其施行細則係工資主要規範之所在。其發生效力的時間，依1984年7月30日公布及其他各次的修正而定。依據勞基法第86條第1項規定，「本法自公布日施行。」再依中央法規標準法第13條規定，「法規明定自公布或發布日施行者，自公布或發布之日起算至第三日起發生效力。」故勞基法有關工資之規定，自1984年8月1日起發生效力。至於之後的多次修正，依據勞基法第

86條第2項、第3項規定，「本法中華民國八十九年六月二十八日修正公布之第三十條第一項及第二項，自九十年一月一日施行；一百零四年二月四日修正公布之第二十八條第一項，自公布後八個月施行；一百零四年六月三日修正公布之條文，自一百零五年一月一日施行；一百零五年十二月二十一日修正公布之第三十四條第二項施行日期，由行政院定之、第三十七條及第三十八條，自一百零六年一月一日施行（第2項）。本法中華民國一百零七年一月十日修正之條文，自一百零七年三月一日施行（第3項）。」

　　勞基法自1984年8月1日生效後的多次修正，其效力自然不溯及既往。此一精神，也在司法院大法官釋字第494號予以確認。依之，「關於延長工作時間之加給，自勞動基準法施行後，凡屬於該法適用之各業自有該法第24條規定之適用，俾貫徹法律保護勞工權益之意旨。至監視性、間歇性或其他性質特殊工作，不受上開法律有關工作時間、例假、休假等規定之限制，係中華民國85年12月27日該法第84條之1所增訂，對其生效日期前之事項，並無適用餘地。」

　　即使勞基法第84條之2前段，「勞工工作年資自受僱之日起算，適用本法前之工作年資，其資遣費及退休金給與標準，依其當時應適用之法令規定計算；當時無法令可資適用者，依各該事業單位自訂之規定或勞雇雙方之協商計算之。」其適用本法前之退休金給與標準，仍應依工資計算。惟主要係視有無「當時應適用之法令」而定。並非謂勞基法可溯及既往適用。

　　勞基法「時」的效力另一項特殊之處，是僅有勞基法第3條第1項第1款～第7款之各業，自勞基法施行之日起受到適用。至於第8款「其他經中央主管機關指定之事業」，則是由中央勞政機關衡量各種因素及進行各種準備作業後，才將之指定適用。首開其端者，為行政院勞工委員會77年4月5日（77）台勞動1字第06508號公告指定驗船師事務所、海事檢定服務等適用勞基法。而最近一次指定，則為勞動部108年3月12日勞動條1字1080130207號公告「醫療保健服務業僱用之住院醫師（不包括公立醫療院所依公務人員法制進用者）適用勞動基準法」，並自中華民國108年9月1日生效。這些被指定的行業，都是自特定日起生效，其中「醫療保健服務業僱用之住院醫師」已明定為中華民國108年9月1日起適用勞基法。而驗船師事務所、海事檢定服務則未明定施行日期，解釋上應從公告日民國77年4月5日起生效。在此，另外指出者，前者並未說明公告的法律依據，後者則已說明是依據「勞動基準法第3條第3項」。本書以為後者的說明似為誤解，正確而言係第3條第1項第8款「其他經中央主管機關指定之事業」。蓋同條第3項的立法重點，係在但書之「經中央主管機關指定公告

之行業或工作者，不適用之。」即將特定行業或工作者的勞雇關係指定公告不適用勞基法。隨著勞基法的施行期間往後延伸，經由第3條第1項第8款公告指定的行業或工作者日益增多，相對地，仍在勞基法適用範圍之外者，也將會日益減少。惟因在後期「因經營型態、管理制度及工作特性等因素適用本法確有窒礙難行」所需考慮的因素越多，指定公告的速度將會越加放緩。

值得注意者，中央勞政機關根據第3條第1項第8款所為之指定，「得就事業之部分工作場所或工作者指定適用。」這是因為其他的工作場所或工作者仍然有第3條第3項但書之虞，所不得不為之行政行為。

綜合上面所述觀之，除了尚有部分的行業及工作者至今未納入勞基法適用外，實際上，勞基法第3條同時存在指定公告適用（第1項第8款）及指定公告不適用兩種程序（第3項、第4項）。依據第3條第3項，「本法適用於一切勞雇關係。但因經營型態、管理制度及工作特性等因素適用本法確有窒礙難行者，並經中央主管機關指定公告之行業或工作者，不適用之。」所以，對於第3條第1項第1款～第7款之自始適用勞基法的各業或工作者、以及第8款之嗣後逐步適用的「其他經中央主管機關指定之事業」，中央勞政機關均可以「因經營型態、管理制度及工作特性等因素適用本法確有窒礙難行」為由，將之指定公告不適用。即第3條第3項但書係以已經被勞基法適用的行業或工作者為前提。至於「前項因窒礙難行而不適用本法者，不得逾第一項第一款至第七款以外勞工總數五分之一。」

而且，依本書所見，中央勞政機關並得依據同條第2項，指定公告部分工作場所或工作者不再受到適用。例如依據行政院勞工委員會87年12月31日（87）台勞動1字第059604號公告：針對公立醫療院所（技工、工友、駕駛人除外）之工作者、公立社會福利機構（技工、工友、駕駛人除外）之工作者、依立法院通過之組織條例所設立基金會之工作者、及個人服務業中家事服務業之工作者，「自88年1月1日起不適用勞動基準法」、「二、上述人員自87年7月1日至同年12月31日適用勞動基準法期間之權益，均依該法規定辦理」。另外，依據行政院勞工委員會87年12月31日（87）台勞動1字第059605號公告：「自即日起」藝文業、其他社會服務業、人民團體、國際機構及外國駐在機構，不適用勞基法。吾人以為後一公告似有疑義，蓋藝文業等自始未納入勞基法適用，何必再公告不適用？法律依據為何？所以，中央勞政機關依據「勞動基準法第3條第3項」，公告訂定「私立藝文業適用勞動基準法」，並自中華民國99年3月1日生效（行政院勞工委員會99年1月4日勞動1字第0980131007號公

告），本書其法律依據似有問題，正確而言，應是第3條第1項第8款，蓋其是初次納入勞基法適用也【案例1(1)】。

　　而依據第3條第3項但書的法理，一旦「因經營型態、管理制度及工作特性等因素適用本法確有窒礙難行」的理由不再存在，中央勞政機關即得根據第3條第3項本文將之指定公告適用。例如行政院勞工委員會89年1月7日（89）台勞動1字第0000377號公告指定藝文業中之公立單位技工、工友、駕駛自中華民國89年1月7日起適用勞動基準法。這是針對行政院勞工委員會87年12月31日（87）台勞動1字第059605號公告藝文業不適用勞基法而來。

　　最後，對於行業或工作者之指定公告適用勞基法的，似可再注意以下幾點：一者，目前尚未被中央勞政機關依據第3條第1項第8款納入的行業或工作者還有哪些？理由為何？正當性為何？蓋既是最低的勞動條件，理論上即不應有任何勞工被排除在外者。二者，其次，是否存在勞基法第3條第1項第1款～第7款之各業被依同條第3項但書指定公告不適用？而後被納入適用？三者，如果中央勞政機關對於原適用勞基法之行業或工作者，得依第3條第3項但書指定公告不適用，而後在不存在窒礙難行時，再度指定公告納入適用，則如何確保勞雇雙方的信賴保護？行業或工作者／勞工得否對於「窒礙難行」提出救濟？法院是否得對於確否存在「窒礙難行」加以審查？

　　至於勞基法施行細則部分，依第51條規定「本細則自發布日施行。」其發布日為1985年2月27日，即自該日發生效力。至於之後多次的修正，亦自其發布日發生效力。由於施行細則不僅具體化、明確化本法的規定，也有甚多攸關勞雇雙方權益的實體規定，例如第7條之1、第7條之2、第7條之3，故其施行日甚為重要。

　　又，民法債編係在1929年11月5日制定、11月22日公布、1930年5月5日施行，則有關民法僱傭契約章報酬之規定（民法第482條），自1930年5月5日起生效。

　　另外，尚在立法階段的最低工資法草案，依據第16條規定，「本法自中華民國○年○月○日施行。」則依據中央法規標準法第14條規定，「法規特定有施行日期，或以命令特定施行日期者，自該特定日起發生效力。」

　　又，針對工資之習慣法（民法第483條、勞動事件法第2條第1項第1款）及法理，並無制定法之過程或者其制定法過程並未完成，故應自其客觀上存在時即生效力，此由法院認定之。此在1936年12月25日勞動契約法第16條～第29條之勞動報酬義務，如其符合法理者，即是以公布日為其適用起點。依本書所

見，第19條、第23條、第24條、第27條等規定，本屬雇主勞動契約上之義務，故符合法理的要求。

最後，附帶一言者，工廠法自1931年8月1日起適用，至2018年11月21日廢止，「凡用發動機器之工廠，均適用本法。」（第1條參照）而勞基法自1984年8月1日起施行，兩者有三十四年多重疊的時間。惟基於後法優於前法的原則，工廠法第五章（第20條～第25條）工資的規定，自勞基法施行後已失其法律效力，實務上及學術著作上亦未見有引用之者。

第二節　「人」的適用範圍

第一項　勞工

有關工資「人」的適用範圍，係依其相關法律而定。以民法第482條、第483條受僱人而言，其對象並不以勞基法之勞工為限，例如私立大學教師[1]。其工作地點並不以在事業場所內為限，而是包括簽訂僱傭契約或勞動契約之移動勞工（Mobilarbeiter）、家庭辦公室勞工（Heimarbeiter, Home office worker）、電傳勞工（Teleworker）等[2]。即使外國籍人士前來我國從事打工度假或打工換宿者，亦為此處的受僱人。至於境外僱用的漁工亦同[3]。依本書所見，其並不問有無人格從屬性[4]，即使不成立勞動契約（例如家庭代工者），仍有可能成立僱傭契約，在此要採取從寬認定之態度。問題較大者，係此類不適用勞基法的受僱人或廣義的勞工，其報酬／工資是否應受到勞基法第2條第3款「經常性給與」的拘束？對此，似應採否定的見解，蓋民法的報酬與勞基法的工資，其理論思想並不相同。就此觀之，在數件涉及大學教師的工資爭議案件中，法院援用勞基法第2條第3款「經常性給與」加以論斷，似乎未盡正確[5]。

---

[1] 最高法院107年度台上字第1055號民事判決參照。

[2] 楊通軒，勞工保護法：理論與實務，第一版，2019年9月，頁2、297、298、299。

[3] 但非法的外國籍勞工既非勞基法、亦非民法僱傭契約章工資的適用對象。法理上，非法外國籍勞工與事業單位間之勞動／僱傭契約，因違反強制禁止規定（民法第71條參照）而無效。非法外國籍勞工並無工資請求權。

[4] 惟，最高法院56年台上字第1612號民事判例有「受僱人既係以聽從僱用人之指示而作為」一語，似乎採取肯定的見解。

[5] 最高法院107年度台上字第1055號民事判決、最高法院107年度台上字第1435號民事裁定參照。

　　相對地，1936年勞動契約法係採取具有從屬關係之勞動契約，即狹義的勞工。同樣地，依據勞基法第2條第6款規定，「勞動契約：指約定勞雇關係而具有從屬性之契約。」如此，則其第1款規定，「勞工：指受雇主僱用從事工作獲致工資者。」即應將之解釋為具有人格從屬性的狹義勞工為限，包括藍領勞工、白領及高階職員。惟勞基法第84條之1第1項第1款「監督、管理人員」係指受雇主僱用，負責事業之經營及管理工作，並對一般勞工之受僱、解僱或勞動條件具有決定權力之主管級人員（勞基法施行細則第50條之1第1款參照）。解釋上似乎包括不具人格從屬性者，甚至委任經理人。此處之勞工，包括受僱於派遣事業單位之派遣勞工（勞基法第22條之1參照）。根據此一條文規定，在派遣事業單位未給付工資時，要派單位應負保證人責任（民法第739條以下參照）。除此之外，派遣事業單位對於派遣勞工之工資給付，必須遵守勞基法之相關規定。

　　又，依據性別工作平等法（簡稱「性平法」）第10條第1項規定，「雇主對受僱者薪資之給付，不得因性別或性傾向而有差別待遇；⋯⋯。」其所謂的受僱者，是否應採取與勞基法具有從屬性的勞工同樣的解釋？本書採取否定的見解。也就是說，即使未被勞基法適用的工作者、或者未具有從屬性的受僱人，均為其適用對象。所以，性平法的受僱者，其概念應同於民法僱傭契約的受僱人。

第二項　（委任）經理人？

　　經理人的地位及權利義務，規範於民法、公司法及勞工法的交界地帶，本即有待釐清之處[6]，傳統上，公司法與民法允許公司與經理人得約定限縮經理人的權限（民法第553條第2項、公司法第31條參照），似乎即會影響其是否為勞工法上勞工的認定。再加上實務上不乏經理人契約加入勞基法規定者，例如解僱、工資給付次數與日期、以及退休年齡等，在在都增添其權利義務的不確定性，連帶地也影響其工資請求權。在實務的爭議中，主要係在其身分是否為勞工上。一旦確定其並非勞基法的勞工，其即無勞基法之適用，包括工資的規定。在此，係採取實質認定說，而非形式認定說，即不以雙方所簽定的經理人契約為準，而是以其是否確在執行經理人權限為準。

---

[6]　Alexander Stöhr, Der Beschäftigungs- und Vergütungsanspruch des GmbH-Geschäftsführers nach Kündigung und Abberufung, NZA 2020, 1439 ff.

　　一般以為經理人是否受到勞基法適用，係以其為一般經理人或經過董事會任命程序之經理人而定（這也包括勞基法第84條之1第1項第1款「監督、管理人員」）。前者，只是由經營階層任命的管理職人員，必須接受一般事務的指揮命令，故適用勞基法。後者，為專業的委任經理人，公司得依章程規定置經理人（公司法第29條參照），其與董事會密切合作，遵行股東會或董事會之決議（公司法第33條參照）[7]，並具有相當的裁量權限[8]。依據中央勞政機關的見解，「事業單位之經理人依公司法所委任者，與事業單位之間為委任關係，其受任經營事業，擁有較大自主權，與一般受僱用勞工不同，故依公司法所委任負責經營事業之經理人等，非屬勞動基準法上之勞工。」[9]又，「依公司法委任之經理人及依民法第553條委任有為商號管理事務及為其簽名之權利之經理人，均不屬勞動基準法所稱之勞工，亦不適用勞動基準法。」[10]此處的「較大自主權」，似乎較本書作者所採的「一定程度的」或「相當的」裁量權來得寬鬆。

　　所以，一旦經認定非勞基法的勞工，則勞基法及其施行細則有關狹義工資的規定，並不適用於委任經理人[11]。包括勞基法第2條第3款與第4款、第21條～第23條第1項、以及第24條～第29條，勞基法施行細則第7條第3款與第5款、第11條～第13條、第14條之1～第16條等規定。惟勞基法第7條勞工名卡之工資、第23條第2項工資清冊，似乎應將委任經理人包括進來，蓋其同樣有受到工資透明性保障的必要性【案例2(2)】。另外一方面，勞基法第84條之1第1項第1款之管理職人員，其工時雖不受第32條延長工時之限制，但得否謂即無勞基法第24條延長工時工資之適用？似非無疑，較為折衷、且妥當之計，係視其為一般經理人或委任經理人而做不同的處理。

　　值得一提的是，在德國法上，有限公司的經理人係與其公司簽訂僱用契約（Anstellungsvertrag），並且因受到委任（Berufung）而擔任機關職務。且在分離原則（Trennungsprinzip）之下，通常都是個別獨立處理，即在兩個契約關係的有效時期，依據僱用關係行使工資請求權及僱用請求權。而在終止僱用契

---

[7]　這表示股東會或董事會得對委任經理人行使指揮命令權，只是，此種指揮命令權的「質」與雇主對於勞工指揮命令權的「質」並不相同。

[8]　請參閱楊通軒，個別勞工法：理論與實務，第六版，2019年7月，頁72。

[9]　行政院勞工委員會83年5月17日（83）台勞動1字第34692號函參照。

[10]　行政院勞工委員會86年1月9日（86）台勞動1字第001032號函參照。

[11]　最高法院106年度台上字第2907號民事判決參照。

約原則上並不會影響委任的效力。如果是解任，原則上也不會影響僱用契約的效力。換言之，原則上仍有受領勞務遲延給付工資及繼續僱用請求權。先就工資請求權而言，其法律依據為德國民法第611條僱傭契約（Dienstvertrag）及僱用契約，而且有按習慣給付工資之適用（德國民法第612條第2項參照）。此處的工資，包括固定工資（Festvergütung）及變動工資（variable Vergütung）[12]。其次，就受領勞務遲延給付工資而言，是發生在公司預告或不預告終止僱用契約後，經理人爭議終止契約無效，而主張繼續受僱，但被公司拒絕受領勞務而言。對於經理人來講，繼續受僱具有理想上的（ideell）利益及實質上的利益。後者，係指可以主張受領勞務遲延工資，前者係指可以繼續提供其僱用契約所約定的、具有專業技能的勞務。其本係針對受僱人，惟亦適用於經理人，這是因為經理人的勞務也是絕對定期的勞務（§ 326 I BGB），屆期未受領即消滅，不具可儲存性。只是，針對受領遲延，相較於聯邦勞工法院給予寬鬆的條件，德國聯邦最高法院則是加以有限公司法較為嚴格的條件。詳言之，在僱主解僱勞工無效之後，基於德國民法第296條規定，勞工即無須再次口頭表示要提供勞務。但是，在公司終止僱用契約無效後，經理人仍需再次口頭提供勞務。除非公司表示無論如何不會再繼續僱用經理人，例如其已委任他人接替經理人職位[13]。

　　有問題的是，在分離原則之下，公司解任經理人，是否會影響經理人的工資請求權？對此，通說採取否定的見解。這是因為解任並不會影響經理人所負的工作義務，而且公司必須受領其所提供的勞務。在實務上，為了避免受領勞務遲延，公司通常會與經理人同時合意終止僱用契約，並且給予一定額度的補償費[14]。

第三項　其他非勞工身分的工作者

　　所謂其他非勞工身分的工作者，係指與事業單位間非訂定或無訂定勞動／僱傭契約且其非提供職業上勞動力者。此類人員有以學習為主的工作者，

---

[12] Alexander Stöhr, Der Beschäftigungs- und Vergütungsanspruch des GmbH-Geschäftsführers nach Kündigung und Abberufung, NZA 2020, 1439.

[13] BGH v. 20.1.1988, NJW 1988, 1201; v. 9.10.2000, NZA 2001, 36.

[14] Alexander Stöhr, Der Beschäftigungs- und Vergütungsanspruch des GmbH-Geschäftsführers nach Kündigung und Abberufung, NZA 2020, 1443.

例如建教合作生、技術生、養成工、實習生、見習生、學徒等。另外有提供奉獻性勞務的工作者，例如志工、義工等。至於不具勞工身分的家內勞動者／電傳勞動者（teleworker）、家庭辦公室（homeoffice）或移動辦公室（mobile office）員工、平台工作者（crowdworker），亦屬之。此類人員原則上非屬工資「人」的適用範圍。

在實務上爭議較大者，應屬自然承攬人（Solo-Selbständiger）之適用問題。此類人員雖屬自營作業者的身分，惟其在外表上及受到指揮命令的強度上，幾乎與受僱勞工難以分辨，故似應將部分勞工法令及社會保險法令的保障適用及之。此所以職業安全衛生法第2條第1款工作者，指勞工、「自營作業者及其他受工作場所負責人指揮或監督從事勞動之人員」，將自然承攬人包括在內。

只不過，依照現行法制及學者見解，勞基法之工資規定並不適用於自然承攬人。即使2020年8月間尚在立法階段的最低工資法草案第3條規定，「本法所稱勞工、雇主及工資之定義，依勞動基準法第二條之規定。」顯然，亦不包括自然承攬人。此是否確無疑義？蓋從比較法來看，德國的家內勞動者及自然承攬人，均有最低工資的適用，且其最低工資額度的量定，還要納入企業經營費用（Betriebskosten）的因素，故其最低工資標準尚且高於一般勞工。

其實，以建教合作生而言，雖其為學習型的工作者，但依據高級中等學校建教合作實施及建教生權益保障法第22條第2項規定，「前項生活津貼，不得低於勞動基準法所定基本工資，並應以法定通用貨幣給付之。」即採取以基本工資額度為最低下限的立法，並非獲取基本工資。此種立法方式或可提供其他學習型的工作者、自然承攬人、家內勞動者等基本／最低工資保障的參考。

不惟如此，如同委任經理人般，本書以為勞基法第7條勞工名卡之工資、第23條第2項工資清冊，似乎應將之解釋包括學習型的工作者、自然承攬人、家內勞動者等非勞工身分的工作者，以達到工資透明性的保障及工資正義的目的。

第三節　「地」的適用範圍

工資「地」的適用範圍為我國政治實力的管轄範圍，即台、澎、金、馬地區，且不問為本國勞工或合法的外國籍勞工。反面而言，除了出（公）差之

外，被派遣至外國提供服務者，則非勞基法適用效力所能及【案例1(2)】。且只要為適用勞基法的事業單位，包含各種科學園區、智慧園區、加工出口區、以及境外園區等，即一體適用之。即使基本工資，我國採取「單一最低工資制度」，不分地區（域）地一體適用於境內所有行業別、職業、勞工[15]。

第四節　「事」的適用範圍

　　所謂工資「事」的適用範圍，係指勞工得主張工資的事項為何。在此，依據勞基法第2條第3款觀之，首先係指勞務行為。即勞基法施行細則第7條第1款之「應從事之工作」。惟除了實際從事契約所約定之工作（含延長工時工作）外，解釋上，勞務之輔助行為亦有可能包括在內，例如出差（勞基法施行細則第18條參照）或者往來客戶服務途中的行車行為。不同的是，從居住處所往返事業單位間之通勤時間並非工作時間，不在其內。至於準備工作，雖為職業災害保險的適用範圍（勞工保險被保險人因執行職務致傷病審查準則第5條第2款參照），但並非當然為工資「事」的適用範圍。

　　至於職業教育訓練時間，原則上亦被解釋為工作時間。而勞工從事服務性行為，則應視法令有無特別規定而定。例如依據勞資會議實施辦法第12條第3項規定，「勞資會議代表依本辦法出席勞資會議，雇主應給予公假。」故其有工資請求權。相反地，勞工如係擔任調解／仲裁委員，由於勞資爭議處理法並無特別規定，且可以向主辦單位請求車馬費或出席費，故無工資請求權。

---

[15] 　請參閱楊通軒，個別勞工法：理論與實務，第六版，2019年7月，頁89。

第三章 ｜ 工資的規範體系

案例1

　　乙係一從事進出口業務的公司（貿易公司），僱用甲、丙等數名業務人員，並且有一位派遣勞工（丁）。問：

(1) 乙在經過連續多年虧損後，終於未依勞基法第16條第1項規定期間預告而對甲終止契約，其所應給付預告期間之工資的法律性質為何？是否得較契約所約定的工資額度為低？

(2) 丙因家族遺傳疾病長期請病假，其在一年內已經超過三十日，則乙預告終止勞動契約時，應否給付預告期間工資？

(3) 乙得否直接給付工資給丁？目前勞基法或其他法令有無規定？

案例2

　　乙係一家經營食品販售的大賣場，僱用甲、丙等數十名員工。甲、丙等員工已成立工會（丁），勞資會議也依法令進行。問：

(1) 某月，甲因需款孔急，乃向乙預支當月薪資，雙方約定乙再發薪時，直接扣下借款，發與剩下的工資餘額即可。有效否？

(2) 丙即將在某日屆滿65歲，乙欲依照勞基法第54條第1項第1款行使強制退休權，應否遵守預告期間？

(3) 某年，乙與丁簽訂團體協約提高工資5%，是否應送請股東會承認？如果是在勞資會議達成調高薪資的決議，是否應送請股東會承認？

　　有關工資的規範體系，應該包括以下幾個面向：

第一節　勞工保護法的面向

第一項　工資的保障

　　所謂工資的保障（確保），係指勞基法第15條及第16條與預告終止勞動契約有關之工資繼續給付之問題[1]。此與工資續付原則係在處理各種假期的繼續給薪，尚有不同。在此一預告期間，勞動關係雖然繼續存在，但因有終止契約的新事實發生，遂使勞動關係受到動搖。連帶地，也可能致使勞工拒絕提供勞務或雇主拒絕給付工資。因此，遂有工資保障的必要性。

　　首先，就第15條而言，在勞工向雇主預告終止契約之情形，按照第18條第1款規定，勞工不得向雇主請求加發預告期間工資。這包括第15條第1項「特定性定期契約期限逾三年者，於屆滿三年後，勞工得終止契約。但應於三十日前預告雇主。」蓋由於其為超過三年的定期契約，實應從擇業或轉業自由的角度，賦予勞工終止契約的權利。只是，其在三十日前預告雇主期間，仍然繼續提供勞務，而雇主也繼續給付原來的工資，故無預告期間工資問題（否則即會產生雙重給付工資的問題）。雖然如此，依本書所見，勞工應得類推適用第16條第2項規定，主張每星期不超過二日的有薪謀職假，請求給付勞動契約所約定之工資。

　　另外，依據第15條第2項「不定期契約，勞工終止契約時，應準用第十六條第一項規定期間預告雇主。」這是指勞工欲自行離職時，應在一定期間前預告雇主終止契約。由於在該期間仍然繼續提供勞務，雇主也繼續給付原來的工資，故同樣無預告期間工資問題。並且，勞工並不得類推適用第16條第2項規定，主張每星期不超過二日的有薪謀職假。有問題者，如果勞工未經預告或預告期間不足第16條第1項之期間即離職，則其是否有預告期間工資請求權？對此，從第15條第1項的舉輕以明重或第16條第3項的反面解釋，應為否定的見解。這也是符合法律不保障惡意之人的原則。惟勞工的擇業或轉業自由仍應予以保障，勞動關係已經終止。只是，雇主對於勞工未預告終止契約所造成的損害，得依民法請求損害賠償。

　　再就第16條而言，勞基法第16條第1項雇主預告終止契約而勞工客觀上無

---

[1]　又，勞基法第16條與就業服務法第33條之通報期間，兩者立法目的及規範內容均不同，並無法律競合或衝突問題，其期間可同時並行不悖，並得就其違反情形分別適用。行政院勞工委員會97年9月17日勞職業字第0970078793號函參照。

法提供勞務、勞工請假外出謀職，以及同條第3項未遵守期間預告的工資請求權而言。即非單指無預告終止契約之給付工資。

緣雇主依第11條或第13條但書規定終止勞動契約者，應依勞工在職期間的長短提前預告終止契約，以便勞工在預告期間請假外出謀職。所以，除了謀職假外，勞工在預告期間本應繼續提供勞務，而非免除勞務（除非勞雇雙方有此約定）。在此，如果雇主依據勞基法第11條第2款或第4款預告終止契約，勞工在該期間仍然繼續提供勞務，雇主也繼續給付原來的工資，故無預告期間工資問題。此時，勞工得依第16條第2項規定，主張每星期不超過二日的有薪謀職假。

同樣地，在第13條但書之情形，根據本文所言「勞工在第五十條規定之停止工作期間或第五十九條規定之醫療期間」，勞工亦未有工作之事實，惟雇主繼續給付工資，故亦無預告期間工資可言。勞工不得主張兼得原來的工資與預告期間工資。雖然在該期間勞工事實上未工作或無法工作，但勞動關係仍然存續，勞工並不得為第三人工作。惟其應得類推適用第16條第2項規定，主張每星期不超過二日的有薪謀職假。此處的「請假期間之工資照給」，係指勞動契約所約定之工資而言。

只不過，勞基法第11條第1款歇業、第3款不可抗力暫停工作在一個月以上、甚至第5款勞工確不能勝任工作（例如長期重病），勞工在接獲預告終止契約期間，事實上並未提供勞務，雇主在第1款、第3款及第5款普通傷病超過勞工請假規則第4條第1項所規定的期限（勞工請假規則第5條參照），事實上也未給付工資，則雇主應給付預告期間工資[2]【案例1(2)】。如是第5款普通傷病假一年內未超過三十日部分，雇主應補足工資未達半數之部分（勞工請假規則第4條第3項參照），則雇主無給付預告期間工資之義務。

最後，依據第16條第3項規定，「雇主未依第一項規定期間預告而終止契約者，應給付預告期間之工資。」這是指雇主有第11條或第13條但書之情形，而未遵守期間預告終止契約。不問勞工在原勞動關係存續期間有無工作之事實，雇主均應給付預告期間的工資，以確保勞工的所得來源。只是，此處勞工並不得向雇主主張第16條第2項之每星期不超過二日的有薪謀職假。蓋有薪謀

---

[2] 此種未交付工作、也未給付報酬，但應依法預告終止契約、並且給付預告期間工資的模式，也為德國家內勞動法（Heimarbeitsgesetz, HAG）針對家內勞動者（家庭代工者）所採。德國家內勞動法第29條第7項、第8項參照。BAG v. 20.8.2019, NZA 2020, 232, 236; vgl. BAG v. 13.9.1983, NZA 1984, 42 = BAGE 44, 124.

職假係以勞動關係存續為前提，而未遵守期間預告終止契約已經終局地結束勞動關係矣。

　　有問題的是，此處的「應給付預告期間之工資」，是否是指勞動契約所約定之工資？或者可以有其他的計算標準？畢竟，勞工在該期間並未實際工作。對此，依據內政部75年7月3日（75）台內勞字第419200號函「該預告期間工資可依平均工資標準計給」，即無須按照原勞動契約所約定之工資給付。在此，內政部所謂之「平均工資」，應是指勞基法第2條第4款之平均工資而言，蓋在當時並無其他量定期間的平均工資規定。果然如此，相較於勞基法第17條第1項第1款、第55條第2項、第59條第2款、第3款係以法律明定資遣費、退休金、職業災害補償之計算，且完全回歸勞基法第2條第4款，則內政部以行政解釋的方式擴充適用於預告期間的工資，是否與勞基法上述條文的列舉規定相違背？實有待斟酌。須注意者，上述內政部函釋已被勞動部109年10月29日勞動關2字第1090128292A號令所廢止。依之「預告期間工資之給付標準，為『雇主應預告期間之日數乘以勞工一日工資』；該一日工資，為勞工契約終止前一日之正常工作時間所得之工資。其為計月者，為契約終止前最近一個月正常工作時間所得之工資除以三十所得之金額。但該金額低於平均工資者，以平均工資計給。」其似乎係參考勞基法施行細則第31條的立法方式。只不過，依本書所見，此一預告期間的工資，性質為補償金，似得由勞雇雙方自由協商議定之，不受勞基法第2條第4款「計算事由發生之當日前六個月」的拘束。其也不受基本工資的下限限制【案例1(1)】。蓋即使競業禁止之補償金額也僅為「不低於勞工離職時一個月平均工資百分之五十」（勞基法施行細則第7條之3第1項第1款參照），而最低服務年限之補償金額僅為「合理補償」（勞基法第15條之1參照）而已，其具體數額由勞雇雙方議定之。又，針對勞工之特別休假，因年度終結或契約終止而未休之日數，雇主應發給工資，其發給工資之基準：依照目前勞基法施行細則第24條之1第2項第1款第2目「前目所定一日工資，……。其為計月者，為年度終結或契約終止前最近一個月正常工作時間所得之工資除以三十所得之金額。」亦即其係以「最近一個月」為量定基準，且係「正常工作時間所得之工資」，與勞基法第2條第4款「工資總額」包含延長工時工資（加班費）者，尚有不同[3]。此係一特有的工資清償規定。而針對無薪休假

---

[3] 依據德國聯邦休假法（Bundesurlaubsgesetz, BUrlG）第12條第1款規定，不休假工資的平均工資的計算，則是納入加班費。

或減班休息期間，勞工未休特別休假日數之工資計算疑義一案，中央勞政機關認為勞基法施行細則第24條之1第2項第1款之「最近一個月」，「……應往前以『減班休息』前最近一個完整月份已領正常工作時間所得之工資數額計給」[4]，其似乎係採取參考勞基法施行細則第2條的立法方式。惟何謂「完整月份」？是否也應將勞基法施行細則第2條的各種情形排除在外？

　　另外一言者，勞基法第16條第3項預告期間的工資，畢竟與勞動契約所約定之工資性質有異，而是與競業禁止條款、最低服務年限、職業災害之補償（金）[5]相同，故其是否亦受到第21條～第28條之全部適用？並非無疑[6]。亦即除了第22條第1項之法定通用貨幣外，其他條文應無適用之餘地。即第16條第3項為特殊的規定，與第21條～第28條定期給付工資（勞務的對價及經常性給與）之情形不同。以第27條之「按期」給付工資為例，係指定期給付的工資而言，即第23條第1項之各種按期給付之工資。而違反第16條規定者，僅應依第79條第3項處新台幣2萬元以上30萬元以下罰鍰。

第二項　工資正義的確保

　　勞基法第21條～第28條，均為確保工資正義實現的規定，其中，除基本工資移置本書第五章「工資的原則」外，以下即逐條說明之。

一、法定通用貨幣原則

　　工資應以法定通用貨幣支付，除了是由中央所印製，具有一國主權的象徵外，其幣值具有相當的穩定性、可在各地使用的流通性與便利性，並有很高的防偽性，故在政經環境穩定的情況下，普遍為人民所樂於信賴持有。基於以上數點理由，在現代國家，即使是地方具有相當程度自治權的聯邦制國家，法定通用貨幣也是由聯邦政府所發行。

　　有問題的是，對於在國際上一些國家流通的加密貨幣（Krytowährungen）

---

[4]　勞動部109年11月13日勞動條2字第1090130982號函參照。

[5]　依據行政院勞工委員會87年11月19日台87勞動3字第050602號函：勞工在醫療中不能工作，雇主依勞動基準法第59條第2款規定，按原領工資數額予以補償，係補償金性質，非屬工資。

[6]　至於雇主未依第1項規定期間預告而終止契約者，「契約既已終止，尚無所謂併入工作年資之問題」。行政院勞工委員會88年6月22日（88）台勞資2字第0027325號函參照。

或穩定貨幣（stablecoin），得否約定作為工資的一部分？尤其是後者以稀有金屬、（強勢）國家貨幣或一些物品的總集作為其參考幣值，早已具有備用的（backed）貨幣的身分。在此，勞基法第22條第1項規定，「工資之給付，應以法定通用貨幣為之。但基於習慣或業務性質，得於勞動契約內訂明一部以實物給付之。工資之一部以實物給付時，其實物之作價應公平合理，並適合勞工及其家屬之需要。」其所謂「實物」，雖在勞基法施行細則中未加以明訂所指為何物，但除了食、衣、住、行所需之物外[7]，解釋上似可包括加密貨幣及穩定貨幣在內。所謂「作價應公平合理」，應以市價為參考依據，避免雇主作價太高、變相壓低工資。不清楚的是，「一部」的意義固應為「一小部分」，而非「一大部分」，惟範圍到底多廣？可以占整體薪資的比例為多少？無論如何，從但書的用語觀之，為便於勞工及其家屬使用，以滿足其生活之需，似應採取嚴格解釋，不宜過度放寬。只是，同條第2項本文「工資應全額直接給付勞工。」應該限於法定通用貨幣，而不及於實物[8]。

上述「一部實物給付」的限制，主要是因工業革命後，不少雇主在發薪日之前，以勞動契約約定的方式或者以指示權的方式，要求勞工即以賒帳（借貸）的方式購買雇主本身所生產的產品，而在發薪時直接扣除借款之情形，故從勞工保護的角度禁止之（Truckverbot）。惟如果工資已全額給付給勞工，勞工已擁有所有權及處分權，其當然得自行決定以工資的大部分或全部付款購買公司所生產的產品，其並不受第22條第1項「於勞動契約內訂明一部以實物給付之」之適用。在此，實難想像勞動契約會有「勞工領取工資後應購買公司一定金額的產品」之約定。

上述將加密貨幣及穩定貨幣作為實物處理，如係針對在我國境內工作的勞工（含外國籍勞工），固無問題。惟如係針對我國人民至外國工作，則由於受到勞基法地的適用範圍的限制，工資的強行規定應無適用的餘地。對此，除了受到當地國工資法令的規範外，我國人民與當地雇主所約定之工資，應可包括加密貨幣及穩定貨幣。比較有問題的是，如果當地並無強制性的工資法令，或者即使有，但並未強硬落實，勞雇雙方並且約定以我國法定通用貨幣為給付工資，則因其本質上為自由的約定，故可自由納入加密貨幣及穩定貨幣。此並非

---

[7] 例如膳宿費用。行政院勞工委員會87年4月13日（87）台勞動2字第014421號函、行政院勞工委員會89年7月31日（89）台勞動2字第0031354號函參照。

[8] 同樣地，債權人依據強制執行法第115條之1對於債務人的薪資／報酬的強制執行，其所謂不得逾各期給付數額三分之一之限制，應該也是以法定通用貨幣為限，不及於實物。

謂加密貨幣及穩定貨幣已取代台灣新台幣的地位，而是從我國人民在當地使用貨幣的方便性及實用性考量，尤其是當地國的貨幣是否穩定？是否當地人民樂於接受諸如美金作為第二貨幣[9]？只是，我國人民如係被派遣出國服務者（勞保條例第9條第2款參照），其在當地所獲工資得納入我國勞工保險投保薪資計算，則即使其以加密貨幣及穩定貨幣給付，仍然須換算成新台幣計價。

二、工資全額直接給付

　　依據勞基法第22條第2項規定，「工資應全額直接給付勞工。但法令另有規定或勞雇雙方另有約定者，不在此限。」本項涉及狹義工資之全額給付[10]及直接給付兩項原則。其是以正常工作狀態下為前提，即不可歸責於勞工或不可歸責於勞雇雙方的情形。在此，負有工資全額直接給付責任者，並不以雇主為限，而是第三人亦得代為負擔給付責任[11]。依據全額給付勞工原則，雇主不得將本薪調降，而將非工資給付（例如伙食津貼）調高[12]。又，雇主不惟不得拒絕給付、亦無權單方決定分期給付勞工。例如，在發生天然災害時，雇主不得以勞工曠職、遲到為由扣發全勤獎金[13]。只是，在工資給付日期屆至時，勞雇雙方應得約定延期或分期給付。根據此一原則，雇主尤其不得以任何理由（例如勞工積欠債款）而剋扣工資的一部分[14]。此一部分與工資之保全有關，請參閱本書第三章第一節第三項之說明。

　　至於直接給付，係指雇主應將工資（或支票）直接交付予勞工本人或將

9　相關論述，請參閱Antje G. I. Tölle, Update: Kann man Arbeitslohn in stablecoin auszahlen? NZA 2020, 291。

10　相對於工資全額給付原則，勞基法第61條第2項另有補償保全規定。例如客運公司駕駛肇事受傷，客運公司不得主張車輛損害的賠償與職業災害補償抵銷。最高法院93年度台上字第170號民事判決參照。

11　然而，勞基法第59條第2款之按其原領工資數額工資補償，並非契約所定工資的給付，雇主主張抵充勞保給付也與勞基法第22條第2項但書「法令另有規定」無關。相關函釋，請參照行政院勞工委員會98年4月8日勞動3字第0980067497號函。

12　勞動部104年5月21日勞動條2字第1040130914號函參照。不過，學者間及實務界多有視伙食津貼為工資者。

13　此為「天然災害發生事業單位勞工出勤管理及工資給付要點」第6點規定。行政院勞工委員會98年9月14日勞動2字第0980083610號函參照。

14　反對說，勞動部104年11月11日勞動條2字第1040027481號書函參照。針對外籍勞工，雇主經查獲有代扣服務費等非屬法定規定費用之情事，即屬違反全額給付原則。行政院勞工委員會98年1月12日勞職管字第0980504957號函參照。

工資匯入勞工戶頭而言。此在派遣勞動契約時，同樣是雇主（派遣機構）對派遣勞工直接給付（勞基法第22條之1第1項參照），而不得委由要派機構給付工資。在此，即使為童工或未成年工，由於其為勞動契約的當事人，亦僅其本人有直接受領權，其法定代理人雖有訂立勞動契約的同意權，亦難謂其有權要求雇主對之給付。

有問題的是，勞工得否委託他人代為行使工資請求權、並且代為受領工資？此在未涉及全額給付（即工資保全）之情形，似應持肯定見解，例如授權法定代理人或第三人代為受領。

在實務上屢屢發生爭議的是，勞基法第22條第2項，「……。但法令另有規定或勞雇雙方另有約定者，不在此限。」此一全額直接給付原則的例外適用範圍為何？對此，所謂的「法令另有規定」，係表示法定的各種費用或債權優先於工資獲得給付，例如勞保條例第16條之投保單位由被保險人工資扣繳保險費，工會法第28條第3項之雇主由工會會員工資中代扣工會會費，強制執行法第115條之1第2項之法院扣押債務人（勞工）三分之一之工資[15]，以及勞雇雙方合意實施縮減工時（無薪休假）以致減少工資[16]（但不包括產假期間[17]）等。另外，勞工曠工當日工資得不發給，亦屬之[18]。如果勞工依據「勞工請假規則」請事（病）假一日，則抵扣之時數，應以該日約定之正常工作時數為限，否則即有溢扣工資情事者，恐涉違反勞基法第43條規定。並且應依勞基法第79條第1項第3款處以新台幣2萬元以上100萬元以下罰鍰[19]。又，針對外籍勞工，如果非以現金直接給付方式給付者，應提供相關證明文件，交予外籍勞工收存，並自行保存五年[20]。但不包括雇主將每月負擔之不得低於勞工每月工資6%之勞工退休金提繳率（勞工退休金條例第14條第1項參照），內含於工資之

---

[15]　行政院勞工委員會職業訓練局96年11月23日職公字第0960048756號函參照。

[16]　行政院勞工委員會98年3月5日勞動2字第0980130120號函參照。

[17]　行政院勞工委員會98年3月17日勞動3字第0980130196號函：產假期間，雇主依本應停止其工作，該期間自無得實施所謂「無薪休假」，並應依無薪休假前之原勞動契約所約定工資數額給付。

[18]　內政部74年5月17日（74）台內勞字第313275號函參照。

[19]　勞動部105年1月26日勞動條3字第1050130186號函參照。在此，並非依違反勞基法第24條規定處理。顯示出違反正常工時後工作及休息日工作，與違反例假、休假日工作，雙軌制的行政罰鍰制裁，只不過，一者依勞基法第79條第1項第1款、另一者依第3款，罰鍰額度均為新台幣2萬元以上100萬元以下。

[20]　行政院勞工委員會98年1月12日勞職管字第0980504957號函參照。

情形[21]。最後，雇主未全額給付適用勞基法之外籍勞工（製造業、營造業、海洋漁撈業、機構看護等業別）工資，係同時違反聘僱辦法第43條第4項規定、就服法第57條第9款及勞基法第22條第2項規定，屬單一行為違反數個行政法上義務規定均處以罰鍰，而有法規競合情形，應適用行政罰法第24條第1項規定。即依法定罰鍰額最高之規定裁處，由於勞基法第79條規定罰鍰最高額100萬元，較就服法第67條第1項規定罰鍰最高額30萬元高，則上開違法情事應按勞基法規定裁處[22]。

　　至於「勞雇雙方另有約定者」，則是給與勞雇雙方一定項目之一定額度的工資處分權。對此，中央勞政機關似乎是採取從寬解釋的立場，因其謂「所謂另有約定，限於勞雇雙方均無爭議，且勞工同意由其工資中扣取一定金額而言；如勞雇雙方對於約定之內容仍有爭執，自非雇主單方面所能認定，應循司法途徑解決，不得逕自扣發薪資。」[23]因此，勞資雙方如約定依曆年制分段或預先給予特別休假，並無不可。而於勞工離職時，擬追溯扣回休假日數多於法定日數之工資等事項，應由勞雇雙方協商議定，或於工作規則中明定，報事業單位所在地之勞工行政主管機關核備[24]。又，勞工就其積欠雇主借款或其他款項而與雇主書面約定每月由薪資中扣抵或抵銷一部分以為清償，雇主再將剩餘薪資給付予勞工，並無違反勞基法第22條第2項規定[25]。對此，本書以為其係針對「勞雇雙方另有約定者」而言。不同的是，如果是雇主主動地主張抵銷，其額度似應以強制執行法第115條之1第2項之法院扣押債務人（勞工）三分之一之工資為上限【案例2(1)】。而且，如果是由勞工主張抵銷，似乎即無額度的限制，蓋勞基法第22條第2項「工資應全額直接給付勞工」，其義務對象為雇主，而非勞工。

　　雖然如此，本書以為此一「勞雇雙方另有約定者」應做嚴格解釋，以免侵害勞工對工資運用的自主權。所以，針對勞工老年經濟安全，勞雇雙方得約定

---

[21]　依據行政院勞工委員會94年6月23日勞動4字第0940034012號函：雇主如將提繳之退休金內含於原議定之工資中，已屬違反勞動基準法第22條第2項「工資應全額直接給付給勞工」之規定，得依該法第79條，處2,000元以上2萬元以下（折合新台幣6,000元以上6萬元以下）罰鍰。

[22]　勞動部106年5月4日勞動發管字第1060503935號函參照。

[23]　針對勞基法第22條第2項但書，最高行政法院106年度判字第746號行政判決也認為「依私法自治、契約自由原則，尊重勞資雙方之約定。」

[24]　勞動部105年8月2日勞動條3字第1050131754號函參照。

[25]　勞動部104年11月11日勞動條2字第1040027481號書函參照。

各出一定費用，購買長期性的權益基金；或者勞雇雙方各出一定額度費用，投保意外或老年商業保險[26]。但不得約定購買自有公司的股票或公司債或自有產品，亦不得規定勞工定期捐獻部分工資從事慈善行為。上述勞動部104年11月11日勞動條2字第1040027481號書函「其他款項」的意義不明，可能導致範圍過於廣大而侵蝕勞工對於工資的運用權。

三、工資補充責任

勞基法在2019年5月15日修正公布第22條之1[27]，以確保派遣勞工的工資權益。依之，「派遣事業單位積欠派遣勞工工資，經主管機關處罰或依第二十七條規定限期令其給付而屆期未給付者，派遣勞工得請求要派單位給付。要派單位應自派遣勞工請求之日起三十日內給付之。要派單位依前項規定給付者，得向派遣事業單位求償或扣抵要派契約之應付費用。」依據立法理由「考量派遣勞工勞務給付對象為要派單位，勞工未領到勞務對價，由要派單位先行補充承擔，就風險承擔能力及正當性考量，係屬合理。又實務上，如派遣事業單位無法支付薪資，係因源自於要派單位未支付價金，則透過立法方式由要派單位負補充責任，更具合理性。」可知立法者係從合理性的角度，令要派單位負補充承擔責任，且不問要派單位有無支付價金予派遣事業單位。

針對此一法定的工資補充（承擔）責任，其性質與民法上之保證責任尚有不同。主要是：前者為法律所定，後者則為保證人與債權人訂立保證人契約，雙方約定在債務人不履行債務時，由其代負履行責任之契約（民法第739條參照）。惟要派單位應得主張類推適用民法保證章的部分規定，例如民法第745條之先訴抗辯權[28]。只是，民法第750條免除保證責任規定與工資補充責任之立法目的有違，應不得類推適用。

雖然如此，此一工資補充責任，在法理上似尚有加以釐清的必要。先就勞動派遣的本質而言，要派單位與派遣事業單位訂立要派契約，就勞動派遣事項予以約定（勞基法第2條第10款參照）。其中，即應約定「支付派遣勞工所需費用之計算」（2014年2月派遣勞工保護法草案第4條第7款參照），亦即包

---

[26]　行政院勞工委員會94年9月29日勞動4字第0940053881號函參照。

[27]　民國108年5月15日總統華總一義字第10800049091號令參照。

[28]　依據民法第745條規定，「保證人於債權人未就主債務人之財產強制執行而無效果前，對於債權人，得拒絕清償。」

含派遣勞工之工資及派遣事業單位所得收取之相關費用（服務費）。惟只須有一總額即可，並不需要在要派契約中明訂派遣勞工之工資額度。解釋上，這應由派遣事業單位與派遣勞工在勞動契約中約定工資之給付，只不過，令人不解的是，在2019年5月15日修正公布第2條第7款「派遣事業單位」及第9款「派遣勞工」的定義中，並未明訂此一工資給付責任，徒留「要派單位」得否直接給付工資予派遣勞工的疑義。即使是在2014年2月派遣勞工保護法草案第5條第4款，也僅規定派遣事業單位提供給派遣勞工及要派單位之派遣工作單應記載「工資及其他約定之給與」，而未明訂「派遣事業單位」應負工資給付責任。雖然如此，由於派遣事業單位為派遣勞工之雇主，解釋上即應由其負工資責任【案例1(3)】。此一派遣工作單亦為勞動契約及要派契約的一部分，自然具有契約之效力。

　　在此一勞動派遣關係中，派遣事業單位應自始地、全部地負擔工資給付義務與責任的前提下，乃有要派單位應否負擔工資補充責任之問題。派遣事業單位與要派單位並非連帶債務人。立法者基於勞動派遣的特殊性，遂有勞基法第22條之1之增訂。此一法定的工資補充（承擔）責任，並無須在要派契約中訂定。也使得派遣勞工無須與要派單位訂立保證契約，以確保派遣事業單位不履行工資債務時，由要派單位代負履行工資責任。

　　原本，不問要派單位有無支付價金給派遣事業單位，派遣事業單位應在工資給付日期，對派遣勞工履行工資給付義務。派遣事業單位既係居於派遣勞動關係兩個契約的樞紐位置，即須承擔來自要派機購及派遣勞工契約上的風險。故其並不得以未收到要派單位對價為由，拒絕給付工資。否則，勞工主管機關得依勞基法第27條限期令其給付或予以處罰（勞基法第22條之1第1項參照）。為此，如要派單位未支付價金給派遣事業單位，則派遣事業單位應在給付派遣勞工工資後，再向要派單位要求償還所支出的金錢數額。只是，實務上不乏派遣事業單位以要派單位未支付價金為由，而拒絕或無力給付派遣勞工工資者。對此，由於要派單位為實際獲得勞務之利益者，故法定課要派單位負工資補充責任，其合理性應無疑義。亦即，由要派單位直接給付工資予派遣勞工。此既為法定補充責任，要派單位即無須憂慮一變而為雇主的身分。在此，須注意者，派遣勞工必須在勞工主管機關依勞基法第27條限期令派遣事業單位給付或予以處罰後，派遣事業單位仍未對之給付工資，始得轉而請求要派單位給付。惟要派單位僅須給付約定的工資，至於派遣事業單位遲延給付工資之損害，仍應由派遣事業單位向派遣勞工賠償。只是，派遣事業單位得向要派單位請求賠

償遲延給付或未支付價金的損害。

　　在此，尚會發生一個問題，即假設要派單位未在派遣勞工請求之日起三十日內給付派遣事業單位所積欠派遣之工資，則其法律後果為何？此與保證人與債權人訂立保證契約，而未能代負履行責任時，即應負違約責任者[29]，是否做相同處理？對此，本書持否定見解，蓋派遣事業單位本應負工資給付責任，即使要派單位未支付價金給派遣事業單位，也僅負債務不履行責任而已，而此一法定補充責任，僅係從社會現實上考量要派單位實際勞務受領人，受有勞務之利益，並未改變三方關係中，派遣事業機構始為工資義務人之法律現象。因此，一旦要派單位未履行法定工資補充責任，雖應受到處新台幣2萬元以上100萬元以下罰鍰之制裁（勞基法第79條第1項第1款參照），但勞工主管機關並不得依勞基法第27條規定限期令要派單位給付工資。換言之，派遣勞工應向派遣事業單位請求違反工資給付義務之損害賠償。

　　而在要派單位已依要派契約支付價金給派遣事業單位，如派遣事業單位未履行工資給付責任，仍然會發生工資補充責任。在此，立法理由認為要派單位受有勞務之利益，且「就風險承擔能力及正當性考量，係屬合理」。顯然，立法者係從社會現象面之工資風險承擔能力及社會正當性作為立法依據，即要派單位對於工資給付的風險承擔能力要強於派遣勞工，以及令要派單位負工資補充責任，也符合社會正當性。此一立論，大概都以要派機構的組織架構、財務能力大於派遣事業單位為前提，殊不知社會上也有不少小型、甚至微型的事業單位或自然人者，令其負擔工資的補充責任，恐已超出其負荷能力，也難以謂公平合理？雖然，針對要派單位履行工資補充責任後，要派單位得向派遣事業單位求償或扣抵要派契約之應付費用（勞基法第22條之1第2項參照）[30]，惟派遣事業單位未能清償或要派單位無法扣抵應付費用之風險，仍然將轉由要派單位承擔。

　　為避免上述「風險承擔能力及正當性考量」所可能產生之不公平現象，從立法上看，針對要派單位已支付價金之情形，似乎令其負督促（派遣事業單位履行工資義務之）責任即足，所謂的工資補充責任或連帶給付責任，似乎均已加以要派單位過重的責任，也違反勞動派遣的本質。惟在修法之前，要派單位為避免工資補充責任及可能無法求償或扣抵的風險，似應將要派契約中支付價

---

[29]　相關討論，請參閱鄭玉波，民法債編各論（下），五版，1980年1月，頁819以下。

[30]　由於此一特殊規定，要派單位即不得主張類推適用民法第749條規定。

金之日期，明訂於派遣事業單位給付派遣勞工工資的給付日期之後（之相當期間），如此，即使派遣事業單位無法給付工資，而派遣勞工轉而請求要派單位給付工資時，其給付工資與履行工資補充責任即能一次完成。

四、工資二次給付及工資清冊記載責任

依據勞基法第23條規定，「工資之給付，除當事人有特別約定或按月預付者外，每月至少定期發給二次，並應提供工資各項目計算方式明細；按件計酬者亦同（第1項）。雇主應置備勞工工資清冊，將發放工資、工資各項目計算方式明細、工資總額等事項記入。工資清冊應保存五年（第2項）。」此為立法者工資定期給付及工資清冊記載事項的要求，以確保工資正義的實現。

從第1項規定觀之，不問是按月計酬或按件計酬，原則上，雇主負有每月至少定期發給二次工資之義務（「每月二次定期給付原則」）。這是立法者經常性給付的命令，為工資判斷標準之一。藉由雇主每月至少二次給付，勞工及其家庭乃能經常地獲得生活經費的挹注。至於「定期」給付，則是在給予勞工可預測性，以便提前規劃工資的運用。此一「每月至少定期發給二次」，僅是要求在一定期間內定期最低給付次數而已，並不涉及勞雇雙方一年約定幾個月的月薪問題（例如一年發給十八個月工資）。也並不問其為月薪、週薪、日薪或時薪等工資制度。甚至時間更長之雙月薪、季薪、半年薪或年薪，亦有適用之餘地。蓋即使週薪、日薪或時薪、甚至雙月薪、季薪、半年薪或年薪等制度，也可以滿足「每月至少定期發給二次」的要求。甚且，「當事人有特別約定或按月預付」也適用於週薪、日薪或時薪、甚至雙月薪、季薪、半年薪或年薪等制度，亦即週薪不當然按週給付、日薪不當然按日給付、時薪不當然按時給付、雙月薪不當然按雙月給付、季薪不當然按季給付、半年薪不當然按半年給付、年薪不當然按年給付，在此，週薪、日薪或時薪、雙月薪、季薪、半年薪或年薪等只是工資計算方法，與工資的給付日期或次數並不相同。勞雇當事人得按月預付週薪、日薪、時薪之全部薪資，或者雙月薪、季薪、半年薪或年薪之部分薪資[31]，或者約定每月定期發給三次以上（包括每日都發薪）。所謂「按月預付」，係指針對每月只給付一次者，立法者強制要求雇主應於當月第一日給付工資而言，如遇例假日則應提前至工作日發給，並不容許雇主在當月

---

[31] 以年薪而言，是預付十二分之一薪資。

底或次月10日給付[32]。理論上，按月預付雖爲法律強制規定，但仍應在勞動契約中約定。另外，針對月薪工作者，爲計算勞工請事假「一日」不給付工資及勞工休假日出勤加發「一日」工資，於計算「一日」工資時，可由勞雇雙方約定以當月實際曆日數或一律以三十日推計之[33]。由於「定期」給付可使勞工擁有可預測性，因此，本書以爲當事人並不得爲每月「不定期」發給三次以上工資的約定。

　　再一言者，勞基法第23條第1項，「工資之給付，除當事人有特別約定……外，每月至少定期發給二次，……。」是否表示上述之月薪、週薪、日薪、時薪、甚至雙月薪、季薪、半年薪或年薪等制度，約定給付日期可以間隔一個月以上（例如每二個月發薪一次）、給付次數可以每年少於12次[34]、甚至不定期發放工資？對此，本書持否定的見解，除了定期給付係基於可預測性的要求外，應將「當事人有特別約定」限縮解釋爲「每月定期發給三次以上」，以符合立法者定期性或經常性給付的命令。

　　雇主除應每月至少定期發給二次工資外，並應提供工資各項目計算方式明細，以令勞工知悉工資的各項名目及與勞動契約所議定之工資項目是否吻合。再依據勞基法施行細則第14條之1規定，「本法第二十三條所定工資各項目計算方式明細，應包括下列事項：一、勞雇雙方議定之工資總額。二、工資各項目之給付金額。三、依法令規定或勞雇雙方約定，得扣除項目之金額。四、實際發給之金額（第1項）。雇主提供之前項明細，得以紙本、電子資料傳輸方式或其他勞工可隨時取得及得列印之資料爲之（第2項）。」吾人參照中央勞政機關所提供之勞動基準法第23條第1項「工資各項目計算方式明細」之參考例1，其中之工資各項目爲本薪、伙食津貼、全勤獎金、績效獎金及職務加給，均是屬於狹義工資範圍，此等工資、津貼、獎金的加總[35]，即爲勞雇雙方議定之工資總額。至於每月延長工時工資及停止休息日或休假工作工資，亦屬於工資項目之一，但不在勞雇雙方議定工資總額之內。果如此，此處之工資總額與勞基法第2條第4款之工資總額的範圍並不相同。

---

[32]　就此看來，行政院勞工委員會82年3月17日（82）台勞動2字第15246號書函認爲「事業單位於次月10日發放工資，是否合於上開規定，應視勞資雙方是否有事先約定而定。」此一見解似乎有誤。

[33]　行政院勞工委員會102年11月15日勞動2字第1020083156號函參照。

[34]　從「按月預付」應可推知每年至少應預付12次工資。

[35]　這表示非工資之福利性給與及社會性給付並不適用「每月至少定期發給二次」原則。

　　上述工資各項目計算方式明細的給予對象為勞工，不同的是，為便於工資正義的實現，便於勞工主管機關檢查之用，雇主並應置備勞工工資清冊，將發放工資、工資各項目計算方式明細、工資總額等事項記入。工資清冊應保存五年。依本書所見，勞工除了得要求雇主提供工資各項目計算方式明細，勞工得主張檢視工資清冊所記載之工資，以確保工資的正確。惟其並不得以工資平等為由，要求雇主提供其他勞工的工資各項目計算方式明細或工資清冊，以為比對之用。在此，此一工資清冊所記載之工資，與勞基法第7條勞工名卡所記載之工資相同，均係指廣義的工資，包括勞務對價之工資、福利性給與、以及社會性給付等。只是，勞工名卡所記載之工資，目的不在於工資正義而已[36]。惟勞工不得以工資清冊所記載之工資，而納入作為資遣費、退休金、職業災害補償、特別休假工資、以及產假期間工資的計算基礎。

　　最後再一言者，第23條第2項之「發放工資」，究竟何意？對此，似應指與發放工資有關之事項而言，包括工資給付之日期及方法、結算等。例如「依本法終止勞動契約時，雇主應即結清工資給付勞工」[37]（勞基法施行細則第9條參照）；「勞工死亡時，雇主應即結清其工資給付其遺屬」（勞基法施行細則第16條第1項參照），亦屬之。

五、延長工作時間之工資

　　依據勞基法第24條，「雇主延長勞工工作時間者，其延長工作時間之工資，依下列標準加給：一、延長工作時間在二小時以內者，按平日每小時工資額加給三分之一以上。二、再延長工作時間在二小時以內者，按平日每小時工資額加給三分之二以上。三、依第三十二條第四項規定，延長工作時間者，按平日每小時工資額加倍發給（第1項）。雇主使勞工於第三十六條所定休息日工作，工作時間在二小時以內者，其工資按平日每小時工資額另再加給一又三分之一以上；工作二小時後再繼續工作者，按平日每小時工資額另再加給一又三分之二以上（第2項）。」本條係正常工作時間後工作之工資加給的主要規範所在，除了正常工作時間外，亦包括因天災、事變或突發事件而延長工

---

[36] 依據第7條之立法理由：置設勞工名卡，既利於事業單位之管理，亦便於主管機關或檢查機構之監督考查。

[37] 本條之「應即結清」，係指立即或當日結清之意。所以，行政院勞工委員會82年3月17日（82）台勞動2字第15246號書函認為「雇主至遲應於所約定之工資給付日，結清工資給付勞工。」此一見解似與法不合。

作時間及休息日工作者，三者的工資加給標準並不一致。除了本條之外，第39條、第40條亦分別規定停止例假、休息日、國定假日及特別休假工作之工資加給[38]。形成延長工時工資的階層構造。此種法定的工資標準，就如同基本工資一般，當事人的約定不得違反之。附帶一提者，待命時間也有延長待命的情況，對此，雇主理應給予加成給付，惟其並非按照本條的加給標準，而是以待命時間的津貼為基準，由勞雇雙方自由約定加成的比例或標準[39]。

延長工作時間之工資除了具有勞務對價的性質外，也兼具補償的性格（補償所增加的精神及體力的負荷）[40]。而且，隨著加班時數的延長、勞基法第32條之特殊狀況的加班、以及第39條、第40條停止休息日、例假、休假日工作而逐步加重的加班費，也顯示出勞工下班時間的可貴，希望降低雇主非正常工作時間工作的意願（所謂的「平抑性格」）。有問題的是，勞工在遭遇職業災害醫療期間或公傷病假期間（勞工請假規則第6條參照），如仍具有工作能力而回事業單位工作，是否亦有加班費請求權？對此，法院似無明確表達見解但卻較傾向否定看法者[41]，本書亦較傾向否定見解，蓋如經醫院診斷審定勞工未喪失原有工作能力，雇主似乎即得要求勞工復職工作或從事非勞動契約所約定之工作，應無延長工時工資或停止公傷病假加班費可言。

首先，針對延長工作時間而言。依據勞基法施行細則第20條之1規定，「本法所定雇主延長勞工工作之時間如下：一、每日工作時間超過八小時或每週工作總時數超過四十小時之部分。但依本法第三十條第二項、第三項或第三十條之一第一項第一款變更工作時間者，為超過變更後工作時間之部分。二、勞工於本法第三十六條所定休息日工作之時間。」至於雇主使勞工延長工作時間工作，應遵照勞基法第32條第1項的程序規定，以有延長工作的必要性為前提，且由雇主提議加班、並經勞工團體同意。實務上勞工加班時的申請書固有不當，但究不宜以勞工留下加班的現實，即認為雇主已默示同意。否則，

---

[38] 對於勞工在國定假日工作者，依據勞動部106年3月24日勞動條2字第1060130619號函：「所稱『加倍發給』係指休假日出勤工作於八小時以內者，除原本約定照給之工資之外，再加發一日工資。至於當日出勤工作逾八小時之部分，係屬延長工作時間，應依同法第24條第1項所列標準計給延長工時工資。」

[39] BAG v. 30.10.2019, NZA 2020, 398 ff.：雇主如主張是待命時間而非工作時間，即負有舉證責任。

[40] 勞動部106年3月10日勞動條3字第1060049806號書函參照。

[41] 最高法院106年度台上字第301號民事判決參照。

將使得勞工有加班決定權，與勞基法第32條第1項規定有違[42]。這裡也會衍生一個問題：雖然是勞工自行決定留下加班，但究竟未經工會或勞資會議同意，是否應依勞基法第79條第1項第1款處以新台幣2萬元以上100萬元以下罰緩？

　　先就延長工作時間之工資而言，其係指平日各種正常工作時間後的工作，包括法定的、約定的、變形的（勞基法第30條之1第1項第2款）、及特殊工作者的（勞基法第84條之1第1項）正常工作時間後的工作[43]。此處所謂「平日」，係指勞動契約所約定之平常工作日而言，如係排班日工作，則是指排定工作之日，而不問該日是否為休假日。惟假設非採排班日工作，而勞工之平常工作日為休息日、例假者，即應以休息日、例假的工資為計算基礎。如係勞雇雙方合意將國定假日調移為正常工作日，該日即為平日[44]。至於，所謂平日每小時工資額之「工資」，係指正常工作時間之狹義工資而言[45]，延長工作時間之工資及休假日、例假日工作加給之工資均不計入[46]。而且，因天然災害發生得免出勤之日出勤加給之工資（「天然災害發生事業單位勞工出勤管理及工資給付要點」第7點參照），與假日工作加給之工資性質類同，於計算「平日每小時工資額」時，得不列計[47]。又，針對按件計酬勞工之延長工時工資及假日出勤工資之計算，中央勞政機關認為「因計件勞工之工資並非固定，其核計延時工資之『平日每小時工資額』及假日出勤之一日工資額之計算標準，可依上一個月正常工作時間內工資之平均額推計之。至於按件計酬勞工正常工作時間及延長工作時間之作業量及報酬如無法明確區辨者，平日每小時工資額可依其正常工作時間之比例推計之。」[48]其所謂「可依上一個月正常工作時間內工資

---

[42] 不同意見說，行政院勞工委員會101年5月30日勞動2字第1010066129號函、勞動部103年5月8日勞動條2字第1030061187號函參照。

[43] 楊通軒，勞工保護法：理論與實務，第一版，2019年9月，頁126以下。

[44] 勞動部104年12月11日勞動條3字第1040132623號函參照。

[45] 依據行政院勞工委員會87年6月6日（87）台勞動2字第020940號函：關於適用勞動基準法之公營事業單位，「純勞工」之加班費應以該法第24條規定標準發給，計算加班費之工資應依該法第2條第3款工資定義辦理；「公務員兼具勞工身分者」之加班費，依勞動基準法第84條後段但書規定，亦應依該法第24條規定標準發給。惟計算加班費之工資，應依該法第84條前段規定適用公務員法令之薪資定義辦理。

[46] 行政院勞工委員會77年7月15日（77）台勞動2字第14007號函參照。有關住院醫師的平日每小時工資額的問題，請參閱勞動部108年8月28日勞動條2字第1080130940號函、勞動部108年11月15日勞動條2字第1080131087號函。

[47] 勞動部104年11月30日勞動條2字第1040132509號函參照。

[48] 勞動部105年2月2日勞動條2字第1050130240號函參照。

之平均額推計之」，實際上是按照平均工資的計算標準。

　　而一旦在正常工作時間後的工作，即應依第24條第1項第1款或第2款按平日每小時工資額加給三分之一或三分之二以上。由於勞基法第32條第2項規定，「前項雇主延長勞工之工作時間連同正常工作時間，一日不得超過十二小時」，因此，雇主至多按平日每小時工資額加給三分之二以上。此一工資加給比例為最低基準，所以，「依勞動基準法第32條第1項及第2項延長工作時間者，如勞資雙方約定所延長工作時間之工資一律按平日每小時工資額加給二分之一時，則其延長三小時以內者平均每小時之所得工資優於該法之規定，延長四小時者平均每小時所得工資與該法規定相等，自屬可行」[49]。有問題的是，如果延長時間工作已逾四小時，則其工資加給應如何計算？對此，本書以為應類推適用第24條第1項第2款按平日每小時工資額加給三分之二以上，對於勞工精神體力的彌補始得謂平。雇主並且會受到新台幣2萬元以上100萬元以下罰鍰之制裁（勞基法第79條第1項第1款參照）。

　　其次，勞工如係依第32條第4項規定延長工作時間者，雇主即應按平日每小時工資額加倍發給。由於雇主在遭遇天災、事變或突發事件時，如有使勞工在正常工作時間以外工作之必要者，即可將工作時間延長之。無須先經工會或勞資會議同意，只需於延長開始後二十四小時內通知工會；無工會組織者，應報當地主管機關備查，即可。但針對勞工延長之工作時間，雇主應於事後補給勞工以適當之休息。並且，應依第24條第1項第3款「按平日每小時工資額加倍發給」，如此，對於勞工因天災、事變或突發事件，可能須持續一段期間不受每日加班四小時限制地延時工作，雇主始能盡到補償責任。此一「按平日每小時工資額加倍發給」亦是工資加給比例為最低基準，所以，雇主如僅一律按平日每小時工資額加給二分之一，即屬違法[50]。

　　三者，勞工如係在休息日工作者，「工作時間在二小時以內者，其工資按平日每小時工資額另再加給一又三分之一以上；工作二小時後再繼續工作者，按平日每小時工資額另再加給一又三分之二以上」，即其仍是採取「按平日每小時工資額比例加給」的給付模式。此種工資加給的模式，顯示出休息日工作的特殊性。亦即：依據勞基法第36條第1項規定，「勞工每七日中應有二日之休息，其中一日為例假，一日為休息日。」因此，休息日與例假相同，均為勞

---

[49]　行政院勞工委員會80年9月2日（80）台勞動2字第22393號函參照。

[50]　行政院勞工委員會80年9月2日（80）台勞動2字第22393號函參照。

工下班日（休息）。只是，立法者對於例假不得工作的誡命要求較高而已。之所以採取一例一休的立法方式，乃是適度保留勞雇雙方難免有一日休息日出勤之需要，係現階段最務實之做法[51]。從保護必要的程度看，休息日工作要高於正常工時後的工作。勞工休息日以休息為原則，出勤僅為例外。如勞工已在休息日工作，但卻遇有天災、事變或突發事件者，勞雇任一方如基於安全考量停止繼續工作，已出勤時段之工資及工時，仍應依本法第24條第2項及第36條第3項本文規定辦理[52]。

　　本書以為：雇主使勞工於休息日工作，基於舉輕以明重的法理，應該類推適用第32條第1項「必要」之要件，從實質上審查其條件是否存在。這也是為甚麼第24條第2項有「工作時間在二小時以內者」之規定。否則，殊難想像有「工作時間在二小時以內者」之情形。而且，即使是例假、休假日工作，亦無類似用語的明文規定。只不過，另一方面，基於企業實務運作的考量，雇主使勞工於休息日工作之時間，並無須經過工會或勞資會議同意，而是只要經過勞工同意即可。雖然其並非是在正常工作時間後延長工時工作，而是在每七日中之休息日工作，惟「計入第三十二條第二項所定延長工作時間總數。但因天災、事變或突發事件，雇主有使勞工於休息日工作之必要者，其工作時數不受第三十二條第二項規定之限制。」（勞基法第36條第3項參照）在此，依本書所見，即使立法者將「休息日」之出勤設定為較為彈性，將其出勤的性質定位為延長工作時間，但是，基於休息日仍然有勞工身心健康的考量，也必須遵守「必要性」的要求，故相較於第32條第1項、第2項正常工時後的工作，休息日工作應該具有候補性，即雇主理應優先適用第32條第1項、第2項的延長工時工作。對於雇主休息日工作的要求，勞工得行使異議權。

　　承上，由於從保護必要的程度看，休息日工作要高於正常工時候的工作。因此，除了必要性的條件外，「按平日每小時工資額加給」的比例亦應高於正常工作時間的延時工作工資。亦即，「工作時間在二小時以內者，其工資按平日每小時工資額另再加給一又三分之一以上；工作二小時後再繼續工作者，按平日每小時工資額另再加給一又三分之二以上。」此種工資加給的計算方式（加給一倍又三分之一或三分之二以上），與休假日工作係採取工資倍發給方式者，尚有不同。惟似乎有倚輕倚重的疑慮。或許，立法者係從「遏止性格」

[51] 勞動部106年3月10日勞動條3字第1060049806號書函參照。
[52] 勞動部107年3月14日勞動條2字第1070130380號函參照。

考量休息日的加班費，希望達到週休二日的預期目的。

六、性別工資平等

依據勞基法第25條規定，「雇主對勞工不得因性別而有差別之待遇。工作相同、效率相同者，給付同等之工資。」此一規定，與性別工作平等法第10條規定幾乎完全相同，同屬於工資平等原則適用對象之一。故請參閱第五章工資平等原則處之說明。

七、預扣工資之禁止

依據勞基法第26條規定，「雇主不得預扣勞工工資作為違約金或賠償費用。」此一規定，在於禁止雇主預扣工資作為違約金或賠償準備，與第22條第2項的全額給付原則性質為工資保全，立法用意及功能尚有不同。

本條之目的，在於禁止雇主假借任何名義，在尚無（預設的）損害發生前，即預扣一定之工資作為賠償的準備。雇主之預扣具有責任準備的用意，性質上為擔保金或保證金。蓋在勞動契約進行中，雇主可能面臨勞工違反勞動契約之行為，例如違反最低服務年限。而且，即使在勞動契約結束後，勞工也有可能違反勞雇雙方所約定的事項，例如違反禁止競爭業務的承諾或違反保密條款。另外，雇主所受到的損害可能起因於勞工職務上之行為或可歸責或不可歸責之行為或其他第三人（例如顧客）之行為者。以職務上之行為而言，係指勞工因執行職務而造成雇主或第三人損害者，例如駕駛事業單位車輛車禍致人身財產損害、或毆傷客戶等。至於可歸責於勞工之行為，包括故意或過失行為，而侵害雇主人身或財產利益者。再者，損害賠償之範圍，還可能及於不可歸責於勞工或其他第三人（例如顧客）之行為，包括貨品為不知名人士竊取、盤損等。只是，依理而言，既是不可歸責於勞工或其他第三人（例如顧客）之行為，則勞工即無須負損害賠償責任。

在企業實務上，傳統上在簽訂勞動契約時或勞動關係存續中，雇主為預防受僱人將來因職務上之行為而導致其損害，固得要求債務人出具保證人，以便與保證人簽訂人事保證契約，擔保由保證人代負賠償責任（民法第756條之1第1項參照）。因此，勞工違約之行為、因職務上之行為或可歸責之行為（勞基法第12條第1項參照）所致之雇主損害，雇主可在向勞工請求賠償而不果後，轉而向人事保證人請求代負賠償責任（民法第756條之2第1項參照）。然而，

對於不可歸責於勞工或其他第三人（例如顧客）之行為所造成之損害，如果勞工無須負責，則人事保證人是否亦應代負賠償責任？並非無疑。

　　所以，雇主為確保勞動關係中基於任何原因之損害，多有與勞工訂立違約金條款者[53]。此或者在簽訂勞動契約時或勞工到職時[54]、或者在勞動關係進行中或在勞工違約、侵權行為發生後，自發給勞工工資中預扣一定數額的違約金或損害賠償金。此一「預扣」，並不區分雇主單方主動扣取或勞動契約同意雇主行使扣取權[55]。此一「工資」，並不以每月定期發給的工資為限，而是及於一次性的年度給付或臨時給付，而且，也不限於狹義工資，而是及於廣義工資（包括福利性給與、社會給付）。依據中央勞政機關的見解，「所稱『預扣勞工工資』，係指在違約、賠償等事實未發生或其事實已發生，但責任歸屬、範圍大小、金額多寡等未確定前，雇主預先扣發勞工工資作為違約金或賠償費用。」[56]這表示：一旦違約或侵權行為之責任歸屬、範圍大小、金額多寡已經確定，雇主即得扣發勞工工資作為違約金或賠償費用。此時已非「預先」扣發，雇主實質上在行使抵銷權。解釋上，既然雇主得扣發勞工的（部分或全部）工資，即無違反工資全額給付原則之問題，其應屬於勞基法第22條第2項但書「法令另有規定者」。至於所謂責任歸屬、範圍大小、金額多寡已經確定，係指勞雇雙方對於勞政機關的行政調處或下級審法院的裁判並無異議或不服、或者最高民事法院或最高行政法院已經為終局裁判者。

　　承上，勞基法第26條僅是禁止雇主預扣勞工工資作為違約金或賠償費用，而不禁止雇主向勞工另行收取違約金或損害賠償預備金。因此，勞工如同意繳納，似乎即無違法之問題[57]。雖然如此，針對企業實務上不乏雇主在簽訂勞動契約時，即要求勞工自費繳交保證金或損害賠償預備金者。依據就業服務法第5條第2項第3款，雇主招募或僱用員工，不得「收取保證金」。雇主違反者，將會受到新台幣6萬元以上30萬元以下罰鍰處分（就業服務法第67條第1項參照）。本書以為：由於保證金的目的、功能與違約金、損害賠償預備金多有重

---

[53]　相關說明，請參閱楊通軒，個別勞工法：理論與實務，第六版，2019年7月，頁341以下。

[54]　這是指雇主「按月預付」工資或簽約時即同意提前給付（部分）工資之情形。

[55]　行政院勞工委員會89年10月16日（89）台勞資2字第0043550號函：「雇主如於勞工到職時，自勞工所得之薪資中直接扣繳約定於勞動契約中之違約保證金，已明顯違反勞動基準法第26條之規定，該約定應屬無效。」

[56]　行政院勞工委員會89年7月28日（89）台勞動2字第0031343號函參照。

[57]　行政院勞工委員會89年10月16日（89）台勞資2字第0043550號函參照。

疊或類似者，因此，雇主在簽訂勞動契約時或勞工到職時，並不得向勞工另行收取違約金或損害賠償預備金。否則，即應依就業服務法第67條第1項予以處罰。

八、限期給付工資命令

依據勞基法第27條規定，「雇主不按期給付工資者，主管機關得限期令其給付。」此一規定，為勞基法第22條全額給付原則、第23條第1項工資定期性或經常性給付的具體實踐。根據立法理由，「工資為勞工及其家屬所賴以維持生活者，故應按時給付之。雇主積欠工資，勞工如須循民事訴訟程序要求給付，曠時廢日，緩不濟急，生活迫切所需，將嚴重影響勞工生活，爰明定主管機關得限期令其給付。」其顯然是出於工資給付及時性的屬性，不容曠日廢時，故容許勞工主管機關行使限期給付的行政處分。此處的按「期」或限「期」，如上所述，可能為按月預付之每月第一日、每月定期給付二次及（例外狀況之）一次性年度給付之給付日期。至於本條所指不按期給付工資的雇主，也包括基於借調關係，將勞工派往國外或中國子公司工作的雇主[58]。

至於不按期給付工資的原因，並不問可歸責或不可歸責於雇主的事由，只是，在可歸責於雇主之事由時，主管機關在給付日期後即可行使命令權，惟如果係不可歸責於雇主之事由時，則似應在該等事由結束後，始可發動命令權。另外，須注意者，雇主雖不按期給付工資，但如果已與勞工達成延期或分期給付、甚至轉變為以實物給付或變為金錢借貸之性質者，則主管機關即不得發布限期給付工資命令。如果是延期給付，則是在給付日期屆至而雇主仍未給付時，始可發布命令。又，如以即期支票支付，「支票如不能兌現，則與未按期給付工資並無不同，應以違反該法第23條論處。另依同法第27條規定雇主不按期給付工資者，主管機關得限期令其給付。」[59]在實務上，勞雇雙方因景氣因素議定減少工作時間及依比例減少工資，致有低於基本工資數額情事，其當期工資於前開釋令發布前已給付者，得依勞動基準法第27條規定限期補足[60]。

因此，相較於其他勞動條件，工資請求權的實現顯然受到較為嚴密的保障。亦即，在雇主給付工資遲延時，勞工得尋求傳統的救濟管道，以勞資爭議

---

[58] 行政院勞工委員會86年1月27日（86）台勞動2字第000089號函參照。

[59] 行政院勞工委員會86年9月23日（86）台勞動2字第039904號函參照。

[60] 行政院勞工委員會98年3月23日勞動2字第0980130137號函參照。

處理法的調解、仲裁途徑、以及勞動事件法的調解、訴訟程序（給付工資之訴）解決爭議。除此之外，主管機關亦得依第27條發布限期給付工資命令，強制工資請求權實現。雇主如違反限期給付工資命令，將受到新台幣2萬元以上100萬元以下罰鍰之制裁（勞基法第79條第1項第2款參照）。只不過，此種勞資爭議、勞動訴訟，以及行政處分多管齊下的救濟模式，也可能導致雇主按照法定程序主張自己的權利（例如針對行政處分提起訴願、行政訴訟），不僅形成各種救濟途徑同時或先後進行、且各種途徑認定（工資請求權的有無及其範圍）結果可能不一的亂象，而造成當事人的疑惑，甚且難以達成快速給付工資的立法目的。

九、獎金紅利給與

依據勞基法第29條規定，「事業單位於營業年度終了結算，如有盈餘，除繳納稅捐、彌補虧損及提列股息、公積金外，對於全年工作並無過失之勞工，應給與獎金或分配紅利。」本條為獎勵性給與的規定，希望針對營業年度終了結算仍然在職的員工，參考我國工商界習慣，以獎金或紅利的方式，分享事業單位的盈餘[61]。本條係參照公司法第232條而訂立，只是將「分派股息及紅利」更換為「應給與獎金或分配紅利」而已。本條之獎金，與我國民間習俗於農曆年前無論盈虧均發放之年終獎金（稅前），尚有不同[62]。

只是，雖然立法理由參照我國工商界習慣，而訂定本條，但非謂勞工得以企業習慣或勞動習慣為由主張雇主應（繼續）發予獎金或紅利。再加上本條的強制性不足，雇主違反本條規定者，並無行政罰鍰的制裁。所以，其是否確能有助於廣義工資或所得的提升，並非無疑。

雖然如此，是否即可謂本條為訓示規定、雇主無須遵守？蓋即使無行政制裁，亦非謂民事上之不利當然免除。或許，「應給與獎金或分配紅利」已賦予全年工作並無過失之勞工請求權基礎？雇主應按照法定標準或約定標準給予紅利或獎金？為此，雇主似應如公司法上「分派股息及紅利」的規定，經過一

---

[61] 台中高等行政法院99年度訴字第262號行政判決「紅利並非薪資，核其目的應係單向的具有勉勵、恩澤性質之給與。」惟其上級審最高行政法院100年度判字第2045號行政判決卻是以紅利「係源於公司之盈餘分配，亦即以有盈餘為發放之前提要件，並非定時定量給付或每年均得配發，此為個案性之給與，而非例行性、經常性之給與，自非屬勞動基準法第2條第3款所稱之工資。」後者的理由似乎有誤。

[62] 行政院勞工委員會78年2月1日（78）台勞動2字第01874號函參照。

定程序擬定「給與獎金或分配紅利」的標準？蓋即使本條所指之紅利，與勞基法施行細則第10條第1款之紅利同義，即採公司法第232條以下紅利的定義，是在營業年度終了結算，如有盈餘，在繳納稅捐、彌補虧損及提列股息、公積金後，將剩餘的盈餘按照股東持股比例分配給股東。但也非謂分配給員工的紅利，應與分派給股東的紅利數額相同。員工亦不得主張類推適用。畢竟，股東為投資者，而員工為受僱者，兩者的獲利基礎及承擔企業風險不同。

　　不過，本書以為勞工原則上並無請求權基礎。這是因為此一「應給與獎金或分配紅利」的規定，使得雇主得選擇給與獎金或分配紅利。此處，無論是紅利或獎金，均非工資的性質。以勞基法施行細則第10條第1款之紅利而言，立法者希望雇主比照股東分配紅利，性質上屬於一次性的年度給與。至於獎金則是獎勵性給與或恩惠性給與的性質。兩者，除非勞動契約或團體協約[63]已明訂雇主應給付一定數額或一定比例的獎金或紅利，否則，其本質上為自願性給與，難謂勞工有請求權基礎。蓋既然是自願性的或任意性的給與，行政機關及司法機關即應尊重雇主的決定權，不應強力介入。

　　值得一提者，與本條類似者，係立法者在公司法增訂第235條之1，形成雙軌並行的模式。依照後者的規定，「公司應於章程訂明以當年度獲利狀況之定額或比率，分派員工酬勞。但公司尚有累積虧損時，應予彌補（第1項）。公營事業除經該公營事業之主管機關專案核定於章程訂明分派員工酬勞之定額或比率外，不適用前項之規定（第2項）。前二項員工酬勞以股票或現金為之，應由董事會以董事三分之二以上之出席及出席董事過半數同意之決議行之，並報告股東會（第3項）。公司經前項董事會決議以股票之方式發給員工酬勞者，得同次決議以發行新股或收買自己之股份為之（第4項）。章程得訂明依第一項至第三項發給股票或現金之對象包括符合一定條件之控制或從屬公司員工（第5項）。」依據2015年5月1日增訂本條的立法理由「為降低公司無法採行員工分紅方式獎勵員工之衝擊，公司應於章程訂明以當年度獲利狀況之定額或比率，即參考第157條體例之定額或定率方式，合理分配公司利益，以激勵員工士氣，惟獲利狀況係指稅前利益扣除分配員工酬勞前之利益，是以一次分配方式，……。……權衡人才與資金對企業經營的重要性及必要性，……。」相較於勞基法第29條規定獎金或紅利，公司法第235條之1則是規定股票或現金，立法者似有將之互補或希望勞工兼得的用意。

---

[63] 行政院勞工委員會78年2月1日（78）台勞動2字第01874號函參照。

　　觀察公司違反公司法第235條之1規定者，同樣並無刑事或行政的制裁。但相較於勞基法第29條，公司法第235條之1各項的規定（尤其是第1項與第3項的程序規定），已經相對明確而在法律上具有實現的可能性。而且，並不問分派給員工酬勞之股票或現金，其法律性質為工資或獎勵性給與、恩惠性給與。本書以為針對此種股票或現金的一次性的年度給與，公司與員工得自由約定是工資或非工資的給付。而且，員工應得請求公司依照公司法第235條之1規定擬定員工的酬勞額度或比例，並且請求給付酬勞。

第三項　工資之保全：讓與、抵銷、扣押或供擔保之限制

　　在民法上，報酬請求權屬於債權，為權利之一種，具有財產上的價值，受僱人得將報酬給付請求權設定質權（民法第900條）、或將之讓與、抵銷（民法第338條），以追求經濟上的利益。然而，此在勞工法令上是否亦得如此？並非無疑。這主要是工資係勞工及其家屬維繫生活的主要依據，因此，如何確保勞工工資請求權的落實，避免受到來自於資方、勞方或其他第三人因素之影響，即係工資保護法制上所應加規範者。這其中，尤其應防範雇主之無法履行工資給付義務。

　　進一步言之。所謂來自於資方之因素，包括可歸責於及不可歸責於雇主的因素。後者，主要是指天災、事變等不可抗力事由而言，其常會牽涉到雇主的不能繼續其事業（尤其是停工）。至於國際性的或區域性的或全國性的金融或經濟風暴，其嚴重性已近於不可抗力；流行性的法定傳染病，尤其是發生在2019年底、2020年初的武漢肺炎（新冠肺炎），屬於特殊的事件，性質上本非天災、事變等不可抗力，並不當然會導致企業停止營運或勞工無法工作。本可以個案加以處理（例如勞基法第14條第1項第4款參照）。如果經中央政府公告或指定暫停營運或勞工隔離、檢疫者，其有關工資及其他勞動條件的保障，亦應按照國家處理傳染病的規定，其或者以補貼／助的方式、或者以就業保險法令的規定處理。如果不此之圖，而回歸比照不可抗力處理（嚴重特殊傳染性肺炎防治及紓困振興特別條例第3條第3項參照），似非正確解決之道。在此，須注意者，政府機關的補貼／助僅係輔助的／次要的地位，染病的勞工仍應先依勞工請假規則第4條第3項向勞工保險局或雇主請求工資的半數，至於被隔離、檢疫者，亦應先視有無勞工法令或契約給付工資的約定，如無，始能請求補貼／助。又，性質上為經濟風險、但亦被等同不可抗力事由處理者，為「因應景

氣影響勞雇雙方協商減少工時應行注意事項」[64]中無薪休假／減班休息。此一行政指導及相關的函示，是否符合工資保護的法理？並非無疑。

　　前者，最典型者為雇主的不履行工資給付義務。另外，雇主有歇業、清算、破產之情形、以及雇主對勞工行使抵銷權（扣減權）亦屬之。至於可歸責於勞工個人的因素，主要指勞工將工資請求權讓與、供擔保、或行使抵銷權等情形。而在第三人因素方面，主要是與勞工對於工資請求權的讓與等連動者，亦即其取得、扣押、或行使強制執行的權利。

　　由上觀之，工資請求權之保障，會涉及一般性的請求給付、工資的繼續給付、積欠工資的墊償、以及工資的保全等相關問題。其中，工資的繼續給付及積欠工資的墊償牽涉問題複雜、或國家有專有的法律機制，故擬於他處加以闡述。在一般性的請求給付方面，勞基法第27條已有「雇主不按期給付工資者，主管機關得限期令其給付。」的特殊強制設計，賦與勞工主管機關介入權限，形成與勞工提起給付工資之訴並行的現象。並可能導致雇主對於限期給付工資提起行政救濟，與給付工資之訴雙軌制的情形。其結果，可能發生民事法院與行政法院判決見解不一的後果。其實，勞工如為確保工資債權的實現，得依據公證法第13條第1項第1款、公證法施行細則第43條，經由公證取得直接強制執行工資的權利。

　　本書在此所欲探討者，為工資債權保全之問題。也就是說，勞工對於雇主之工資請求權得否讓與、抵銷、扣押或供擔保？此在勞基法退休金部分，「勞工請領退休金之權利，不得讓與、抵銷、扣押或供擔保。」（勞基法第58條第2項參照）而在勞工退休金條例退休金部分，「勞工之退休金及請領勞工退休金之權利，不得讓與、扣押、抵銷或供擔保。」（勞退條例第29條第1項參照）甚至，依據勞保條例第29條第1項規定，「被保險人、受益人或支出殯葬費之人領取各種保險給付之權利，不得讓與、抵銷、扣押或供擔保。」然而，勞基法第22條第2項卻僅規定，「工資應全額直接給付勞工。但法令另有規定或勞雇雙方另有約定者，不在此限。」除了但書已有條件放寬外，其所謂「工資應全額直接給付勞工」是否即為「不得讓與、扣押、抵銷或供擔保」之意？並非無疑。

　　對此，根據第22條的立法說明，「另為避免工資被任意扣減、扣押或不直接發給勞工，規定工資應全額直接給付，……」，可知其僅在避免被雇主任

---

[64]　行政院勞工委員會100年12月1日勞動2字第1000133284號函參照。

意扣減、或被債權人（含雇主及第三人）扣押而已，而不及於讓與或供擔保。可知其義務人為雇主，而非勞工。此處的扣減，主要是指雇主以勞工為瑕疵給付（Schlechtleistung）或加害給付為由，而欲將部分工資扣減下來。惟解釋上亦包括雇主主張抵銷的情形。所以，勞工事先將工資請求權全部或部分讓與雇主或第三人或供擔保，應屬有效，工資債權的保障，其強度並不如退休金或老年年金請求權。立法者的用意，或在於藉由給予勞工處分權，以促進其經濟上的利益，例如以工資請求權做擔保，先向雇主或第三人借貸金錢周轉。只是，在讓與或供擔保後，權利人之行使權利，必須在雇主全額直接給付勞工工資之後[65]。退而求其次，如不採讓與或供擔保全部有效說，也應類推適用強制執行法第115條之1可扣押工資三分之一的額度，由雇主行使抵銷權或受讓權。針對抵銷，本書在上面即已提到：如果是雇主主動的主張抵銷，其額度似應以強制執行法第115條之1第3項之法院扣押債務人（勞工）三分之一之工資為上限。而且，如果是由勞工主張抵銷，似乎即無額度的限制，蓋勞基法第22條第2項「工資應全額直接給付勞工」，其義務對象為雇主，而非勞工。

　　在以往，工資不得扣押的例外，係勞工的債權人得對工資行使強制執行。惟依據強制執行法第115條之1第2項第1款規定，對於「自然人因提供勞務而獲得之繼續性報酬債權」發扣押命令之範圍，不得逾各期給付數額三分之一。第3項規定，「前項情形，執行法院斟酌債務人與債權人生活狀況及其他情事，認有失公平者，得不受扣押範圍之比例限制。但應預留債務人生活費用，不予扣押。」[66]可知，如「有失公平」的前提下，對債務人（勞工）工資請求權進行扣押，即可不受三分之一的限制。

　　同樣與工資債權的保全有關者，係勞工將工資請求權拋棄（包括在終止契約時，勞工領取結清的工資[67]，並且給予雇主一份結算清單（Ausgleichsquittung），表示雇主所負的契約義務均已結清[68]）、或同意分期

---

[65] 反對說，勞動部104年11月11日勞動條2字第1040027481號書函參照。勞動部認為「勞工就其積欠雇主借款或其他款項而與雇主書面約定每月由薪資中扣抵一部分以為清償，雇主再將剩餘薪資給付予勞工，符合勞動基準法第22條第2項『另有約定』的規定。」

[66] 與此不同的是，強制執行法第122條第2項規定，「債務人依法領取之社會保險給付或其對於第三人之債權，係維持債務人及其共同生活之親屬生活所必需者，不得為強制執行。」第5項規定，「執行法院斟酌債務人與債權人生活狀況及其他情事，認有失公平者，不受前三項規定之限制。但應酌留債務人及其扶養之共同生活親屬生活費用。」

[67] 勞基法施行細則第9條參照。

[68] Hanau/Adomeit, Arbeitsrecht, 13. Aufl., 2005, S. 260 f. Rn. 870 ff.惟這並不包括服務證明書、資遣費或企業退休金，因其係以勞動關係結束時始會形成。

清償[69]、或贈與給雇主的問題。此等行為可能在工資請求權到期前或屆期後發生，是否亦在勞基法第22條第2項「工資應全額直接給付勞工」適用之列？似非無疑。至於勞工為此等行為，與雇主有無工資清償能力並無必然關係。但是，勞工如在工資請求權到期前即為此等行為，應屬違反第22條第2項，且應否定其效力。不過，第22條第2項之「工資應全額直接給付勞工」，畢竟以雇主有給付能力、且將工資給付為前提。假設已經屆期，但雇主並無清償能力，則其與勞工達成將工資請求權拋棄、或同意分期清償、或贈與給雇主等行為，在法律上應屬有效。有問題的是，假設已經屆期，且雇主具有清償能力，則其與勞工達成該等行為之合意，則是否仍應承認其效力？本書以為肯定說較妥。蓋勞基法第22條第2項雖強制雇主「工資應全額直接給付勞工」，且有行政罰鍰的制裁，惟工資或工資請求權本為私法上的權利，仍應承認勞工有一定的處分權。否則，或可思考參酌團體協約法第22條第1項本文「拋棄無效」之立法方式，而在勞基法第22條增列第3項規定，明文禁止勞工為此等行為。

另外一提者，勞基法第22條第2項的規範意旨，似乎亦為「高級中等學校建教合作實施及建教生權益保障法」第22條第3項所參照援引。依之，「生活津貼應按月全額直接給付建教生。但法律另有規定得扣除相關費用者，不在此限。」既然如此，「生活津貼應按月全額直接給付建教生」，似乎亦應限制在被任意扣減、扣押，而不及於讓與或供擔保。不同的是，針對技術生，勞基法第69條第1項並無準用工資的規定。所以，技術生的生活津貼也無勞基法第22條第2項的類似保障規定。雖然如此，基於同為學習型勞工的性質，本書以為應可類推適用「高級中等學校建教合作實施及建教生權益保障法」第22條第3項規定[70]。

第四項　積欠工資的墊償／付

台灣積欠工資墊償制度已完成根本性的變革，一者，它從原來的擔保機

---

[69] 此在勞動契約終止時，雖然依據勞基法施行細則第9條規定，「依本法終止勞動契約時，雇主應即結清工資給付勞工。」但同樣會面臨工資分期清償的問題。不同的是，依據勞基法第55條第3項前段規定，「第一項所定退休金，雇主於勞工退休之日起三十日內給付，如無法一次發給時，得報經主管機關核定後，分期給付。」

[70] 針對德國職業訓練法（Berufsbildungsgesetz, BBiG）第17條之生活津貼，多數的勞動法院及學者的見解，認為不得供擔保、讓與及扣押。但大多書民事訴訟法學者則是採肯定的態度。請參閱MHdB ArbR/Krause § 60 Rn. 8。

構外，另外增訂特權保障，形成舉世少有的雙重保障的現象。這種雙重保障的規定，雖然與國際勞工組織第173號公約（雇主破產時員工給付請求權保障公約）第3條容許兼採兩者的規定，無所違背，但仍難免疊床架屋的疑惑。經由此一特權保障的增訂，勞工遂得直接由雇主獲得清償，連帶地，積欠工資墊償基金也降低墊償的支出與功能。惟雇主的抵押權人、質權人或留置權人的權利保障也隨之弱化（或稱共有化／社會化）。二者，它將積欠工資墊償基金的適用範圍，擴充至退休金及資遣費，形成名（積欠工資）實（積欠工資、退休金、資遣費）不符的情況。依據2015年2月4日修正施行的勞基法第28條規定，「雇主有歇業、清算或宣告破產之情事時，勞工之下列債權受償順序與第一順位抵押權、質權或留置權所擔保之債權相同，按其債權比例受清償；未獲清償部分，有最優先受清償之權：一、本於勞動契約所積欠之工資未滿六個月部分。二、雇主未依本法給付之退休金。三、雇主未依本法或勞工退休金條例給付之資遣費（第1項）。雇主應按其當月僱用勞工投保薪資總額及規定之費率，繳納一定數額之積欠工資墊償基金，作為墊償下列各款之用：一、前項第一款積欠之工資數額。二、前項第二款與第三款積欠之退休金及資遣費，其合計數額以六個月均工資為限（第2項）。積欠工資墊償基金，累積至一定金額後，應降低費率或暫停收繳（第3項）。第二項費率，由中央主管機關於萬分之十五範圍內擬訂，報請行政院核定之（第4項）。雇主積欠之工資、退休金及資遣費，經勞工請求未獲清償者，由積欠工資墊償基金依第二項規定墊償之；雇主應於規定期限內，將墊款償還積欠工資墊償基金（第5項）。積欠工資墊償基金，由中央主管機關設管理委員會管理之。基金之收繳有關業務，得由中央主管機關，委託勞工保險機構辦理之。基金墊償程序、收繳與管理辦法、第三項之一定金額及管理委員會組織規程，由中央主管機關定之（第6項）。」中央主管機關依據勞基法第28條規定，訂定了「積欠工資墊償基金提繳及墊償管理辦法」，以為處理的依循。

　　根據勞基法第28條及積欠工資墊償基金提繳及墊償管理辦法的規定，積欠工資墊償涉及的問題約有如下數端：積欠工資墊償制度的法律定位、積欠工資墊償制度改制之問題、積欠工資墊償基金之目的／功能、適用原因／範圍、適用對象、適用項目（工資、資遣費、退休金）之內涵等。

　　先就積欠工資墊償基金之目的／功能而言。當初，基於勞基法第28條規定，所設置墊償基金之目的，乃在以公權力強制多數雇主依法提繳積欠工資墊償基金，並以公權力介入特定雇主積欠工資之墊付作業，使勞工之工資在

法定範圍內能因政府之行政行為而獲得支付，以確保勞工權益[71]。此一積欠工資墊償基金，即係一工資擔保機構的設計，為所有繳交墊償基金之雇主扮演一法定保證人的角色（或者說，其本質上為雇主彼此間共負風險的信用保險）。原本，在第28條修正之前，此一積欠工資墊償之規定，正與勞基法中的資遣費規定互相配合，面對事業單位關廠歇業之情形，給予勞工工資補償（如果勞工已經符合勞基法退休的條件，即依退休規定處理）。此類似於英國針對合理化措施所引起的支付不能（redundancy payment）（補助款費／資遣費）之規定。只是，英國的redundancy payment是由國家從國家保險基金（Nationalversicherungsfonds）中，提出一定數額給受僱達一定年限以上的勞工。其係肯定工作位置具有財產權的保障。一旦國家給付後，即取得原來勞工對於雇主的所有權利的請求權（代位求償權、承受債權）[72]。

上述積欠工資墊償基金係由適用勞基法的事業單位所繳納、所形成的擔保機構，並且由中央主管機關設管理委員會管理之[73]。基金之收繳有關業務，得由中央主管機關，委託勞工保險機構辦理之。雖然其並非狹義的社會安全制度或社會保險的一環，但制度的設計卻類似於職業災害保險的雇主集體責任。所以，在法的定位上，吾人由勞基法及積欠工資墊償基金提繳及墊償管理辦法規定，可知其並非是社會保險的一種，積欠工資墊償基金性質與失業給付／失業保險金究有不同[74]。雖然如此，雇主繳交墊償基金係一公法上的義務（勞基法第28條第2項、第79條第3項參照），墊償工資帶有保險給付的外表[75]、其也具有事業單位連保的性質（社會連帶）。所以論者有名其為：一種可稱為工資保障的社會保險措施[76]。

在雇主依據勞基法第28條第2項繳交一定數額之墊償基金後，雖然同條第

---

[71] 最高行政法院98年度判字第1056號行政判決、最高行政法院97年度判字第991號行政判決、最高行政法院96年度裁字第3568號行政裁定、最高行政法院95年度裁字第889號行政裁定、最高行政法院94年度裁字第2565號行政裁定。

[72] Bruns, Arbeitsförderungsrecht in Großbritannien im Vergleich zum deutschen Recht, 1996, 92, 95 f.

[73] 其係屬於預算法第4條第1項第2款第3目所規定之信託基金。

[74] Bruns, a.a.O., 92.

[75] 只是，勞工保險係由投保單位提出請領（勞工保險條例施行細則第42條），而積欠工資則係由勞工請求墊償。

[76] 郭明政，社會安全制度與社會法，1997年11月，頁56。又，劉士豪，積欠工資墊償制度所涉及的三個問題——從最高行政法院94年度裁字第2565號裁定談起，政大法學評論，第111期，2009年10月，頁205以下：它的立法絕不是單純私法，其實比較像社會保險。

6項僅有管理、收繳有關業務、及與之相關收繳管理辦法的規定。但是，依據積欠工資墊償基金提繳及墊償管理辦法第2條第2項下半段規定，（積欠工資墊償基金）運用業務由勞動部勞動基金運用局辦理，必要時，並得將其運用，委託金融機構辦理。同辦法第19條並且有基金運用範圍之規定。這表示積欠工資墊償基金與勞保基金、就保基金、勞退基金、國民年金一樣，均由勞動部勞動基金運用局加以運用。在2021年1月底，墊償基金規模為138億元6,967萬元，其資產配置主要是公債、公司債及金融債券（達61億元）（占基金總數比例44.42%）及轉存金融機構（達53億元）（占基金總數比例38.31%）。至於積欠工資墊償基金運用之監理，則由中央主管機關行之（積欠工資墊償基金提繳及墊償管理辦法第2條第4項）。具體而言，係由勞動基金監理會進行監理工作。

　再依據積欠工資墊償基金提繳及墊償管理辦法第18條規定，勞保局及基金運用局辦理基金業務的行政經費，由基金孳息支應。然而，積欠工資墊償基金提繳及墊償管理辦法第18條規定，似乎已逾越勞基法第28條規定所授權規定的範圍，增加基金的財務負擔，有違法律保留原則（司法院大法官釋字第426號、第479號、及第480號觀之）。依據勞基法第28條第6項規定，基金之收繳有關業務，得由中央主管機關委託勞工保險機構辦理之。勞動部既然委託勞保局辦理該項業務，則由勞動部編列公務預算支付行政事務費，實屬當然。

　與積欠工資墊償基金的法律定位有關者，係勞保局墊償後，在墊償金額範圍內，承受勞工對雇主之債權，並得向雇主、清算人或破產管理人請求償還墊款（勞基法第28條第5項、積欠工資墊償基金提繳及墊償管理辦法第14條第1項參照）[77]，此一代位求償權的法律性質為何？實務界及學者間的看法並不一致。按照司法院大法官釋字第595號：勞保局以墊償基金墊償取得之代位求償權（即民法所稱之承受債權），乃基於法律規定之債權移轉，其私法債權之性質，並不因由國家機關行使而改變。勞保局與雇主間因歸墊債權所生之私法爭執，自應由普通法院行使審判權。本書則以為大法官會議解釋似有問題，蓋如從雇主繳交一定費用，以備破產事件發生時勞工申請之用，其實具有連保之性質及社會連帶之特徵。如再依據墊償辦法第14條第1項下半段規定「逾期償還者，自逾期之日起，依基金所存銀行當期一年定期存款利率計收利息」觀之，

---

[77] 同樣地，一旦勞工向聯邦就業總署申請破產金（勞動關係結束前三個月的工資）後，勞工的工資請求權即移轉給聯邦職業介紹所（BA）取得（代位權）。

應係一法律特別規定之公法上金錢給付義務[78]。

　　而隨著勞基法第28條修正施行後，不惟積欠工資墊償基金的規範目的／功能增加，積欠工資墊償制度也有根本性的改革。如前所述，在原來擔保機構之外，另外增訂特權保障，使其與抵押權、質權及留置權享有同一順位的債權保障。根據修正理由：「國際勞工公約第173號，要求國家法律或規章賦予勞工債權應高於國家及社會安全制度給付請求權之順位。另我國憲法除揭櫫人民之生存權及工作權應予保障。茲以工資、退休金及資遣費為勞工生活之所繫，現行本於勞動契約所生之工資債權未滿六個月部分，雖定有最優先受清償之權，惟實際受償時卻因雇主資產除抵押物外，幾無所剩，勞工債權雖優先一切債權，惟劣後於擔保物權所擔保之債權，亦難獲得清償，爰修正原條文第1項提高特定勞工債權之受償順序。」

　　上述修正理由之生存權與工作權的保障，與學者所主張之追求社會正義或公平正義，並無何不同。依據王澤鑑所見，「基於社會正義，抵押權應對於勞工之工資債權有所讓步：抵押權對於勞工工資之優越性，可謂是『資本』對『勞力』之優越性，雖是資本主義法制之特色，但工資是勞力之對價，是勞工生活唯一之依賴，若不具有優先於抵押權之效力，則不足以保護勞動者生存之基本權利（憲法第153條）[79]。」另外，也有論者認為工資保障應有最優先清償權，較符合公平正義，基於成文法之解釋應以文字為先，勞基法第28條第1項文字為「最優先受清償之權」，如不能優先於抵押權，即與「最優先」之文義不合[80]。

　　雖然如此，本書以為勞基法第28條修正理由及上述學者所持之見解，仍然有辨正的必要。以修正理由而言，國際勞工組織第173號公約要求國家法律或規章賦予勞工債權應高於國家及社會安全制度給付請求權之順位，其所謂的「國家及社會安全制度給付請求權」究竟何所指？是指勞工對於國家及社會安全制度的給付請求權？或者是國家或社會安全制度對於雇主或勞工或第三人的給付請求權？對此，由於第173號公約係在第三節（第8條）特權之順位規定，

---

[78] 與本書採取同樣見解者，彭鳳至、林子儀，釋字第595號部分協同、部分不同意見書。林炫秋，工資保障基本法理──工資墊償制度實務問題之檢討，2010年10月5日「99年度勞動基準法工資與工時實務研討會」。劉士豪，前揭文，頁218。

[79] 王澤鑑，稅捐、工資與抵押權，收錄於：民法學說與判例研究（四），2004年10月，頁339。

[80] 林良榮，「大量解僱勞工保護法」，真的保護到勞工了嗎？──我國大量解僱勞工之相關保護法制再議，高市勞工101年度合輯，2012年12月，頁40-47。

「國家法律或規章得將員工之給付請求權置於大多數其他以特權方式保障之債權更高之順位，尤其應高於國家及社會安全制度給付請求權之順位。」顯然，其係將同一人作為工資債務人及國家及社會安全制度給付請求權的債務人，而比較何一債權人應由該債務人優先獲得清償。因此，本書以為「國家及社會安全制度給付請求權」，係指國家或社會安全制度（勞工保險、就業保險、全民健康保險等）對於雇主或勞工或第三人的給付請求權而言。具體而言，雇主同時對於勞工負擔工資、退休金、資遣費給付義務及對於保險人負有繳交勞工保險費或全民健康保險費時，即應將工資、退休金、資遣費債權置於優先於保險人獲得清償的順位[81]。

　　至於上述學者見解之不當，係其單純將工資債權與抵押權、質權、留置權的受償先後加以比較，亦即單純比較普通債權或最優先受償債權與具有特權地位的抵押權等的優劣順序，而未將擔保機構的設計併同納入考量。此種論述的基礎，係單純私（民）法上的制度與規定，並未加入勞工保護（法）的思想、制度與規定。所以與我國勞基法第28條已有積欠工資墊償基金的機制規定，並不相符。

　　也就是說，如加上擔保機構的設計，則工資債權在雇主不願或無法清償情況下，即轉由墊償基金獲得清償，理論上並不會發生求償無門的情況[82]。而抵押權人、質權人及留置權人如果無法因行使權利而獲得完全的清償，其反而不得向墊償基金求償。如此一來，是否還會發生社會正義或公平正義無法實現之狀況？並非無疑。如依國際勞工組織第173號公約第3條第1項規定，「凡批准本公約之會員國接受本公約第二章（以特權方式保障員工給付請求權）或第三章（以擔保體制保障員工給付請求權）之義務，或一併接受第二章及第三章之義務。此項選擇應在附隨其批准書之聲明予以說明。」其固然任由會員國自行決定保護給付請求權之制度，或者採特權方式、或者採擔保體制、或者兼採兩者之設計。惟兼採兩者是否確能發揮兩者綜合加乘的效果？或者會形成制度的自相矛盾？實在值得吾人再加以思考。

　　再回到積欠工資墊償基金的規範目的／功能來看，其已經擴充到一定月數

---

[81] 所不清楚者，係「國家及社會安全制度給付請求權」的範圍或對象有多廣？是否包括雇主因未繳交社會保險費用所遭致之滯納金（勞保條例第17條）？或者違反規定所遭致之罰鍰（勞保條例第70條以下）？

[82] 不同意見說，林炫秋，前揭文認為如從統計數字來看，大部分被積欠工資的勞工，並無法由積欠工資墊償基金獲得清償。

的資遣費及退休金的確保給付。亦即避免雇主支付能力不足或未提撥或提撥不足，以至於勞工無法獲得資遣費或退休金之窘狀出現。此由2015年2月4日修正理由亦可得知：「茲以退休金及資遣費為勞工退休（退職）生活之所繫，為使勞工能受即時之保障，爰於第2項擴大現行積欠工資墊償基金墊償範圍，惟考量墊償之目的係保障不可歸責之勞工，驟失生活依存時之即時保障措施，並非毫無限度，且為避免道德風險，參考現行積欠工資墊償六個月之上限及勞退新制資遣費最高以六個月平均工資為限，爰於第2項第2款定明退休金及資遣費墊償之額度上限。」

此一積欠工資墊償基金規範目的之擴充，即使立意良善，仍然不免於下列疑慮。首先，即是前面所說的「名實不符」的問題。如為使名實相符，是否應將積欠工資墊償基金提繳及墊償管理辦法，修正更名為「積欠工資退休金資遣費墊償基金提繳及墊償管理辦法」？這裡還涉及退休金本質與資遣費理論的問題。也就是說，如果勞基法退休金的本質為遞延工資，則其是否即在原來積欠「工資」墊償的適用範圍（所以無須更名）？而在勞基法第56條第3項提撥補足差額的規定下[83]，是否還會發生退休準備金不足之情況？也非無疑。又，資遣費的本質或為補償費（勞基法第11條）或為損害賠償（勞基法第14條）[84]，是否均宜以積欠工資墊償基金墊償之？尤其是損害賠償部分[85]？其次，即使肯定墊償基金擴充適用的用意，在勞基法第28條第5項由雇主先位負擔清償責任的前提下，也必須尊重現行「勞工退休準備金提撥及管理辦法」第10條第1項前段規定的優先適用。依其規定，「事業單位歇業時，其已提撥之勞工退休準備金，除支付勞工退休金外，得先行作為本法之勞工資遣費，再作為勞工退休金條例之勞工資遣費。」所以，在事業單位歇業時，勞工應先向勞工退休準備金請求給付退休金及資遣費，不足者，始得向積欠工資墊償基金請求墊償。三者，從技術面來看，積欠工資墊償基金係以「工資」作為提繳「費率」及「一定金額」的計算基礎，即使在2015年2月4日修正施行後，也並非以工資、退休金及資遣費總合所需之費用精算出的費率及所需提撥的金額作為基礎。充其量只是將費率的上限提高到萬分之十五而已[86]。如此的規範設計，使得墊償基金

---

[83] 依據勞基法第78條第2項，違反第56條第2項規定者，處新台幣9萬元以上45萬元以下罰鍰。

[84] 楊通軒，個別勞工法：理論與實務，第六版，2019年7月，頁409以下。

[85] 亦即，在此是否不須考慮損害賠償本為制裁雇主的本質，而不應將之轉嫁給墊償基金負擔？

[86] 然而，對照2015年5月20日修正前後的積欠工資墊償基金提繳及墊償管理辦法第3條規定，雇主實際上按勞工保險投保薪資總額的提繳費率，均為萬分之二‧五。並未有所改變。

的規模幾乎沒有變動，是否足以因應特殊時期的需要？也並非無疑。蓋在實務上，墊償基金所面臨的最大問題，是墊償家數、人數及金額不斷增加，但墊償基金獲償金額及家數比率卻偏低，顯示出辦法中所規定的代位求償的設計功能，無法發揮。如欲確保基金的財務結構、以保障勞工權益，似應研擬有效的因應措施。

在積欠工資的適用原因／範圍方面，有歇業（雇主終止營業[87]）（但是，暫停營業或報刊發行中斷，因為尚有復工之可能，故並非歇業[88]；事業單位因停工（或申請暫停營業），本於勞動契約所積欠之工資不得申請積欠工資墊償[89]）、清算、宣告破產。至於雇主於歇業、清算或宣告破產預告期間發給工資及資遣費，非屬本於勞動契約所積欠之工資，故不得墊償積欠工資墊償基金[90]。在此，國際勞工組織1949年第95號「工資保護公約Protection of Wages Convention」公約第11條規定，工資優先權只適用於清算及宣告破產，並不包括歇業。台灣顯然較寬。只不過，如依1992年第173號公約第1條對於「破產」之定義，已經擴張適用於其他因雇主之財務狀況而使關於員工給付之請求未能獲得清償之情況，例如雇主之資產總額被認為未達開始進行清算程序所須之標準時[91]。再依據1992年第180號建議書（雇主破產時員工給付請求權保障建議書）第1條，更將「破產」明確化為尤其下述諸情況：一、該企業已倒閉、停業或自動結束。二、雇主之資產總額未達開始進行清算程序所須之標準時。三、在進行追討資金以清償員工所請求因受僱而產生之給付時，發現雇主並無資產或資產不足時；雇主已死亡而其資產經置於管理人之手致請求給付之款無法從其資產中獲得清償者。

按照此一定義，係以事實上的資產負債作為個案認定標準，而不以宣告破產而定，故其適用範圍甚至較（法律上）歇業、清算或宣告破產更廣。惟其是否較積欠工資墊償基金提繳及墊償管理辦法第8條第1項下半段之「或確已終止生產、營業、倒閉、解散經認為符合歇業事實」（事實上歇業）來得廣？則是

---

[87] 行政院勞工委員會81年5月13日（81）台勞動2字第13773號函、台灣高等法院台中高分院92年度上易字第404號民事判決。

[88] 最高行政法院95年度判字第934號行政判決。

[89] 行政院勞工委員會91年1月18日（91）台勞動2字第0910000188號函參照。

[90] 行政院勞工委員會89年8月25日（89）台勞動2字第0035346號函參照。

[91] 不過，不論是第173號公約或第95號公約，其目的除了保護工資及其他給付請求權外，還在盡量使破產企業復元及保障就業。

難以遽予肯定。依本書所見，應將「或確已終止生產、營業、倒閉、解散經認為符合歇業事實」與第180號建議書的一、三做同樣的解釋，所以，主管機關應以負債多於資產且陷入無支付能力、而非以無營業活動之事實作為個案認定的依據[92]。依據本書所見，一旦經主管機關事實認定歇業，其效力即等同於按照法定程序的歇業，墊償程序即可啟動。假設雇主主張尚在營業或甚至有生產活動，亦應採取行政救濟的方式為之，無法單純以其主張干擾或阻止墊償程序之進行[93]。在此，假設經主管機關事實認定歇業，而雇主仍然保留部分機器設備與人力，而後再經法院宣告破產者，即應依據破產宣告的時間為準，計算其未滿六個月的工資。勞工不得主張以主管機關事實認定歇業的時間點，作為計算未滿六個月工資的基準日。當然也不得先以歇業、後以宣告破產，而請求二次的積欠工資墊償。

在此，須注意者。既然積欠工資墊償之目的係給予勞工一定限度的保護，則其在破產程序中完成申報債權（積欠工資墊償基金提繳及墊償管理辦法第9條第1項下半段參照）[94]，即能轉而向積欠工資墊償基金獲得墊償，超出此一定限度外而未獲清償部分，始參與破產債權之分配，且有最優先受清償之權。惟如果勞工決意不僅在破產程序中完成申報債權，並且全程參與破產債權的分配，解釋上應亦無不可，而且有最優先受清償之權。

另有問題者，行政院勞工委員會89年8月18日（89）台勞動2字第0036018號函謂：「雇主因歇業、清算或宣告破產，本於勞動契約所積欠之工資未滿六個月部分，如有可歸責於雇主原因之停工期間工資，經勞工請求未獲清償者，得依……。」[95]其將墊償範圍擴及停工，似已逾越勞基法第28條「歇業、清算或宣告破產」之列舉事項。另一方面，其將其限於有可歸責於雇主原因，是否有違反本法的規定範圍？換言之，既謂「可歸責於雇主原因」，當然不包基於天災（例如因颱風摧毀廠房機器設備致無法修復生產的地步）、事變及其他不可歸責於雇主原因的歇業、清算或宣告破產。另外，積欠工資墊償基金提繳及

---

[92] 由於實務上申請墊償工資、退休金、資遣費的案件，絕大部分起因於歇業，所以，將之納入適用範圍自然更符合此一擔保機構的目的。

[93] 最高行政法院100年度判字第1132號行政判決（耀文公司案）參照。

[94] 惟在向破產管理人申報債權時，破產管理人得據實審查是否確為工資、退休金或資遣費，並且不發與申報債權之證明文件或者不簽署勞工之積欠工資墊償申請書件。最高行政法院100年度判字第1132號行政判決（耀文公司案）參照。

[95] 此是針對瑞聯航空案，勞委會以解釋令加以放寬適用。

墊償管理辦法第8條第1項下半段「雇主確已終止生產、營業、倒閉、解散」，是否已將雇主無支付能力之情況含括殆盡？

　　再依據積欠工資墊償基金提繳及墊償管理辦法第8條及第9條規定，勞工因雇主歇業而積欠工資及因雇主清算或宣告破產而積欠工資，應取得歇業事實之證明文件及向清算人或破產管理人申報債權，或向雇主請求未獲清償之有關證明文件[96]。這些文件應可作為勞工確實有工資的證明文件【作者按：其實重點是工資債權證明】[97]。勞工於向勞保局申請墊償時，即應附上該等證明文件（積欠工資墊償基金提繳及墊償管理辦法第10條第1項第2款規定）。再依據最高行政法院的見解：勞工向勞工保險局請求墊償工資，必須舉證證明雇主積欠之工資經請求而未獲清償。……倘勞工與雇主協商債務清償時，未就可獲最優先受清償權之工資債權積極求償，當與墊償機制設置之保障意旨不符，勞工保險局自得核定不予墊償工資。……由勞工等同意該公司以現金、支票及應收帳款盡先償還勞工資遣費及預告期間工資，而就法定應最優先受償之工資債權部分，反而同意由該公司開立債權證明相關文件，以供申請墊償基金墊償，顯見勞工等與雇主協商清償債務時，未就可獲最優先受償之工資債權積極求償，……[98]。

　　勞工向勞保局請求墊償工資的消滅時效為五年（民法第126條規定）[99]。但也有論者認為工資墊償請求權係公法上的請求權，其消滅時效應依行政程序法第131條的五年期間規定[100]。

　　在積欠工資墊償的適用對象上，其是以適用勞基法的事業單位／雇主與勞工為限[101]。以事業單位／雇主而言，較具爭議的，是分支機構的雇主地位及其所引發的墊償問題。依據積欠工資墊償基金提繳及墊償管理辦法第8條第2項

---

[96] 內政部76年2月7日（76）台內勞字第458365號函；行政院勞工委員會76年11月18日（76）台勞動字第5496號函。

[97] 行政院勞工委員會86年5月20日（86）台勞動2字第020951號函：與法院判決有同一效力之支付命令得作為工資債權證明。惟此一函釋已被勞動部104年7月20日勞動2字第1040131426號函所廢止。只是，其並非謂支付命令不得作工資債權證明，而是認為民事訴訟法第521條第1項修正後只有執行力而無既判力，但工資債權證明文件並未限定應為確定判決或與確定判決具有同一效力者。林炫秋，前揭文：民事判決及確定證明書。

[98] 最高行政法院97年度判字第991號行政判決。

[99] 內政部76年1月26日（76）台內勞字第458364號函。

[100] 林炫秋，前揭文。

[101] 行政院勞工委員會82年4月21日（82）台勞動2字第18638號函。此一勞工，並不包括被雇主依勞基法第12條所解僱者（勞工因雇主歇業、解散或宣告破產之反面解釋）。

規定，「事業單位之分支機構發生註銷、撤銷或廢止工廠登記，或確已終止生產、營業經當地主管機關認定符合歇業事實者，亦得請求墊償。」此處之分支機構，是否以中央勞政機關對於事業單位適用勞基法之認定原則為準？亦即同樣採取「以備有獨自之經營簿冊或可單獨辦理事業登記者」以為判斷[102]？對此，中央勞政機關的立場似非如此。在前者，由於目的在令事業單位負擔勞基法上的責任，故採取從寬解釋的立場。相反地，在涉及工資墊償時，不問是分公司或辦事處，中央勞政機關將之明確界定為必須具有獨立的人事、財務，且依法登記在案者為限[103]。顯然，其係採取嚴格界定的立場，而非僅是用語的明確化而已。

　　此一嚴格立場，係起因於企業經營風險的轉嫁及墊償基金規模的榮枯的考量，並且為法院所接受。此一避免道德風險的考量，本書也以為可採[104]。在一件涉及外商在台設立辦事處的墊償工資爭議案件中，雖然該辦事處已經投保勞、健保，並且依法繳納工資墊償基金。惟在其以歇業為由請求積欠工資墊償基金墊償工資時，最高行政法院[105]也接受前審[106]之見解：該公司為報備在台之外國公司，並未在我國申請認許或辦理分公司登記，在台僅設有報備之辦事處，公司所在地為美國加州，自不得在我國境內營業，依公司法第375條規定，無法與本國公司享有相等之權利義務。是該外國公司即美商科帝思公司之總公司雖積欠上訴人工資，惟上訴人無法與本國公司之勞工享有依勞動基準法第28條第1項請求墊償積欠工資之相等權利，則被上訴人以原處分核定不予墊償上訴人所請積欠工資，經核並無不合。值得注意的是，最高行政法院在其判決理由中，先則肯定中央勞政機關「前開所謂事業單位之『分支機構』，應指人事、財務均獨立，且依法登記在案者」，繼而在引用公司法第370條、第371條、第372條、第375條及第386條規定後，卻又認為「『分公司』，為受本公司管轄之分支機構。而人格具有不可分割之性質，是公司縱設有分公司，權利主體仍僅一個；分公司與本公司在法律上係屬同一人格（本公司整體人格之一

---

[102] 內政部75年11月22日（75）台內勞字第450693號函參照。

[103] 行政院勞工委員會92年2月12日勞資3字第0920004657號函參照。如不具有分支機構的成立要件，則應以事業單位主體（總公司）有歇業事實時，始符合積欠工資墊償要件。

[104] 對於勞雇雙方合意非法請領或勞方單方不實申報或違法請領積欠工資墊償之情形，目前僅有不予墊償之規定（積欠工資墊償基金提繳及墊償管理辦法第11條），勞基法並無行政處罰。似乎應考慮修法納入。

[105] 最高行政法院104年度判字第472號行政判決（美商科帝思公司案）參照。

[106] 台北高等行政法院103年度訴字第169號行政判決。

部），無獨立之權利能力（非屬獨立之權利主體）。又分公司既爲受本公司管轄之分支機構，自無獨立之財產，從而，放置於分公司之財產，即爲本公司財產之一部分。」如依最高行政法院此一說法（本公司整體人格說／分公司無獨立人格說），似乎與中央勞政機關的見解互有出入，即其完全否定分支機構具備人事、財物獨立的可能性。

　　至於在勞工方面，也包含派遣勞工、部分時間工作勞工，即使依法可免參加勞工保險者，仍可請求[107]。雇主依勞工保險條例第8條第3項規定加保者，其依勞基法第28條規定提繳積欠工資墊償基金，有關雇主部分免予提繳，亦不得墊償[108]。同樣排除適用者，有公司之法定代理人、董事、監察人[109]、委任經理人[110]、公務員兼具勞工身分者、建教合作生或技術生[111]。隨著勞基法的逐步放寬適用範圍，受到積欠工資墊償基金適用的對象也逐漸擴大。另外，中央勞政機關逐步修正「積欠工資墊償基金提繳及墊償管理辦法」的規定，逐漸放寬適用的條件。

　　其次，既是積欠工資的墊償，所以，首先要了解的是，勞工所獲得的墊償工資，係指淨工資（扣掉所得稅）（積欠工資墊償基金提繳及墊償管理辦法第17條第4項規定）。反面而言，勞工的工資越高，其所獲得的墊償工資也越高，並無數額上限的限制。而且，依據勞基法第28條規定及積欠工資墊償基金提繳及墊償管理辦法規定，勞工可以請求墊償基金者，限於已事實上取得請求權的工資。所謂工資，係依勞基法第2條第3款之規定爲準（勞務對價及經常性給予）。因此，並不包括加班費、預告工資、勞基法施行細則第10條之各種給與、資遣費[112]、勞工受到非法解僱的損害賠償請求權、勞工訓練費用的返還請求權、雇主遲延給付工資所生的利息。依據最高行政法院，對於和解所生的債

---

[107] 內政部76年2月11日（76）台內勞字第468251號函。

[108] 行政院勞工委員會87年9月14日（87）台勞動2字第040916號函。

[109] 最高行政法院88年度判字第4244號行政判決。反對說，劉士豪，前揭文，頁235：勞工兼具監察人身分。

[110] 最高行政法院104年度判字第472號行政判決（美商科帝思公司案）參照。至於委任經理人是否僅爲假像的經理人，而實際上是勞工身分，在發生爭議時，仍需經由勞政機關認定、甚至由法院裁判終局斷定之。

[111] 最高行政法院101年度判字第267號行政判決（京都公司案）參照。

[112] 同說，最高行政法院99年度裁字第1998號行政裁定。

權，也不在其內[113]。惟法定的社會給付（六個月內的），例如例假日、國定假日。公假日工資。是否包括在內？解釋上似應予以肯定。至於不休假工資是否爲墊償對象，則依據勞基法施行細則第24條的規定爲準。

在2015年2月4日勞基法第28條修正施行後，已經將墊償範圍擴充及於勞基法退休金及資遣費。在此，同樣必須先界定勞基法之退休金及資遣費之定義及範圍。由於墊償之目的係保障不可歸責之勞工，驟失生活依存時之即時保障措施，並非毫無限度，且爲避免道德風險，故退休金及資遣費之墊償數額合計以六個月平均工資爲限。

在積欠工資的請求範圍方面，依據本法第28條第1項第1款所定最優先受清償權之工資，以雇主於歇業、清算或宣告破產之情事時，本於勞動契約未滿六個月部分所積欠者[114]。本來，法律用語之「未滿」、「逾」均不含本數[115]。而民法第123條第2項規定，「月非連續計算者，每月爲三十日。」因此，應係指五個月又二十九日而言。惟對於此一「未滿六個月部分」，勞基法施行細則第15條已將之界定爲歇業、清算或宣告破產「前六個月內」所積欠者[116]，亦即歇業、清算或宣告破產時，往前推算六個曆月所積欠之總工資[117]。惟論者也有採取不同見解，認爲此一「前六個月」的規定逾越勞基法第28條母法的規定，正確而言是六個月工資，且不分歇業、清算或宣告破產前或後均可[118]。

在積欠工資墊償的原因／範圍上，固然有歇業、清算及宣告破產。惟所謂破產事件，係指對於雇主財產開啓破產程序、由於欠缺破產財產（Masse）而未開啓破產程序、或者其全部結束國內營業者。但也包括進行和解程序者（§

---

[113] 最高行政法院100年度判字第1132號行政判決（耀文公司案）參照。在該案中，勞資協調結論如下：91年至93年年終獎金及停工期間工資、93年9月份工資、93年特休未休折算工資、員工庫藏股買回、支援津貼、職災勞工職災補償費用、產婦及孕婦終止契約補償費用及其餘所有債權債務等部分，勞資雙方合意以每人發放二個月份平均工資爲和解條件。

[114] 此一規定用語，在2015年2月24日修正施行前後並無不同。

[115] 例如勞基法第44條第1項規定，「十五歲以上未滿十六歲之受僱從事工作者，爲童工。」大量解僱勞工保護法第2條第1項第1款規定，「同一事業單位之同一廠場僱用勞工人數未滿三十人者，於六十日內解僱勞工逾十人。」

[116] 行政院勞工委員會81年5月13日（81）台勞動2字第13773號函、最高行政法院97年度判字第991號行政判決、最高行政法院95年度裁字第971號行政裁定、最高行政法院94年度裁字第1923號行政裁定、最高行政法院94年度裁字第811號行政裁定。另外，最高行政法院100年度判字第1132號行政判決（耀文公司案）亦採同樣見解。

[117] 並非如第28條第1項第2款與第3款所積欠之退休金及資遣費，係以六個月平均工資作爲合計數額。

[118] 林炫秋，前揭文。

183 Abs. 1-3 SGB III）。另外，依據歐洲法院2003年5月15日判決[119]，自此而後，申請破產金的三個月（台灣是六個月）期間，係以提出申請開啓破產程序之日往前推算，而非以區法院針對申請程序作出裁判之日往前推算。基此，破產金的三個月期間乃大大地往前推移。

　　在操作上，根據積欠工資墊償基金提繳及墊償管理辦法第3條規定，本基金由雇主依勞工保險投保薪資總額萬分之二‧五按月提繳[120]；第4條規定，由勞動部勞工保險局收繳勞工保險費時，一併收繳[121]；第12條、第13條規定，由勞保局核定給付勞工墊償工資。此一核定，性質爲行政處分[122]。勞工對於勞保局的核定有異議時，應繕具訴願書，經由勞保局向中央主管機關提起訴願。即其與就業保險給付及勞工保險給付的救濟程序（先進行審議者），並不相同。後兩者的程序都是先（經由勞保局）向勞保監理會申請審議（勞工保險爭議事項審議辦法第3條第1項規定），如其不服，再繕具訴願書經由勞保局向中央勞工行政主管機關提起訴願（勞工保險爭議事項審議辦法第23條第3項規定）。

　　觀察歷年來最著名的墊償案件，當屬遠東航空公司案。該案發生在2008年5月間，遠東航空因深陷財務危機，宣布「停飛」。受到波及的員工有1,176名，其中不乏是高薪的機師、空服員。勞保局於2009年1月墊付遠航公司2008年4月至9月所積欠的2億7,280萬元工資，創下墊償基金開辦二十四年以來的最高紀錄。有問題的是，停飛是歇業、清算或破產宣告中之哪一項？或者它是勞委會解釋令中的「有可歸責於雇主原因的停工」？又，在2011年6月遠航公司復飛後，是否應返還勞保局所墊付的工資？或者勞保局應努力代位求償？本來，勞保局依規定墊付勞工工資入帳後，即會函請事業單位於三十日內償還墊款。企業如未在期限內歸墊，即進行追償程序，依積欠工資墊償基金提繳及墊償管理辦法第14條規定依法訴追取得債權憑證後，再依墊償管理辦法第21條規定報請中央主管機關准予呆帳損失列支。就遠東航空公司案所應償還的墊款2億7,477萬457元而言，重整人函請勞保局於法院認可重整計畫裁定確定後之次月底起，以每月爲一期，分50期以電匯之方式攤還，已獲得勞保局同意（勞保

---

[119] NJW 2003, 2371.

[120] 同樣地，在德國，針對破產保險（Insolvenzsicherung）的保費，也全部由雇主負擔，如同職業災害保險般。Bley/Kreikebohm/Marschner, a.a.O., 148.

[121] 內政部75年9月22日（75）台台內勞字第430354號函。

[122] 最高行政法院97年度判字第991號行政判決、最高行政法院96年度裁字第3568號行政裁定、最高行政法院95年度裁字第889號行政裁定、最高行政法院94年度裁字第2565號行政裁定。

局99年1月26日保墊償字第09960000450號函）。遠東航空公司並且函請勞保局在2011年5月31日償付第一期攤還金額（遠東航空股份有限公司100年5月19日財字第1000291號函）。因此，遠東航空公司案並未被打入呆帳處理。

第五項　工資的擴散效力

　　所謂工資的擴散效力，係指法律所定之以工資或平均工資爲基礎之契約終止後給付之計算，例如企業退休金或企業年金、資遣費[123]等。以退休金而言，依據勞基法第55條規定，勞工退休金之給與標準按其工作年資，每滿一年給與兩個基數。退休金基數之標準，係指核准退休時一個月平均工資。也就是說，應按勞基法第2條第4款以計算事由發生之當日前六個月內所得工資總額除以該期間之總日數所得之金額[124]。而後將之除以六分之一計算出一個月的平均工資[125]。勞工得依其計算所得之基數，向勞工退休準備金監督委員會請求給付退休金。在此，平均工資之「工資」意義同於同條第3款之工資。即以勞務的對價及經常性的給與加以認定。換言之，並不包括非工資性質之獎金津貼[126]、社會給付、補償、福利性給付（勞基法施行細則第10條參照）[127]。只是，第2條第4款之工資總額包括延長工時工資在內[128]。至於契約終止未休之特別休假工資，得不併入平均工資計算。而因年度終結未休之特別休假工資，則由勞雇雙方議定是否納入計算[129]。

　　相應於勞工請領退休金的需要，依據勞基法第56條第1項規定，「雇主應

---

[123] 行政院勞工委員會88年10月4日（88）台勞動2字第0041091號函參照。

[124] 至於此一「六個月內」，依據行政院勞工委員會86年12月9日（86）台勞動2字第052675號函「即事由發生當日不算入，自當日前一日依曆往前推算六個月期間，該期間並不屬於非連續計算之情形，自應依民法第123條第1項規定依曆計算，而不宜解爲算足三十日。」又，勞基法第2條第4款雖有「平均工資」定義，惟係屬「日平均工資」之意。請參照行政院勞工委員會83年4月9日（83）台勞動2字25564號函。

[125] 行政院勞工委員會83年4月9日（83）台勞動2字第25564號函即是採取此種解釋。

[126] 行政院勞工委員會97年3月10日勞動4字第0970005636號函：勞工從事值（日）夜工作，雇主發給之值（日）夜津貼，非屬勞動基準法第2條第3款所稱之工資，得不併入平均工資及勞工退休金條例每月提繳工資計算。

[127] 所以，如果僅以伙（膳）食津貼是固定支領即將之視爲工資，並且納入平均工資計算，實非無疑。行政院勞工委員會76年10月16日（76）台勞動字第3932號函參照。

[128] 行政院勞工委員會87年4月29日（87）台勞動2字第016469號函、行政院勞工委員會96年3月2日勞動2字第0960062674號書函參照。

[129] 勞動部106年7月12日勞動條2字第1060131476號函參照。

依勞工每月薪資總額百分之二至百分之十五範圍內，按月提撥勞工退休準備金，專戶存儲，並不得作為讓與、扣押、抵銷或擔保之標的；……。」這是課雇主提撥退休準備金之義務，以確保勞工退休金請求權的實現。所提撥至專戶之金錢，其所有權仍屬雇主。有問題的是，與第55條第2項平均「工資」用語不同，第56條第1項卻使用「薪資」一語，究竟其概念有無差異？對此，本書以為第56條第1項並無意採取廣義工資的概念，將津貼獎金包括進來，而仍然是採取狹義工資的概念。否則，雇主承擔提撥退休準備金的責任似乎過大，影響其營運資金的籌措與配置。尤其是，我國學者多認為勞基法的退休金，性質上為遞延工資，此應係基於狹義工資的概念而來。

而為保障勞工之退休金，依據勞工退休金條例第13條第1項規定，「雇主應依選擇適用勞動基準法退休制度與保留適用本條例前工作年資之勞工人數、工資、工作年資、流動率等因素精算其勞工退休準備金之提撥率，繼續依勞動基準法第五十六條第一項規定，按月於五年內足額提撥勞工退休準備金，以作為支付退休金之用。」

又，針對適用勞工退休金條例之勞工[130]，依據勞退條例第14條第1項規定，「雇主應為第七條第一項規定之勞工負擔提繳之退休金，不得低於勞工每月工資百分之六。」[131]其所謂工資，按照同條例第3條規定，「本條例所稱……工資及平均工資之定義，依勞動基準法第二條規定。」可知，其並未擴張勞基法工資的概念或範圍。至於雇主所提繳之退休金，其所有權已歸屬勞工。蓋這是基於強制儲蓄而來。

另外，工資的擴散效力還及於勞工保險老年給付。蓋影響老年給付金額高低的投保薪資係按照薪資的高低繳納。依據勞保條例第13條第1項規定，「本保險之保險費，依被保險人當月投保薪資及保險費率計算。」第14條第1項前段規定，「前條所稱月投保薪資，係指由投保單位按被保險人之月薪資總額，依投保薪資分級表之規定，向保險人申報之薪資；被保險人薪資以件計算者，其月投保薪資，以由投保單位比照同一工作等級勞工之月薪資總額，按分級表

---

[130] 依據行政院勞工委員會94年4月21日勞動4字第0940020373號函：運輸業對名為僱用而實係靠行性質之個別駕駛員，如僅係為其代辦申領證照等服務事項，並無僱用之事實，尚無需依勞工退休金條例提繳退休金。

[131] 依據行政院勞工委員會94年6月23日勞動4字第0940034012號函：雇主如將提繳之退休金內含於原議定之工資中，已屬違反勞動基準法第22條第2項「工資應全額直接給付給勞工」之規定，得依該法第79條，處2,000元以上2萬元以下（折合新台幣6,000元以上6萬元以下）罰鍰。

之規定申報者爲準。」再依據勞保條例施行細則第27條第1項規定，「本條例第十四條第一項所稱月薪資總額，以勞動基準法第二條第三款規定之工資爲準；其每月收入不固定者，以最近三個月收入之平均爲準[132]；實物給與按政府公布之價格折爲現金計算。」[133]雖然如此，中央勞政機關不乏未遵守勞基法第2條第3款狹義工資的界線，而將津貼獎金及其他非工資的所得納入者，例如久任獎金[134]、房屋津貼[135]、鄉（鎮、市）公所清潔隊員變賣回收廢棄物所得之款項[136]、以及勞保被保險人派遣出國提供服務繼續加保者，其於海外（國外）服務公司支領之薪資[137]或津貼、年度不休假加班費[138]等[139]。

　　至於資遣費部分，依據勞基法第17條第1項第1款規定，「在同一雇主之事業單位繼續工作，每滿一年發給相當於一個月平均工資之資遣費。」此處之平均工資，亦係指勞基法第2條第4款之平均工資而言。「工資」的定義，則同於同條第3款之工資。針對企業可能給付之資遣費，勞基法並無如勞工退休準備金專戶之設計，而是由雇主在資遣發生時，另外籌湊經費支付。例外地，依據勞工退休準備金提撥及管理辦法第10條第1項規定，「事業單位歇業時，其已提撥之勞工退休準備金，除支付勞工退休金外，得先行作爲本法之勞工資遣費，再作爲勞工退休金條例之勞工資遣費。有賸餘時，其所有權屬該事業單位。」即由剩餘的退休準備金，挪出一部分或全部作爲資遣費之用[140]。其是從

---

[132] 行政院勞工委員會96年6月12日勞保2字第0960140239號函參照。須注意者，此一「以最近三個月收入之平均爲準」，似係採取（勞基法第2條第4款）平均工資的立法方式，只是，其並無勞基法施行細則第2條之適用或類推適用。

[133] 行政院勞工委員會98年6月29日勞保2字第0980140341號函、行政院勞工委員會101年9月24日勞保2字第1010028123號函參照。

[134] 行政院勞工委員會78年6月15日（78）台勞動2字第14941號函參照。

[135] 內政部70年5月27日台內社字第22582號函參照。

[136] 行政院勞工委員會96年4月13日勞保2字第0960006780號函參照。

[137] 行政院勞工委員會89年2月15日（89）台勞保2字第0006121號函、行政院勞工委員會98年12月14日勞保2字第09801405911號函參照。

[138] 行政院勞工委員會96年10月9日勞保2字第0960140390號函參照。

[139] 行政院勞工委員會98年12月14日勞保2字第09801405911號函參照。惟行政院勞工委員會90年6月12日（90）台勞保2字第0025534號函認爲「查『休假補助費』係爲鼓勵休假而發給，非因勞工因工作而獲得報酬，故非屬前開勞動基準法所稱之工資，自不得倂入月薪資總額申報勞保投保薪資。」則屬正確。

[140] 依據行政院勞工委員會89年11月27日（89）台勞動3字第0049453號函：……，其資遣費之給付對象並不限於歇業當時被資遣之勞工。因此，本案於歇業前先行被資遣之勞工，如事業單位確未依資遣給付協議書兌現應分期支付之資遣費，仍可參與分配勞工退休準備金。

確保資遣費之給付加以考量，但卻有牴觸母法的嫌疑。正確而言，應將之納入賸餘，將所有權交還該事業單位，再由事業單位以之給付勞工資遣費。

再依據勞工退休金條例第12條第1項後段規定，適用勞工退休金條例之退休制度者，「其資遣費由雇主按其工作年資，每滿一年發給二分之一個月之平均工資，未滿一年者，以比例計給；最高以發給六個月平均工資為限，不適用勞動基準法第十七條之規定。」已將資遣費之發給予以限制，以回歸其本為社會給付之性質。此處的「平均工資」，依據第3條規定，「本條例所稱……、工資及平均工資之定義，依勞動基準法第二條規定。」即同樣應按勞基法第2條第4款以計算事由發生之當日前六個月內所得工資總額除以該期間之總日數所得之金額。而後將之除以六分之一計算出一個月的平均工資。至於工資仍應以勞務對價及經常性給與加以認定。

附帶一言者，配合雇主所為之預告終止契約，除了資遣費外，雇主或需給付預告期間工資者（勞基法第11條第1款、第3款與第5款、第16條第3項、第18條參照）。此一預告期間工資的性質為何？如前所述，應將之認定為補償，而非工資的性質。故其並不受基本工資、限期命令給付工資等的限制。至於勞工退休是否亦有預告期間之適用？勞基法並無明文規定。惟中央勞政機關不問自請退休或強制退休、也不問是由雇主[141]或勞工[142]所發動，均以其本質上為勞動契約的終止而持肯定說。果如此，亦會產生預告期間工資之問題。對此，本書以為有再斟酌的必要，這主要是基於退休原因與基於解僱原因的終止契約，兩者本質上及保護必要性的差異。即使同為解僱原因，勞基法第12條即無預告期間的要求。也是如此，才會有退休金、資遣費、或無退休金、資遣費請求權的差異。否則，一律要求預告及一律給付相同額度的「生活照顧費」即可。除此之外，也要考慮預告期間的目的。

換言之，勞工因資遣而離開職場，通常僅是一時性的或短暫性的，且須有一過度時期謀職，故有此一預告期間及資遣費的要求。相反地，基於退休原因的離職，屬於法定的永久退出職場，勞工在領取企業退休金或年金後，並無再次謀職的必要，故無預告期間的設計。其本質上為職業生涯的結束，而非僅是勞動關係的終止而已。因此，基於解僱原因的終止契約，其保護對象為勞工；

---

[141] 行政院勞工委員會89年3月21日（89）台勞資2字第0010782號函參照。

[142] 內政部74年5月28日（74）台內勞字第298989號函、行政院勞工委員會81年2月28日（81）台勞動3字第05213號函參照。

而基於退休原因的終止契約，其保護對象為雇主。

　　這是從利益平衡的角度考量而來，同時兼顧雇主人事更新與勞工工作權保障，所以，雇主原則上並無須預告終止。以勞基法第54條第1項第1款之65歲強制退休為例，似無再保障勞工投入職場工作的強烈必要，因此，應無需預告終止。即使事業單位依勞動基準法第11條規定終止勞動契約，而勞工已符合勞基法第54條第1項第1款之65歲強制退休的條件，雖其係在行使資遣的意思表示，但仍應以人事更新為優先，無須預告終止。尚且，勞雇雙方得在勞動契約中針對強制退休年齡65歲，約定勞工在屆滿的次日，勞動契約自動終止，無須再經預告【案例2(2)】。又，事業單位依勞動基準法第11條規定終止勞工勞動契約，如勞工已符合同法第53條「自請退休」條件，固應課雇主給付退休金，且在勞基法第11條第2款及第4款之情形，雇主本質上係行使資遣的權利，本應遵守預告期間（但因勞工在預告期間繼續提供勞務且支薪，故無預告期間工資可言）。不同的是，如果雇主係上述勞基法第11條第1款、第3款與第5款、第16條第3項、第18條等情形，即無適用的必要。

　　而針對勞工自請退休之情形（勞基法第53條參照），由於雇主對於人事擁有配置的權利，對於已屆或屆臨自請退休人員的人力替補，本應隨時預作準備或聘僱儲備人才，因此，本書以為勞工亦無需預告退休。這樣的解釋，也符合退休為形成權意思表示的本質。

第二節　勞動契約法的面向

　　勞工與雇主之工資議題，首先係發生在勞動契約法的面向。勞動契約所約定之工資，並不侷限於狹義的工資。法院間即有認為勞雇雙方得約定內含二個月年終獎金之「年薪十四個月」者[143]。中央勞政機關也採同樣的見解，「依勞動基準法第21條規定：工資由勞雇雙方議定之。同法第2條第3款規定工資包括獎金。是生產獎金之訂定，應與勞方協議定之。」[144]所以，在未議定狹義工資之前，並不會發生勞工保護法的工資問題。同樣地，（準）勞工團體與雇主固得約定支付求職者交通補助或膳宿補助，但不得要求雇主將之作為工資性質的交通津貼或伙食津貼計算，蓋這已不當侵害雇主工資的決定權，也影響在職員

---

[143] 最高法院105年度台上字第2274號民事判決參照。

[144] 內政部73年10月19日（73）台內勞字第264477號函參照。

工的權益，並且違反勞動契約法理。在此，雇主得按照每位勞工的狀況與之議定，但例外亦得以一體適用的條款，將特定工資項目、津貼獎金、或其他福利性給付，普遍適用於全體員工。

第一項　法律依據

　　主要有民法第482條、第483條、勞基法第21條第1項及勞基法施行細則第7條第3款、第5款等條文。依據民法第482條規定，「稱僱傭者，謂當事人約定，一方於一定或不定之期限內為他方服勞務，他方給付報酬之契約。」第483條規定，「如依情形，非受報酬即不服勞務者，視為允與報酬（第1項）。未定報酬額者，按照價目表所定給付之；無價目表者，按照習慣給付（第2項）。」依據勞基法第21條第1項規定，「工資由勞雇雙方議定之。但不得低於基本工資。」依據勞基法施行細則第7條第3款規定，勞動契約應約定「工資之議定、調整、計算、結算與給付之日期及方法。」第5款規定，「其他津貼及獎金。」

　　這些都是從私法契約的角度，任令勞雇雙方自由約定工資的額度與內容。其各自具有規範的用意與功能。其中，民法第482條不僅適用對象最廣（不以勞基法的勞工為限[145]），其報酬的內涵也較工資為廣，也無勞基法第21條第1項但書[146]及第22條以下之限制，屬於絕對的市場工資原則。民法第483條第1項則是有償主義的表現，第2項確定工資之價目表或習慣，甚至可一體適用於勞基法的事業單位。至於勞基法第21條第1項上半段，則是再度重申市場工資源則。尤其重要的是，勞基法施行細則第7條第3款、第5款涉及到工資的實質面及程序面，有利於廣義工資的具體化及落實，是勞動契約有關工資約定規範之所在。

　　再一言者。民法第483條的規定，似乎允許以契約一部無效之理論，來處理工資之問題。即甲雇主與乙勞工約定的工資低於基本工資時，依據一部無效理論，該工資的約定無效，而依第483條第2項規定「按價目表或習慣給付」，

---

[145] 例如海／船員、家事勞工也在其內。

[146] 例如依據國際勞工組織2007年5月30日的第188號漁捕工作公約第23條規定，報酬得以按所捕獲漁獲量的一定比例計算。惟在台灣，依據勞動部108年5月23日勞動條3字第1080130527號公告，漁船船員為勞基法第84條之1之特殊工作者。言下之意，漁船主必須遵照勞基法第22條第1項規定，給付漁船船員法定通用貨幣。

亦即並非僱傭契約歸於無效，亦非令雇主給付基本工資即可。甚至，第483條亦適用於團體協約所約定的工資違反法令（例如違反禁止因性別因素之工資或退休金歧視等）之情形，則團體協約該部分無效，並依第483條第2項規定處理。只是，在僱傭契約全部無效時，民法第483條即無適用之餘地矣。

最後，民法第483條第2項之報酬並不以狹義的工資爲限，而是包括廣義的福利（例如雇主爲鼓勵員工特別休假所額外發給的特別休假津貼）在內。此一廣義的工資，即爲公司營業損益表中的勞務成本，屬於財務報表必須記載事項之一。與分派股息及紅利的程序並行，董事會應將之編列爲表冊，先送請監察人查核後（公司法第228條參照），再提出於股東常會請求承認，經股東常會承認後，董事會再將決議分發各股東（公司法第230條、第240條參照），並且予以執行。因此，經營階層（透過低階管理職人員）與員工議定（含調整）報酬額度，惟股東會擁有最後的同意／承認權。這也符合企業經營的民主程序（企業經營與企業所有分離）。即使是由個別或集合多數員工發動的報酬議定程序，其後也必須經過此一程序。有問題的是，經由勞工團體（工會）或類似／準勞工團體（勞資會議）所團體協商或討論而來的工資額度，是否還必須經過公司法的承認財務報表程序始爲有效？也就是說，團體協商或勞資會議勞動條件的討論固然是由董事會透過經營階層進行（公司法第202條參照），但是，其所達成的調薪等勞務成本的上升，股東會是否有權拒絕承認？對此，本書以爲團體協商具有憲法上的基本權保障，在與憲法上財產權保障的具體合諧性考量後，股東會理應無權加以否認。惟不同的是，除勞基法或其他勞工法令所明文賦予的勞資會議的同意權外，勞資會議的決議只具有共識決的效力，故其涉及勞務成本者，仍須經過公司法或其他企業法規中股東會的承認始爲有效【案例2(3)】。如此的區分處理，應能符合企業法制與勞動法制的利益平衡考量，並且兼顧勞雇雙方的利益。

總之，顧名思義，勞動契約法面向的工資，其法律依據是勞動／僱傭契約。其係在市場工資原則下，議定一合理的工資。勞工保護法令固應給予勞工工資權利的保護，但資本主義、市場經濟下追求的是市場工資原則。至於在市場工資原則下之議定、調整、及工資之標準、計算／方法，請見本書第五章第一節「市場工資原則」之說明。

第二項　工資設定的方式

　　除了法定的最低／基本工資及團體協約所規定的工資外，工資的設定，主要爲以下幾種方式：

一、勞動契約

　　依據勞基法施行細則第7條第3款，勞動契約應約定「工資之議定、調整、計算、結算與給付之日期及方法。」此一規定涉及到工資的實質面及程序面，但其並非全爲一般所稱的作爲勞動契約「主要義務的工資」，後者，針對計時工而言，是指工資的額度（總額）而言，即究竟數目爲多少；如係計件工，則是計算的方法或比例。至於給付之日期應爲主要義務的內涵，尤其是針對一次性的給付。本書以爲基於民法第486條的工資後付原則及勞基法第23條第1項「工資之給付，除當事人有特別約定或按月預付者外，每月至少定期發給二次，並應提供工資各項目計算方式明細；按件計酬者亦同。」的立法意旨，無論是約定每月給付一次的「按月預付」、或「每月至少定期發給二次」，至遲均須在當月月底給付，以滿足勞工及其家屬生活之所需。實務上，企業以其經營上的或會計上的考量，將給付日期約定至次月10日[147]，顯然已牴觸上述法條原意而不足採。

　　除此之外，吾人究不宜謂勞動契約沒有約定要如何議定、調整的時間或比例，即謂雇主違反勞動契約的主要義務。況且，勞動契約亦得授權雇主在每隔一定期間，即可重新審視主管職或管理職員工的工資與其工作表現是否名實相符，而做調整。

　　另一方面，勞基法施行細則第7條第3款，勞動契約應約定「工資之議定、調整、計算、結算與給付之日期及方法。」僅爲例示規定，而非列舉式的規定。勞雇雙方尚可就其他實質的或程序的事項加以約定，例如（依一定標準而訂定的）工資分組或分級表。在此，狹義的工資爲勞動契約的要素，故原則上必須確定額度。惟例外地，僅需可得確定即可，即針對特定的職務，勞雇雙方得約定以績效爲準的工資項目或佣金。假設勞動契約授權雇主針對特定的定期性給付或一次性給付，單方決定權（包括任意條款或撤回條款），只要合於公平原則，亦爲有效。此種單方的決定權，實際上屬於工資彈性化的設計。相對

---

[147] 行政院勞工委員會82年3月17日（82）台勞動2字第15246號書函參照。

來講，勞動契約亦可約定在一定期間後或一定情況下，勞工即會自動加薪者（所謂「自動加薪條款」），此亦為有效。在實務上，雇主或有以企業營運不佳或勞工工作表現不如預期為由，未經與勞工協商即單方減薪，勞工如繼續提供勞務且受領減薪後之薪資者，即被視為默示同意減薪。

二、企業慣例／勞動習慣

　　企業慣例／勞動習慣亦得作為工資請求權的基礎[148]。所謂習慣，係指民法第1條已具有客觀法的效力的習慣而言[149]。其原本係以一定區域的一定期間企業普遍的慣行，而非以個別企業多年的做法為準。除了民法第1條「習慣」外，勞工得依勞動事件法第2條第1項第1款主張其權利。亦即由勞動法庭認定工資企業慣例是否存在，且係按照個別企業而定（立法說明參照）。惟此處之工資，應將之限於狹義工資，不及於獎金、津貼及其他福利性給付。蓋雇主應該有較大的決定空間，不宜加以過大的管制或負擔[150]。另外，在團體協約或集體協議的實務上，針對非會員，即使雇主慣例上主動或經由引用條款將工資調整適用及之，為免不當影響工會的協商權限，似乎亦不宜納入企業慣例／勞動習慣。這也適用於團體協約法第12條第2項以學習為主的人員身上。最後，針對受僱於公部門的員工，即使公務機構多年來自動或與員工合意將公務員的部分工資福利適用及之，為避免變相地變成公務機構的義務及確保公務預算的自主性，亦應否定企業慣例／勞動習慣的存在[151]。

三、平等待遇原則

　　我國並無法典化的勞工／動法，所以，並無一體適用於勞動法各個領域的平等待遇原則，而是在個別領域或個別對象有所規定，例如性別工作平等法、中高齡者及高齡者就業促進法。從比較法來看，在德國，此一原則係由法院多

---

[148] 有問題的是，除了工資之外，其他的勞動條件（例如工作時間、退休／金）是否亦有勞動習慣之適用？

[149] 依據民法第2條，民事所適用之習慣，以不背於公共秩序或善良風俗者為限。

[150] 例如雇主多年持續給付年終獎金，不宜以企業慣例／勞動習慣為由，要求雇主不得中斷或減少給付。同樣地，對於委任經理人或董事而言，其亦不得以企業慣例為由，要求事業單位繼續給付變動的工資（例如年度特別給付）。BGH v. 24.9.2019, NZA 2020, 244, 247.

[151] MHdB ArbR/Krause § 60 Rn. 73.

年判決逐漸形成，而終於具有習慣法位階的機制（Institut）[152]。在台灣，則多是由學者見解加以演繹肯定者。

　　在勞動契約約定工資時，平等待遇原則也具有一定的重要性。這尤其是雇主將特定的工資項目或非工資的福利性給付一體適用於所有員工時，除非具有與每個給付目的相符的客觀理由，否則並不得將部分員工排除在外（與此不同的是，委任經理人或董事並不得主張適用平等待遇原則，這是因為該等人員係按照其個人的狀況敘薪，無法與其他人相比較[153]）。此處的客觀理由，包括因經營上求才或留才的需要，而只給與特定的員工給付。另外，員工的學經歷、工作經驗、在企業所負的責任或承受的壓力，也屬之。而將在特定日期（例如每年6月底）後僱用的員工排除或降低其給付，也符合平等待遇原則。至於雇主違反此一平等待遇原則時，受到歧視的員工得否要求給付給受到優待員工的給付？我國相關的勞工法令並無明文規定，似難持肯定的見解。蓋性別工作平等法第28條、第29條係採取損害賠償的救濟方式，工資的歧視待遇應可類推適用此種規定。至於在行政及司法審查時，狹義的工資自可採取嚴格的標準，反之，如是非工資的福利性給付（例如三節的節金）則應採寬鬆的審查標準。

第三項　約定的內容

一、狹義的工資

（一）強制性工資

　　作為主要義務的工資，係指狹義的工資而言。其為勞動契約的要素，為強制性工資，未約定或約定不明時會影響契約的效力。有問題的是，勞基法第23條第2項、勞基法施行細則第14條之1固有「工資各項目計算方式明細、工資總額」的規定，但卻並未明文要求必須明訂的「工資項目」，致使工資名目眾多，卻多為任意性約定的情形。具體而言，實務上較常出現的工資名目有底／本薪、全勤獎金、職務加給、延長工時工資等。然而，除了底／本薪之外，雇主似無義務在勞動契約中，明定全勤獎金、職務加給、延長工時工資等名目的給與。雇主可以底／本薪中已包含全勤獎金、職務加給為由（單一薪俸），而

---

[152] BAG, NZA 2006, 1217 Rn. 11 = NJW 2006, 2875.

[153] BGH v. 24.9.2019, NZA 2020, 244, 247.

免除再編列全勤獎金或職務加給。這就有如伙食津貼、交通津貼／補助一般。換句話說，底薪等於是工資總額。如果伙食津貼為工資的性質，則雇主如未經與勞工協商合意，逕自調整工資項目給付之數額，如其工資總額未有變更，尚無違反該法第22條第2項規定[154]。同樣地，由於勞基法第24條、第39條已有延長工時工資的規定，勞動契約未有特別規定時，即回歸上述規定處理。所以說，雖然是採取市場工資原則，惟只要有底／本薪或（籠統地表示）薪資／水一項、且在基本／最低工資以上，其會被視為合理的或適當的工資[155]。雖然如此，在實務上，雇主常以其各自具有特別的目的，有益於企業的經營而明列之。

（二）自願性工資

　　所謂自願性工資，通常係指以激勵員工較佳的工作表現相連結的工資設計，較常出現者為績效獎金、效率獎金、佣金[156]等。這與前面所述之全勤獎金、職務加給、伙食津貼、交通津貼／補助有其類似之處，即雇主得自行決定是否有此一工資名目的設計，甚至將部分津貼（伙食津貼、交通津貼／補助[157]）定位為廣義工資。不同的是其目的或功能。另一項不同的是，在有底／本薪設計的契約中，此類激勵性工資之給付，並不必遵守原則上每月二次的定期性給付的限制，而是得以每年一次（通常是年底）或二次（通常是年中及年底）或四次（通常是每季的季底）的期間為給付。相反地，如果是無底／本薪設計的契約，勞工單純以績效獎金、效率獎金、佣金作為生活開銷的來源，則似應課雇主勞基法第23條第1項之義務為宜。在自願性工資中，一項較為特殊的設計是「忠誠獎金」或「久任獎金」。即雙方將之約定為工資的一部分，而非福利性的給付。也就是說，雇主得以年度終結仍在職的員工，獎勵其仍在職，而給予一次性工資性質的給付，不受經常性給與的拘束。假設雇主保留全部或部分撤回的權利，則可與員工約定保留條款或撤回條款。所以，此類保留條款或撤回條款也是工資彈性化的表現。

---

[154]　勞動部104年5月21日勞動條2字第1040130914號函參照。

[155]　MHdB ArbR/Krause § 60 Rn. 83.

[156]　行政院勞工委員會88年10月4日（88）台勞動2字第0041091號函參照。

[157]　依據行政院勞工委員會80年11月2日（80）台勞動2字第28790號函：事業單位依勞工居住地距上班地點遠近支給之交通補助費，如非勞工因工作而獲得之報酬並經與勞工協商同意，則非屬勞動基準法第2條第3款所稱之工資，於計算延長工時工資時無庸計入。

二、廣義的工資

所謂廣義的工資，本係指狹義的工資及非工資性質的津貼、獎金、社會性給付、福利性給付等的總合。惟一般係將其侷限於非工資性質的津貼、獎金、社會性給付、福利性給付等而言。其主要的法令規定，為勞基法第29條、勞基法施行細則第7條第5款與第10條等。另外，勞基法第9條之1、第15條之1、第59條等條文所規定之補償（費），似乎亦可將之視為廣義工資。依本書所見，勞基法及其施行細則中有關「工資」的規定，應按其規範的目的，而區分為廣義或狹義，原則上固然是指作為經常性給付的勞務對價（狹義），例如勞基法第2條第3款與第4款、第21條第1項、第22條、第23條第1項～第28條規定。惟例外地亦有條文所規定之工資，係指廣義工資而言。例如勞基法第7條、第23條第2項、勞基法施行細則第14條之1等。所以，勞基法第2條第4款之平均工資及工資總額，係指狹義工資，即以從事契約約定之工作所獲得之對價為限[158]，至於勞工依據「事業單位實施勞工值日（夜）應行注意事項」所做的值日（夜）工作，非屬正常工作之延伸，其由勞雇雙方議定之值日（夜）津貼，非屬工資，得不列入平均工資計算退休金[159]。

廣義的工資主要涉及兩個問題，一者，雇主擁有單方的決定權。即除了勞基法第29條的獎金紅利為半強制性規定外，其他殆為任意性的給付（未與工作表現掛鉤）。二者，基於擴大社會保障的目的，在計算社會性給付的基礎時，例如社會保險費、企業退休金或年金，是否應以整個廣義的工資為準？此無論從勞基法第2條第4款、勞保條例施行細則第27條第1項觀之，似為否定的見解。

第四項　約定工資額度的控制

勞動契約有關工資之約定，係由勞雇雙方依據契約自由原則議定之。惟其需受到基本／最低工資的限制，蓋其係善良風俗工資的具體表現。而為落實符合（按地區而定的、每個行職業的）勞動市場的適當的／合理的工資，工資額

---

[158] 依據行政院勞工委員會87年4月29日（87）台勞動2字第016469號函：勞工兼辦職工福利委員會及住宅輔建福利互助委員會工作，所領之各項津貼或加班費是否列入平均工資計算，應視該工作及給與是否由雇主指派及發給而定。

[159] 內政部76年4月9日（76）台內勞字第488753號函、行政院勞工委員會87年9月14日（87）台勞動2字第036364號函參照。

度應受到民法第74條、勞動契約法第5條工資重利（暴利）行為的限制，此並且為人口販運防制法第1條的適用對象。有問題的是，有關工資重利（暴利）行為的具體標準為何？由於我國法院實務並無實證的例子，且團體協約工資的約定不普遍且不成熟，因此，本書以為法院或可以基本／最低工資數額作為參考基準。只是，此一工資重利（暴利）行為的限制，並不適用於公務機構基於公法救助措施所給付或補助／貼者。最後，如果係在定型化勞動契約中約定工資，則要受到民法第247條之1的適用。

第三節　工資法的面向

工資法面向的工資，主要係在探討勞工因各種因素無法提供勞務時，請求繼續給付狹義工資、以及工資請求權消滅時效期間之問題。此一部分，請參見本書第五章第五節「工資續付原則」處之說明。

第四節　集體勞工法的面向

所謂集體勞工法面向的工資，除了勞動三法（工會法、團體協約法、勞資爭議處理法）中與工資直接有關的規定（例如工會會費、當月工資總額[160]）外，主要是指（準）勞工團體與雇主（團體）有關工資的協商與議定等事項而言[161]。另外，工作規則有關工資的標準、計算方法及發放日期（勞基法第70條第2款參照），由於係以全體勞工為對象，所以也屬於集體勞工法面向的工資規定。此一部分，不同於勞基法第30條、第30條之1、第32條、第49條等工時需經（準）勞工團體同意，勞基法並無工資需經同意的規定，或許立法上係考量工時需要全體員工一致性，而工資則側重在勞工的個別性（包括組成項目的不同）（勞基法施行細則第7條第3款、第5款參照）。所以，集體勞工法面向的工資，主要係經由團體協約法第12條第1項第1款之「工資、津貼、獎金」的解釋與運用而來。而團體協約的發揮效力，必須遵守人的、時的、地的、以及事的適用範圍的限制。以人的範圍而言，除了會員之外，依據團體協約法第12

---

[160] 工會法施行細則第26條第1項參照。

[161] 所以，勞資爭議處理法第57條、第58條給付工資之訴係以勞動契約法的面向及工資法面向的工資為前提，並非具有固有意義的集體勞工法面向的工資。

條第2項規定，「學徒關係與技術生、養成工、見習生、建教合作班之學生及其他與技術生性質相類之人，其前項各款事項，亦得於團體協約中約定。」針對非會員，如果勞工與雇主約定（部分）引用團體協約有關工資的規定作為勞動契約的內容，則應將之歸諸勞動契約法面向的工資[162]。例如在勞動契約中，雇主同意將特定的薪資組別或特定的工資項目、津貼、獎金也適用於尚未加入工會的勞工。如無此一引用條款，則團體協約排除或縮減非會員之特定工資項目、津貼[163]或獎金的請求權，應無違反平等待遇原則[164]。最後針對工會中的贊助會員，團體協約似可將部分福利（例如旅遊、康樂事項）適用及之。

　　相較於勞動契約法面向的工資應由勞雇雙方自行議定具體的工資額度（勞基法第21條第1項本文、勞基法施行細則第7條第3款參照），集體勞工法面向的工資除了例行的協商調整工資、津貼或獎金外，亦可約定（按職務／位不同而定的）底／本薪、特定名目的工資項目、津貼或獎金，要求雇主必須給付會員。甚至亦可將勞基法施行細則第10條之非工資給付，納入協商的範圍。惟，其最重要的，當在於程序面的保障（例如工資的調整程序、工資是否符合平等原則驗證程序），以及工資制度（Vergütungssystem）、給薪原則（Entlohnungsgrundsätze）、工資標準、薪資組別的設定（按照年齡[165]、年資、職務或職位、學經歷、工時的長短等）[166]。例如對於工資的計算或調整，團體協約得約定是否將育嬰留職停薪的期間，（不分按時計酬或按件計酬勞工）納入工作年資採計[167]。又，對於按件計酬的工資給付方式，團體協約亦得

---

[162] 有問題的是，團體協約法第13條之禁止搭便車條款規定，是否適用於此類引用條款？本書以為對於新進員工勞動契約的引用規定，應無適用的餘地，蓋該條文僅就已在事業單位內、且未加入工會的員工而言。

[163] 例如額外的（附加的）特別休假津貼。請參閱楊通軒，集體勞工法：理論與實務，第六版，2019年8月，頁191以下。

[164] 除了團體協約、勞動契約或勞動契約的引用條款、平等待遇原則之外，勞工請求工資的法律依據尚有企業慣例或勞動習慣。

[165] 配合年齡作為標準之一，團體協約亦得約定工資保障條款（Verdienstsicherungsklausel），以確保高齡勞工不致於因工作能力的退化，而遭到調降組別或減薪的命運。

[166] 依據工會法施行細則第26條第2項規定，「工會依本法第二十八條規定，得於章程中自行訂定入會費或經常會費收費分級表。」其所謂「收費分級表」，即是依照一定的標準及區間，設定收費的組別的意義。

[167] Vgl. etwa BAG v. 2.8.2006 – 10 AZR 425/05, AP BGB § 612 Nr. 72.依本書所見，除了工作年資之外，按件計酬勞工工資的計算標準，還要納入學經歷、績效／效率等。

約定在每件工作完成後給薪[168]。

　　另外，基於**工資項／名目濫用禁止原則**（勞基法第23條第2項參照），針對工資的組成，工會得以協議或簽訂團體協約的方式、甚至勞資會議得以決議的方式，採取一定的防範作為。本來，吾人觀團體協約法第12條第1項第1款將工資、津貼、獎金分別列出，似與勞基法施行細則第7條第3款及第5款的規定方式相同。也就是說，將津貼與獎金作為非工資或廣義的工資看待。團體協約得加以具體明確化，尤其是明定津貼與獎金的目的。

　　最後，由於團體協約當事人受到憲法上團體協約自治的保障，因此，其對於勞動條件擁有寬廣的決定權或判斷特權[169]。法院對於團體協約有關違反平等的差別待遇或對於自由權不當的限制[170]，固應拒絕承認其效力。但是，團體協約對於工資相關事項的約定，並無須採取最符合目的、最理性的或最合乎公平正義的解決方法，而是只要具有客觀的理由即可[171]。在實務上較常見者，為團體協約所約定的特定日在職條款（Stichtagsklausel）（例如每年12月31日仍在職[172]）。依之，工會會員必須在特定日期勞動關係並未自行辭職，對於特別給付（Sonderzahlung）[173]始有（按比例的）給付請求權。或者如在特定日前違約或具有可歸責事由離職，即應將所領取的特別給付（部分）返還。團體協約當事人得自由約定特別給付為工資的性質或者為獎勵勞工過去或／及（在有契約條款特別約定時，）未來仍然在職之忠誠（Betriebstreu）獎金[174]、或者兼具兩者的混合性質，並且設定特別給付的條件及排除或刪減的事由[175]。此類特定日在職條款當然對於會員的工作自由或離職自由造成一定的拘束，這是因為自主決定離職或受到遲延或甚至阻礙[176]，惟會員也從此一工資制度中

---

[168] BAG v. 6.11.1985, AP TVG § 1 Tarifverträge: Papierindustrie Nr. 3.

[169] BAGE 163, 144 = NZA 2018, 1344 Rn. 36; BAGE 153, 348 = NZA 2016, 897 Rn. 31.

[170] BAG, NZA-RR 2017, 478 Rn. 29 = NZA 2018, 128 Os.

[171] 尤其是對於福利性的給付，團體協約排除非會員之適用，應無違反平等原則可言。

[172] 此並不區分是不定期契約或定期契約的勞工，一體適用之。惟對於長期無工作能力者、育嬰假者、提早退休者、死亡者遺屬、服兵役者，得由團體協約自行規定是否適用。

[173] 例如年度的一次性給與、在法定企業退休金或企業年金外之老年照護給付等，即屬之。

[174] 我國民間慣行的年終獎金是否具有忠誠獎金的性質，並不清楚，主要是勞動契約中未有相關的條件規定，尤其是未有促進來年忠誠的設計。

[175] BAG, NZA-RR 2007, 474 Rn. 17 = NZA 2007, 1128 Os.

[176] Vgl. BAGE 163, 144 = NZA 2018, 1344 Rn. 44; BAG, NZA 2013, 577 Rn. 40.本書以為：由此看來，此種功能與最低服務年限條款實有其類似之處。

獲得好處。所以，相異於與勞動契約不得為拘束條款或返還條款的約定[177]，團體協約當事人得為此類條款的約定，其並未逾越德國基本法第3條第1項及第12條第1項保護義務功能（Schutzpflichtfunktion）的界線[178]。即團體協約特定日在職條款及返還條款係基於德國基本法第3條第1項及第12條第1項保護義務範圍（Schutzpflichtdimention）而來，其並非直接適用或類推適用德國民法第622條第6項規定[179]，蓋特定日在職條款及返還條款的拘束效力，與德國民法第622條第6項的預告期間不同。從比例原則來看，雇主也具有合法的利益，採取的手段也是合度的及必要的。

　　同樣從團體協約自治角度出發者，係面對德國2018年煤礦挖掘的全面結束，德國政府也終局地結束補貼，德國聯邦憲法法院（Bundesverfassungsgericht, BVerfG）認為團體協約當事人（工會／工會團體與雇主／雇主團體）得將團體協約原來以煤作為企業退休金／企業年金中的實物給付（Deputatkohle）之約定[180]，修正為以能源津貼（Energiebehilfe）代之。針對德國聯邦勞工法院（Bundesarbeitsgericht, BAG）將過去一系列判決所採取的見解，調整為「每一個團體協約都內含著修正的保留」[181]，聯邦憲法法院也認同之。就如同立法者一般，團體協約當事人也可以將確保老年經濟安全的請求權予以調整[182]，並且在一定條件下予以縮減及限制，此並無侵害基本法第14條第1項之財產權或比例原則（Verhältnismaßigkeitsgrundsatz）。由於團體協約當事人擁有判斷的特權，所以，聯邦勞工法院認為將實物給付轉換為現金給付係有必要的，並未逾越其解釋權限，連帶地，比例原則也未被違反。況且，在國際市場上購買煤礦，由於價格高昂，如欲達到能源津貼的目的，明顯地並非是等值的手段[183]。

---

[177] BAGE 163, 144 = NZA 2018, 1344 Rn. 38; BAG v. 3.7.2019, NZA 2019, 1444 Rn. 34.

[178] BAG, NZA 2018, 128 Os.; BAGE 111, 8 = NZA 2004, 1399 [zu B II 2 c].

[179] BAG v. 3.7.2019, NZA 2020, 1440 ff.

[180] 在台灣，勞基法或勞退條例中之企業退休金或企業年金，是否容許一部分以實物給付？即讓由勞雇雙方自由約定之？尤其是勞基法的退休金採取遞延工資的理論，值得加以思考。此並不應目前勞工退休基金必須投入運用投資的實務，而當然被否定之。

[181] 本案中所爭議的2000年團體協約，係1973年團體協約演變而來，即使當時未考慮到後來會被修正，也內含著團體協約當事人得在之後特定時間點修正的保留。而德國全面停止挖掘煤礦即是此一時間點。BVerfG v. 20.2.2020, NZA 2020, 725 Rn. 8.

[182] 這會牽涉到已退休的勞工。

[183] BVerfG v. 20.2.2020, NZA 2020, 724 ff.

　　再就與工會經費有關的工資而言。依據工會法第28條第2項、第3項規定，「前項入會費，每人不得低於其入會時之一日工資所得。經常會費不得低於該會員當月工資之百分之零點五。」「企業工會經會員同意，雇主應自該勞工加入工會為會員之日起，自其工資中代扣工會會費，轉交該工會。」再行政院勞工委員會101年9月24日勞資1字第1010127113號函：「二、……。有關上開規定所稱之『工資』，工會法並無明文定義。查我國勞動相關法令中，有關『工資』之定義，係在勞動基準法第2條第3款規定。三、工會法對於入會費及經常會費之規定，其立法意旨係為強化工會之財務基礎，促進工會會務發展。考量工會法與勞動基準法之立法目的並非相同，故工會法第28條第2項所稱之工資，可由工會循內部民主程序，經由會員大會或會員代表大會參酌勞動基準法工資定義，議決其涵蓋範圍。」也就是說，工會法第28條工資之定義，與勞基法第2條第3款工資之定義不同。一旦經由工會內部民主程序所議決的工資範圍，得擴充至非工資的津貼、獎金、甚至其他的收入，例如各種所得替代的保險給付（傷病給付等）、最低服務年限的補償等。

　　相對於工會法第28條的工資，工會法施行細則第26條第1項乃規定，「工會會員經常會費之繳納，得由雇主按同意代扣之全體會員當月工資總額統一扣繳轉交工會，或由會員自行申報當月工資，並按月計算繳納。」此處之「工資總額」，用語雖與勞基法第23條第2項、勞基法施行細則第14條之1的「工資總額」相同，但其既係跟隨工會法第28條而來，則解釋上工資的定義應該一致。

　　除了工會上述有關工資決議或協商權限外，雖然勞基法並無賦與勞資會議工資的同意權，但是，勞資會議似乎可引用勞資會議實施辦法的規定，以共識決的方式決議工資的事項。惟其只能就團體協約所未規定之工資、津貼、獎金的項目加以決議。不寧為此，即使團體協約所規定的程序事項，勞資會議決議也不得牴觸之。另外，相較於工會對於會員的統御權或團體協約具有法規範的效力（團體協約法第19條參照），勞資會議的決議對於雇主或全體勞工並無類似的拘束力，也沒有餘後效力可言。至於是否有債務承擔的效力？似乎亦有問題。所以，理論上，勞資會議有關工資、津貼、獎金的決議，得被團體協約或下一次的勞資會議的決議所推翻或取代。勞資會議對於勞工有何統御的（含懲戒的）權力，也並不清楚。這是制度面的及結構面的問題，並無法透過類推適用勞基法第30條第2項、第30條之1、第32條、第49條等規定的方式為之，而只能經由立法的方式解決。例如依據就業保險促進就業實施辦法第8條第1項規定，「前條規定之僱用安定計畫，涉及雇主與被保險人約定縮減工時及依其比

例減少薪資者，應經勞資會議同意，且約定每月縮減之平均每週正常工時及月投保薪資，不得低於約定前三個月之平均每週正常工時及月投保薪資之百分之二十，且未逾其百分之八十；約定後月投保薪資不得低於中央主管機關公告之每月基本工資。」如此，勞資會議的同意即具有如同勞基法第30條第2項、第30條之1、第32條、第49條等工時同意的強制效力。此一規定，似乎意在排除工會的同意權，以免發生「工會的同意或團體協約只對會員發生效力，而僱用安定計畫卻是涉及全體員工權益」的尷尬情況。也就是說，經由立法者的權限賦予，工會的同意權或團體協約約定的規範效力遂被排除。亦即不問勞工是否具有工會會員的身分，僱用安定計畫一體適用之。

　　所以，在現行的勞資會議實施辦法之規範下，這主要是在該辦法第13條第2項「工作規則之訂定及修正等事項，得列為前項議事範圍。」這表示傳統上勞基法第70條所賦予雇主訂立工作規則的固有權限，在該辦法第13條第2項已經將之擴充至勞資會議代表。撇掉該辦法有無違反母法之虞（勞基法第83條參照）不論，自此而後，勞資會議代表（尤其是勞方代表）亦可提出自有的工作規則版本，在勞資會議中加以討論。果如此，為收一體適用功效之工作規則應訂立「工資之標準、計算方法及發放日期。」（勞基法第70條第2款參照）即有可能被明確具體化。尚且，除了該款應訂立事項外，工作規則尚可任意訂立工資的相關事項，例如工資的調整、結算、給付方法等，由勞資會議議決之。另外，工作規則亦可任意訂立各種津貼、獎金。在此，無論是工會或勞資會議的工資參與權限，並非根據勞基法的規定而來，故無需如勞基法第32條第1項之同意權後、尚需勞工接受，而是在團體協約部分，以團體法優於個別法主義處理，不容會員或勞工不接受。惟在勞資會議決議部分，雖然僅是會議結論的方式，難謂有團體協約或勞基法第32條的同意權的強制效力，但基於其在集體勞工法中具有特殊的地位，影響集體勞資關係的形塑，故對於全體員工應該仍有拘束力[184]。只是，基於團體協約自治的保障，除了為團體協約所容許（此即所謂開放條款Öffnungsklausel）外，否則由勞資會議議決之工作規則中有關工資、津貼、獎金等事項，不得與團體協約所規定者牴觸[185]。

---

[184] 依據勞動事件法第2條第1項第1款，勞資會議決議所生民事上權利義務之爭議，為勞動事件法所稱勞動事件。此處的「勞資會議決議」，包括勞基法第32條第1項等條文的同意及勞資會議實施辦法之決議。其並未改變實體法上本來的決議效力。

[185] 依據德國聯邦勞工法院見解，對於未加入雇主聯盟之雇主，其改變工資的原則或結構時，應獲得員工代表會的同意。BAG v. 26.8.2008, NZA 2008, 1426 ff.

最後，附帶一言者，勞資會議代表爲執行勞資會議事務，得向事業單位請求清償相關費用。此從勞資會議實施辦法第23條「勞資會議之運作及代表選舉費用，應由事業單位負擔。」應可獲得法律依據。所以，事業單位固然可以在正常工作時間開會，而給予勞資會議代表公假（勞資會議實施辦法第12條第3項參照）。但是，假使勞資會議代表係在其工作時間外參加會議，即可請求支付相關的費用。即便其係從住居所前往事業單位，如果係專爲開會而爲，其交通費用亦可請求償還[186]。

第五節　社會保險法的面向

社會保險法面向的工資，主要是涉及投保薪資的計算。惟，職工福利金的提撥也應納入此一面向。後者，依據職工福利金條例第2條第1項第3款規定，工廠礦場及其他企業組織提撥職工福利金，依左列之規定：「三、每月於每個職員工人薪津內各扣百分之〇‧五。」其所謂「薪津」，職工福利金條例並未加以定義。惟，依據內政部48年1月12日台內勞字第00701號函，「查職工福利金條例第2條第3款所稱職員工人『薪津』範圍，係指『薪俸』『工資』及各項津貼而言。又榮民既已從事生產之職員或工人，自應依法向其薪津內扣撥福利金。」[187]其既然曰「薪津」範圍，係指「薪俸」「工資」及各項津貼而言。顯然係採取廣義工資的定義，即將「薪津」解釋爲薪資及津貼之合用，並且包括獎金及其他非工資的福利性給付。本書以爲這也是勞資共負經費義務及自助互助原則的具體表現[188]。

再依據勞保條例第13條第1項規定，「本保險之保險費，依被保險人當月投保薪資及保險費率計算。」第14條第1項前段規定，「前條所稱月投保薪資，係指由投保單位按被保險人之月薪資總額，依投保薪資分級表之規定，向保險人申報之薪資；被保險人薪資以件計算者，其月投保薪資，以由投保單位比照同一工作等級勞工之月薪資總額，按分級表之規定申報者爲準。」再依勞保條例施行細則第27條第1項規定，「本條例第十四條第一項所稱月薪資總額，以勞動基準法第二條第三款規定之工資爲準；其每月收入不固定者，以最

---

[186] BAG v. 16.1.2008, NZA 2008, 546 ff.

[187] 另請參照內政部75年7月24日台內勞字第11116號令。

[188] 楊通軒，個別勞工法：理論與實務，第六版，2019年7月，頁374。

近三個月收入之平均為準；實物給與按政府公布之價格折為現金計算。」依本書所見，本來，勞保條例第14條第1項規定，「前條所稱月投保薪資，係指由投保單位按被保險人之月薪資總額，……。」其所謂「月薪資總額」，應與勞基法第23條第2項、勞基法施行細則第14條之1之按月給付之「工資總額」同義。即採取廣義工資的定義。但是，勞保條例施行細則第27條第1項規定，卻限縮為「本條例第十四條第一項所稱月薪資總額，以勞動基準法第二條第三款規定之工資為準；……」，也就是採取勞基法第2條第3款狹義工資的定義[189]。顯然，勞保條例施行細則第27條第1項規定已牴觸勞保條例第14條第1項規定，在法律上應屬無效。這也是從擴大社會保險保障的角度，所應採之解釋。就此看來，中央勞政機關認為「經常性給予之伙食津貼為工資之一部分，自應併入工資計算退休金」[190]，其見解應屬可採。另外，其認為「事業單位發給勞工之久任獎金，若非一次發給而係雇主按月發給並構成勞工工作報酬之一部分者，依勞動基準法第2條第3款規定，應屬工資，於計算平均工資時應列入計算。」[191]如該平均工資係為計算退休金之用，則見解同樣可採。

第六節　程序法的面向

　　程序法面向的工資，主要係指為有利於工資的救濟，在程序上所做的特殊規定。此一面項所指之工資，係採取廣義的定義，以便勞工的程序救濟。相關法令包括勞工法令，以及勞動事件法的規定。

第一項　勞工法令

一、勞資爭議處理法

　　勞資爭議處理法為解決權利事項之勞資爭議，而所定之調解、仲裁或裁決程序，固然包括廣義工資的爭議在內。其較為特殊的，是中央勞政機關對於提起訴訟、或依仲裁法提起仲裁者，得給予適當扶助。為此，中央勞政機

---

[189] 行政院勞工委員會78年10月3日（78）台勞保1字第24258號函、行政院勞工委員會78年10月3日（78）台勞保1字第24358號函參照。

[190] 內政部71年12月16日（71）台內勞字第130863號函參照。

[191] 行政院勞工委員會86年6月24日（86）台勞動2字第025402號函參照。

關乃依據勞資爭議處理法第6條第5項規定訂定「勞資爭議法律及生活費用扶助辦法」。只是，須注意者，觀「勞資爭議法律及生活費用扶助辦法」第3條第1項、第15條第1項之扶助事項，僅有終止勞動契約、積欠資遣費或退休金、遭遇職業災害，雇主未給與補償或賠償等，並未及於工資的爭議。

倒是，勞資爭議處理法第六章「訴訟費用之暫減及強制執行之裁定」，其適用項目則有工資的爭議。依據第57條規定，「勞工或工會提起……給付工資之訴，暫免徵收依民事訴訟法所定裁判費之二分之一。」第58條規定，「除第五十條第二項所規定之情形外，勞工就工資、……等給付，為保全強制執行而對雇主或雇主團體聲請假扣押或假處分者，法院依民事訴訟法所命供擔保之金額，不得高於請求標的金額或價額之十分之一。」本書以為勞資爭議處理法第六章固然立意甚佳，惟在體例上似有未合之處，蓋該法係行政調處的規定，不宜訂定訴訟法上的規定。況且，「勞資爭議法律及生活費用扶助辦法」已有相關的扶助規定。兩者相較，略嫌凌亂。歸根結底之計，似應將勞資爭議處理法第六章第57條、第58條的規定，移至勞動事件法做一整合，而將第57條、第58條刪除。

二、勞基法施行細則第50條之3

依據勞基法施行細則第50條之3規定，「勞工因終止勞動契約或……所生爭議，提起給付工資、……之訴訟，得向中央主管機關申請扶助（第1項）。前項扶助業務，中央主管機關得委託民間團體辦理（第2項）。」本書以為此一條文亦有體例上的問題，且與勞資爭議處理法第6條第5項授權訂定之「勞資爭議法律及生活費用扶助辦法」有疊床架屋的嫌疑，似應將之移置「勞資爭議法律及生活費用扶助辦法」處規範。

第二項　勞動事件法

勞動事件法有關工資的規定，分散在總則、訴訟程序及保全程序。依據第12條規定，「因確認僱傭關係或給付工資、退休金或資遣費涉訟，勞工或工會起訴或上訴，暫免徵收裁判費三分之二（第1項）。因前項給付聲請強制執行時，其執行標的金額超過新臺幣二十萬元者，該超過部分暫免徵收執行費，由執行所得扣還之（第2項）。」本條為暫免徵收裁判費及執行費之特別規定，應優先適用之。至於勞資爭議處理法第六章「訴訟費用之暫減及強制執行之裁

定」，只係補充規定而已。

依據第37條規定，「勞工與雇主間關於工資之爭執，經證明勞工本於勞動關係自雇主所受領之給付，推定為勞工因工作而獲得之報酬。」此條推定工資的規定，屬於舉證責任倒置的規定，目的僅在要求雇主負擔訴訟舉證責任而已，故應為實體法的規定。所謂「本於勞動關係自雇主所受領之給付」，係採取廣義工資的定義，不僅勞務的對價，舉凡津貼獎金、社會性給付、以及福利性的給付，均在其內。

由於工資攸關勞工及其共同生活的家屬生活所需，所以勞動事件法的保全程序設置相關規定，以免工資之訴遙遙無期，生活朝不保夕。依據第47條第1項、第2項規定，「勞工就請求給付工資、……事件，聲請假扣押、假處分或定暫時狀態之處分者，法院依民事訴訟法第五百二十六條第二項、第三項所命供擔保之金額，不得高於請求標的金額或價額之十分之一（第1項）。前項情形，勞工釋明提供擔保於其生計有重大困難者，法院不得命提供擔保（第2項）。」第48條規定，「勞工所提請求給付工資、……事件，法院發現進行訴訟造成其生計上之重大困難者，應闡明其得聲請命先為一定給付之定暫時狀態處分。」

第三項 民事訴訟法

依據勞動事件法第15條規定，「有關勞動事件之處理，依本法之規定；本法未規定者，適用民事訴訟法及強制執行法之規定。」例如民事訴訟法第一編總則、第四章訴訟程序、第一節當事人書狀（第116條以下參照）即有其適用。以勞工提起給付工資之訴而言，必須按照民事訴訟法第116條提出記載法定事項的當事人書狀，勞工或其代理人並應於書狀內簽名或蓋章（第117條參照）。簽名或蓋章才能確定提出訴訟者為何人及表現出訴請特定標的的決心[192]。惟書狀不合程式或有其他欠缺者，審判長應定期間命其補正（第121條第1項參照）。此一補正的要求，應係基於憲法公平程序的要求（das verfassungsrechtliche Gebot eines fairen Verfahrens）而來的法庭的照顧義務（gerichtliche Fürsorgepflicht）的表現[193]。

---

[192] BAG v. 25.2.2015, NZA 2015, 701 Rn. 22 = BAGE 151, 66.

[193] BAG v. 14.9.2020, NZA 2020, 1501 ff. 在德國，依據民事訴訟法第130a條第3項規定之一般的簽名（einfache Signatur），並得以機器署名或掃描署名代替之。

第四章 | 工資的意義、要求與內涵

案例1

　　乙經營一家餐廳，僱用甲為服務生，丙為採購。丁就讀於某技職院校的餐飲科，也在乙處以建教生接受職業訓練。戊則是經常在乙處用餐。問：

(1) 乙得否以甲未經勞動契約或個案同意而收受戊給的服務費，而對之懲戒？或者甲有義務告知乙收受戊服務費之事？

(2) 如果戊係給丙服務費呢？丙可否收受？理由？

(3) 乙與丁約定「勞工直接受自顧客之服務費應繳交予雇主」，是否有效？丁可否收受戊給的服務費？

案例2

　　乙為一家營造廠，主業是為不同的客戶承包建造房屋，包括廠房。乙僱用一批固定的員工到處建造，包括丙在內。甲畢業於某大學建築系，前往應徵公司建築設計工作。丁係點工，隨乙的需要上工工作。問：

(1) 乙為達攏絡甲的目的，表示願意負擔甲為求職所支出的各種花費（包括體檢、交通費、飲食費等共3,000元），並且有一筆50萬元簽約金。甲懷疑是否為工資的一部分。

(2) 丙必須前往不同的工地工作，乙丙合意丙由住居所直接前往工地，無須先到公司報到，下班也直接從工地返回住居所。乙並提供丙一輛公務車，也可做私人使用。乙認為是工資的一部分。乙懷疑丙由住家前往工地及由工地返家的通勤時間是否為「工作時間」？雙方得否約定不同的給薪標準？

(3) 乙要求丁隨時等候工作機會，並表示願意給予候傳（on call）津貼。丁懷疑是否為工資的一部分。

第一節　意義

第一項　雇主的主要義務

　　勞動契約為雙務契約，採有償主義（民法第483條參照）。其所謂有償主義，係指受僱人提供契約所約定之勞務（工作）（民法第482條參照）時，雇主當然必須給付（與作為勞務等值物的）報酬／工資而言[1]，一般即指狹義的工資，其具體的額度由勞雇雙方議定之。如「未定報酬額者，按照價目表所定給付之；無價目表者，按照習慣給付。」（民法第483條第2項參照）[2]由於工資與工時間具有附隨性的關係，所以，實務上常發生爭議者，為何謂約定之勞務（工作）？即工作之內容及範圍為何？除了契約所約定的工作本體外，是否尚及於為完成工作所需之輔助性行為或前後相連行為或周邊行為[3]？至於非屬工資性質之津貼、獎金或福利，並無須在勞動契約中約定。惟如果約定，即必須具體明確，以與工資區分。此一約定，並不影響勞動契約的雙務性（Synallagama）。

　　基於雙務契約的性質，勞動契約本應約定報酬（勞基法施行細則第7條第3款參照），否則，若當事人雙方約定免予給付，而單服勞務，則為一種無名契約，類推適用贈與及僱傭契約之規定[4]。工資不僅是主要義務，而且也是契約

---

[1]　此並非基本工資的概念。又，如果雇主使用勞工本身所有的用具（電腦設備、車輛、房屋等）而支出使用工具費（勞基法施行細則第7條第6款參照），其亦非工資，而是在租賃關係下的租金。

[2]　民法第483條第2項只適用於固定薪（Festvergütung），而不及於變動薪（variable Vergütung）。BGH v. 20.5.1996, NJW 1996, 2576.

[3]　這也包括違法、違規或違反勞動契約之行為，其所用之時間是否為工作時間？例如霸凌、鬥毆、或職業駕駛行駛高速公路路肩的時間（勞工保險被保險人因執行職務而致傷病審查準則第18條參照）。對此，雖然勞工受到職業災害補償的救濟，但也只是勞工保護法及社會保險法上的工作時間，難以遽然謂為工資法上的工作時間。行政院勞工委員會85年1月13日（85）台勞安3字第147416號函、行政院勞工委員會85年3月21日（85）台勞保3字第106717號函、行政院勞工委員會95年1月25日勞保3字第0950000377號函參照。

[4]　至於學習型勞工（技術生、建教合作班學生、實習生、見習生等），其主要目的並非在以提供勞務換取工作報酬，而是在學習／熟練實務工作能力，故其所獲取者為生活津貼或訓練津貼。勞基法第65條第1項、高級中等學校建教合作實施及建教生權益保障法第22條第1項參照。又，針對家屬或親屬成員間的具有經濟價值或職業價值的勞務提供行為，包括（家族）企業內所進行的接班計畫訓練、或業務輔助行為（例如小吃店的幫忙），除非雙方有訂定僱傭／勞動契約或有民法第483條之情形，否則，似難以有事實上提供勞務之行為，而以事實上勞動關係處理其權利義務。楊通軒，個別勞工法：理論與實務，第六版，2019年7月，頁356參照。

的要素，這是與工作地點、工作內容及工作時間只是契約要素，有所不同的。雇主違反工資義務時，構成債務不履行，勞工得終止契約，此在勞基法第14條第1項第5款也特別予以獨立規範，而非如違反工作地點、工作內容及工作時間，必須透過勞基法第14條第1項第6款「雇主違反勞動契約或勞工法令」的解釋而來。

倒是，工資雖為主要義務，惟義務人是否以受領勞務的雇主為限？對此，如依民法第482條規定，「稱僱傭者，謂當事人約定，一方於一定或不定之期限內為他方服勞務，他方給付報酬之契約。」似乎為肯定的立法。然而，所謂「他方」是否限於雇主本身？他人不得為給付主體？並非無疑。更為明確的，是綜觀勞基法各條文的規定，包括勞基法第2條第1款「勞工：指受雇主僱用從事工作獲致工資者。」第2款「雇主：指僱用勞工之事業主、事業經營之負責人或代表事業主處理有關勞工事務之人。」第3款「工資：指勞工因工作而獲得之報酬；……。」以及第21條第1項「工資由勞雇雙方議定之。……」均無「勞工由雇主獲致工資」或「雇主應給付勞工工資」的明文規定。所以，似為否定的立法。雖然依據第23條第2項前段「雇主應置備勞工工資清冊，將發放工資、工資各項目計算方式明細、工資總額等事項記入。」及第7條雇主應置備勞工名卡，登記工資事項，但似乎也不以雇主本身給付工資為前提。

所以，解釋上，工資的給付義務人，得為雇主本身、多重／複數雇主中的一人或數人、其他無契約關係的第三人。以複（多）數雇主的情況而言，受領勞務者及給付工資者，即可分別為甲、乙（甚至丙）數位不同的雇主。至於第三人，可以是關係企業下的總（母）公司或其他企業。至於第三人代為給付，主要係基於債務承擔（民法第300條以下參照）的理由，如係第三人（社會大眾）單純地捐贈或贈與勞工，以彌補其未能由雇主獲致工資的損失，則並非工資可言。至於工會發給會員的罷工津貼，同樣是在彌補工資的損失，性質上並非工資。

有問題的是，在一件投保薪資爭議案[5]及另一件勞工退休金的爭議案[6]中，勞動部勞工保險局（上訴人）將被上訴人（遠通電收股份有限公司，以下稱遠通公司）與訴外人（國道高速公路局）所簽訂之電子收費系統建置及營運契約中，承諾給予轉職（到遠通公司及其他不相隸屬的事業單位）的國道收費員年

5　最高行政法院105年度判字第678號行政判決參照。

6　最高行政法院106年度判字第677號行政判決參照。

薪差額之支付（稱爲「轉職保障金」），認爲是勞務的對價（工資），並應由遠通公司一概負擔投保薪資的繳交。此一主張並爲最高行政法院所探。本書以爲此一「轉職保障金」是否爲工資，應釐清以下問題：

一、在轉職收費員非由遠通公司僱用，而是受僱於遠通公司的關係企業或其他轉職公司之情況，遠通公司之給付轉職保障金如解釋爲工資，是否代表遠通公司具有實體同一性或爲共同雇主？

二、社會保險具有強制的性質，有關勞工保險法律關係當事人、投保單位、保險費的收繳以及逕予調整等，並不容許契約當事人自由約定或處分。在其他轉職公司爲雇主的情形，如將遠通公司所給付之轉職保障金解釋爲工資，且要求遠通公司繳交保險費，是否代表勞工保險機關及法院將遠通公司認定爲勞工保險契約當事人？或投保單位？或者將之認定爲要保人？惟此是否與勞保條例的規定不符？尤其是勞工保險並無要保人之關係人設計，其與商業保險不同。所以，勞工保險機關並無權逕予調整投保薪資。最高行政法院105年度判字第678號行政判決認爲這是遠通公司所應負擔的社會安全費用及制度性的保障，實屬誤解。

三、轉職保障金是否爲工資之性質，中央勞政機關認爲「轉職保障金之給付與勞務提供有一定對價關係，性質屬工資」[7]，惟此似有疑義。蓋建置營運契約及其附件已將之明定爲「補償」，勞工保險機關及法院將之解釋爲工資似不符合文義解釋的要求。其性質應與轉職補償金相同。尤其是，轉職保障金的目的是在補償轉職人員工資的減少及促成其早日適應新事業單位的工作，與勞務的對價不同[8]。惟補償的性質並不是福利性、恩惠性給與。即使是利益第三人契約，「補償」也是轉職人員得請求的「利益」。如果僅是從形式上遠通公司經常性地給付與轉職人員金額，即認定爲工資，並不允洽。這裡還牽涉一個問題：私法契約得否約定補償金？此在勞基法第9條之1、第15條之1、第59條都是法定。雖然如此，如果法無禁止規定、且確爲補償的性質，基於契約自由原則，私法契約（不限於勞動契約）應得自由約定補償，蓋勞基法施行細則第10條並非是非工資的列舉規定。例如針對勞基法第84條之2之納入勞基法前的工作年資，如果勞雇雙方無退休金的約定，應得約定給予補償。

---

[7]　勞動部103年10月16日勞動保2字第1030140371號函、勞動部103年12月18日勞動保2字第1030140502號函參照。

[8]　既是補償，即非工資，即非投保薪資，除非如德國的社會保險法規定，否則勞工保險主管機關及法院並不得將「所得」作爲投保薪資。

　　四、退而求其次，遠通公司如為其他不相隸屬的事業單位支付轉職保障金，則負責繳交七成雇主的保險費者（含轉職保障金），應為其他轉職公司，而非遠通公司。畢竟其是接受轉職人員的雇主，而遠通公司只是第三人而已。

　　五、再退而求其次，如將此一「轉職保障金」作為計算投保薪資之工資的一部分，則其僅為社會保險法上工資的概念，而非工資法上或勞動契約法上的工資概念，兩者不宜混淆。

　　同樣為第三人所為之給付，但問題較為複雜者，為第三人如為雇主的交易對手，例如廠商或單純的消費者（顧客），則其除了給付雇主商業對價之外，得否再自願地（或強制地）給予雇主所僱勞工服務費（小費）？或者雇主與交易對手、勞工與雇主間，均必須在雙方所簽契約中取得雇主的同意？又，此一服務費得否作為工資的一部分？這些問題，均牽涉到勞基法施行細則第10條第5款「勞工直接受自顧客之服務費」，究應如何解釋？

　　對此，首先，此一勞工受取服務費之「顧客」，似應將之限制於服務業，而不及於其他企業領域或行業，更不用說公務機構之受僱人員及公務人員。這主要是因為在其他企業領域或行業，雇主的交易對手給予勞工服務費，並非國際習慣或通例。況且，勞工基於勞動契約上的清廉義務，除了為數甚微的、符合人情義理的饋贈外，本不得由雇主的交易對手收受服務費，否則即有接受賄賂的疑慮【案例1(2)】。

　　所以，在國際商業行為中，源由於18世紀對於服務業（尤其是餐飲業、旅遊業等）人員的小費（服務費），起初原本是工資的一部分，但後來已成為顧客額外給予勞工的費用，並與固定加成的服務費（例如10%）為固定工資的一部分，形成不同的實務做法。前者，由顧客直接給與勞工；後者，則係雇主主動向顧客收取。兩種實務的做法，在雇主與顧客、勞工與雇主間，通例上並無先取得同意的問題，其應是屬於事實行為或意思實現。惟就現代意義而言，前者，雇主似應先告知顧客收取固定加成的服務費、並取得其同意，否則，顧客即得拒絕支付固定加成的服務費。後者，顧客主動給予提供服務的勞工服務費，外表雖似一贈與行為，但畢竟是在雇主與顧客所訂服務契約上所為，因此，顧客雖無須取得雇主的同意，但似應告知雇主，而勞工也負有告知雇主的附隨義務。此應與勞基法施行細則第10條第5款「勞工直接受自顧客之服務費。」規定，無所衝突【案例1(1)】。

　　由於服務費係在餐點、服務對價之外，顧客自願給付勞工的贈與。其目的並非代替雇主給付工資，而是在感謝勞工的用心服務，並且增加其收入。此

無論是直接給與或間接給與（即以固定加成的服務費方式收取），並無不同。從國際習慣或通例來看，店家（雇主）所收取的固定加成的服務費，也是在提高服務人員的收入，而非在降低或折抵工資的給付。只是，店家（雇主）往往未事先告知顧客有收取固定加成的服務費的做法，以至於有變相調高對價（漲價）的疑慮。由此看來，勞工為確保服務費的穩定收入，應得與雇主約定「雇主負有收取固定加成的服務費、並將之轉交給勞工之義務」；相反地，基於勞基法施行細則第10條第5款規定，雇主不得與勞工約定「勞工直接受自顧客之服務費應繳交予雇主」。此一規定，工讀生及學習型勞工（建教生、養成工、學徒等）應可主張類推適用，蓋此亦為國際間的慣例，而且此類服務人員眾多，不宜將之排除在外【案例1(3)】。

在此，值得注意者，勞基法第14條第1項第5款係規定，雇主不依勞動契約給付「工作報酬」，而非「工資」一語，其究竟所指為何？這主要是其為狹義的工資（勞務的對價）？或是廣義的工資（還包含非工資、福利給付等）？對此，吾人以為其實際上是勞基法第2條第3款之定義規定「工資：指勞工因工作而獲得之報酬」，並無意將之擴充至廣義的工資部分。

工資作為主要義務的最大難題，係勞基法及施行細則僅將所有相關的事項加以規定，即其為一綜合性的規範，而使得作為主要義務的工資真正意義並不清楚。此從勞基法第7條、第22條、第23條、第70條第2款、勞基法施行細則第7條第3款與第5款等規定，即可得知。而這是否代表雇主違反任何一項個別事項，例如給付日期或方法，即是雇主違反主要義務，而受到勞基法第14條第1項第5款的適用？

其中，先一言者，第7條勞工名卡所記錄之工資、第21條第1項應該議定的工資、第23條工資各項目計算方式之工資、第25條之性別工資平等、第26條所預扣之工資，以及勞基法施行細則第7條等條文之工資、甚至民法第482條之報酬，是否專指工資總額而言，或兼及於非工資、福利給付（獎金Gratifikation、津貼）？並非無疑。惟即使有將之包括在內，也並非表示其即為主要義務之本質。

其實，依本書所見，大體言之，勞基法及其施行細則有關工資的規範，可區分為實體面者及程序面或技術面者，前者為工資的總額及結構（項目明細）（勞基法施行細則第14條之1第1項第1款及第2款參照），後者則為輔助或實現工資給付的作為，有者為公法上的要求（例如勞工名卡工資之記錄、法定通用貨幣、實物一部給付、全額直接給付、每月至少定期發給二次，並應提供工資

各項目計算方式明細、雇主應置備勞工工資清冊，將發放工資、工資各項目計算方式明細、工資總額等事項記入。工資清冊應保存五年[9]），有者爲私法契約的約定（議定、調整、工資之標準、計算／方法、結算給付次數、方式、日期、津貼及獎金的給付約定）[10]。這些公法上的要求，具有不同的目的[11]，其中有些需要經過勞雇雙方具體約定之。例如以每月至少定期發給二次或勞雇雙方約定發給一次而言，勞雇雙方得約定發給（放）日期（例如約定每月15日及／或每月月底爲發放日[12]）。有問題的是，這些爲實現工資總額及項目明細的程序面或技術面規定或約定，是否爲勞動契約中雇主的主要義務，以致雇主違反時，勞工得引用勞基法第14條第1項第5款立即終止勞動契約，並非無疑。

換言之，工資作爲主要義務，是指勞雇雙方議定之工資總額或工資各項目之給付金額或扣除法定或約定項目後的實際發給之金額（勞基法施行細則第14條之1第1項第1款、第2款、第4款）而言[13]。其原則上係以計時、計日、計週、計月爲準之正常工時工作所得之報酬爲計算基礎[14]，例外地始得約定不按月給付之工資項目（例如以每年12月底計算的績效獎金、或約定每年年薪十三個月、或年度性的一次性給與、或年度性的附加老年照護給付）。此一以正常工時工作所得爲計算基礎之報酬，似應與爲計算平均工資基礎的工資總額同義（勞基法第2條第4款參照）[15]。亦即，此處的工資總額，似應係一確定的金

9　勞基法第23條第2項工資清冊記載事項並且可爲雇主舉證之用。請參閱勞動事件法第37條立法理由。

10　這些私法契約的約定，在企業併購時應先以書面載明通知商定留用之勞工（企業併購法第16條）。行政院勞工委員會99年4月15日勞資2字第0990125516號函參照。

11　例如勞工名卡工資之記錄及工資清冊均是基於工資透明的要求。有問題者，其是否亦適用或類推適用於委任經理人？亦即委任經理人是否亦有工資透明的需要？

12　有問題的是，得否約定次月的某日爲發放日？對此，本書持反對的態度，蓋依據勞基法第23條第1項「除當事人有特別約定或按月預付者外，每月至少定期發給二次」的立法原意，係要求雇主預付工資或至少在當月內給付工資。如拖延至下月發給，恐有給付遲延之嫌。對此，中央勞政機關認爲「事業單位於次月10日發放工資，是否合於上開規定，應視勞資雙方是否有事先約定而定。」（行政院勞工委員會82年3月17日（82）台勞動2字第15246號書函參照）實不足採。

13　既謂「勞雇雙方議定」，即表示由勞工／求職人與雇主個別協議訂定，勞工團體（工會）或準勞工團體（勞資會議）不得逕自與雇主或資方代表議定工資，或者以團體協約、一般協議或勞資會議決議，將勞雇雙方議定的工資（含勞基法的退休金）做不利於勞工的修正（縮減或刪除）。此亦可從團體協約法第19條但書的有利原則得知之。

14　就此點而言，與基本工資之計算基礎並無不同。請參閱勞基法施行細則第11條上半句規定。

15　所以，學者間及實務界，將勞基法第2條第4款之工資總額，擴張解釋包括延長工作時間工資、不利工作時間工資（例如夜間工作津貼、輪班津貼等），似有疑義。

額，而不允許一個機動的或彈性的或區間的浮動金額。惟部分的工資項目如契約約定只是定期發放，以至於造成工資的波動，應屬合法。勞基法第27條之「雇主不按期給付工資者，主管機關得限期令其給付。」即是指工資總額或工資各項目之給付金額。在此，並不問給付的型態是金錢、實物或即期支票。至於勞雇雙方議定之工資總額如果違反團體協約所規定的工資、或違反薪資暴／重利行為之禁止（民法第74條、勞動契約法第5條、人口販運防制法第1條）、或違反同工同酬原則（勞基法第25條、性平法第10條、中高齡者及高齡者就業促進法第12條第2項第3款）、或違反預扣工資之禁止（勞基法第26條）、或低於基本／最低工資，則應以合法化或救濟後的工資為準，惟一般是請求損害賠償，而非採取「向上調整」的方式處理[16]。

工資既為勞務的對價，具有維持勞工及其家庭生活的重要性，除了勞基法第22條第2項「法令另有規定或勞雇雙方另有約定者」者外，並不允許雇主假借各種名義短發或苛扣，否則，即會有勞基法第26條之適用。在此，為免影響勞工及其家庭生活的基礎，所謂「勞雇雙方另有約定」應做嚴格的解釋，以約定扣薪係為勞工之利益為限。而且，如果雙方約定以基本工資作為約定工資總額，則因扣除部分工資項目，以至於未達基本工資的額度，更要接受違法性的審查。雖然如此，勞雇雙方議定之工資總額仍然可能受到基於特定事由的未工作而無工資請求權（例如曠職、事假、因不可抗力之未工作）[17]、減薪、懲戒性金錢制裁等因素之影響。

所以，基本工資如有組成項目，則其必須合法、正確、以及公平、正當。同樣地，工資總額的各項目的組成亦是如此。有問題者，所謂工資各項目計算方式明細，究竟是指哪些項目？對此，除了勞務對價（含需繳稅的實物[18]）【案例2(2)】之外，似亦應將特別休假工資、休息日工資、例休假日工資、以及傷病假、公假工資予以登載，另外，雇主承諾必定給予的非工資或福利亦應予以記入，特別是雇主對勞工的財產形成給付（例如為勞工購買長期的權益基金）[19]。

工資總額或工資各項目面臨的最大挑戰，應該是浮／變動薪（所謂「工

---

[16]　不同的是，針對勞基法第84條之1的特殊工作者之救濟，請參閱司法院大法官釋字第726號。

[17]　勞基法施行細則第2條即臚列了各種減少工資或無工資的原因。

[18]　例如提供勞工得私人使用的車輛。

[19]　BAG v. 19.2.2014, NZA 2014, 915 ff., 918.

資彈性化」）的問題。在此，雇主或者將浮／變動薪與固定薪合用，或者單純採取浮／變動薪的計薪方式[20]。前者，勞雇雙方約定一定之金額為固定薪（本薪／底薪[21]），加上勞工的出勤狀況[22]（含出勤地區環境的安全或艱辛[23]、險惡）、工作表現或業績表現或者雇主營運達到目標或甚至客戶名單的增減[24]時，即可獲得全勤獎金[25]、績效獎金、生產效率獎金[26]、營運目標獎金等。此種激勵性的工資設計，目的在激發員工的動機與潛能，如果各個項目先後條列清楚、各個目的／標明確、並且以常人的工作狀況即有可能取得該激勵工資、以及無使員工一變而為夥伴人之疑慮者，即有合法之餘地。須注意者，由於激勵性工資為工資的本質，假設雇主將發放日與特定日期（例如每年的12月底）結合，則勞工在約定日期前離職，應可按比例領取工資[27]。

　　後者，勞雇雙方並無底薪或本薪之約定，完全以勞工的工作表現或績效或企業的營運狀況，而決定（一時性的或繼續性的）佣金（工資）的有無或高低。此種議定的工資型態，在實務上存在於特定的行職業（例如保險業[28]、特殊娛樂業），佣金與第三人（客戶）所繳交的費用具有密切的關連[29]，其常

---

[20]　此與按件計酬之計薪方式尚有不同。

[21]　本書以為不惟是計時工，即使是計件工，均應有底薪／本薪的保障。而且，此似乎不以「基本工資以上」為要件。

[22]　最高行政法院107年度判字第596號行政判決參照。

[23]　例如遠離都市的高山、濱海等交通不便地區。

[24]　例如針對派報生，如係以底薪與按件計酬給薪，則在報章雜誌訂戶名單的增減及送報地區環境的優劣上，即會影響工資的增減。此種客戶基於各種理由的退訂，與勞動契約法上的經濟風險理論尚有不同。

[25]　惟，依據行政院勞工委員會77年7月26日（77）台勞動字第14423號函「勞工每月於正常工作時間內所得之工資，不得低於每月基本工資扣除因請假而未發之每日基本工資後之餘額。」此即表示可將全勤獎金作為基本工資的一部分。

[26]　實務上，也有一些事業單位發放出勤獎金、生產獎金。本書以為如其非激勵性的工資性質（生產效率獎金），或者其目的不明，即應將之作為工資看待。

[27]　BAGE 146, 284 = NZA 2014, 368, 371; Preis/Deutzmann, Entgeltgestaltung durch Arbeitsvertrag und Mitbestimmung, NZA Beil., 3/2017, 102.

[28]　最高法院107年度台上字第2201號民事判決參照。

[29]　佣金如為工資，則解釋上當勞工離職後，如第三人（客戶）繼續繳交費用給事業單位（雇主），勞工仍有佣金／工資請求權。這也表示：只有在第三人（客戶）與事業單位（雇主）終止法律關係後，始無須負擔佣金的義務。

以無底薪的佣金制出現，合法性並且為中央勞政機關所肯定[30]。只不過，此種無底薪的佣金制與無底薪的按件計酬，不僅與承攬契約（含家內勞動者／家庭代工者）難以區分[31]、勞工的收入不穩定，甚至在提供勞務後因無成果而無工資，致使其有違反勞基法第21條第1項但書的疑慮。蓋該但書一體適用於按時計酬、按件計酬[32]，以及佣金制的勞工。所以，也難怪在法院實務上有認為「又○○公司給付陳○○之佣金係依業務員契約給付，抑係依承攬契約給付？屬工資，抑係承攬報酬？攸關陳○○依勞基法規定得請求補償之數額，自有釐清之必要。」[33]

第二項　因工作而獲得之報酬

依據勞基法第2條第3款，「工資：指勞工因工作而獲得之報酬。」吾人由此一用語，似可推知報酬為工資的上位概念，甚至亦為獎金及津貼、或其他福利項目的共同上位概念[34]，可將之視為廣義的工資概念。吾人如觀勞動事件法第37條規定，「……勞工本於勞動關係自雇主所受領之給付，推定為勞工因工作而獲得之報酬。」亦是採取廣義工資的概念。雇主針對所給付的工資、獎金及津貼，均得舉證其實質上並非工資。須注意者，「因工作」與「本於勞動關係」意義並不相同，前者是指提供勞動契約所約定之工作種類或內容（勞基法施行細則第7條第1款參照），後者則是指簽訂勞動契約後，在整個勞動關係

---

[30] 行政院勞工委員會83年8月5日（83）台勞保2字第50919號函、行政院勞工委員會88年10月4日（88）台勞動2字第0041091號函、行政院勞工委員會89年7月20日（89）台勞動1字第0027695號函「依事實認定」參照。

[31] 行政院勞工委員會88年11月18日（88）台勞資2字第0049975號函參照。在2016年10月21日的司法院大法官釋字第740號的解釋理由書，雖然提到「其報酬給付方式並無底薪……，係自行負擔業務之風險，則其與所屬保險公司間之從屬性程度不高，尚難認屬系爭規定所稱勞動契約。」但似乎亦無法得出「無底薪即當然為承攬契約」之結論。
又，家內勞動者／家庭代工者與按件計酬勞工不同的是：除非與工作委託者有特別約定，否則並無供給充分工作之請求權。勞基法第14條第1項第5款下半句參照。BAG v. 20.8.2019, NZA 2020, 232, 235.在此，有問題的是，針對多年充分供料給家內勞動者／家庭代工者的情形，勞動事件法第2條第1項第1款的勞動習慣是否有適用的餘地？此從同條項第2款及第3條第1項第2款僅擴充適用於學習型勞工觀之，似為否定。惟在比較法上，德國聯邦勞工法院則有持肯定見解者，BAG v. 13.9.1983, NZA 1984, 42 = BAGE 44, 124。

[32] 此從勞基法施行細則第12條即可得知。

[33] 最高法院106年度台上字第301號民事判決參照。

[34] 作為提供勞務對價的「報酬」，亦適用於承攬（民法第490條參照）、委任（民法第535條參照）等契約。

存續中而言，其並無勞務對價的限制，甚至連勞基法施行細則第10條各款的給與，都在其內。

　　所謂工資是「因工作而獲得之報酬」，意指工資爲勞務的對價。這是指工資的內涵而言。其得以工資、薪金、薪資、薪水等名義爲之。「工資」一名，一體適用於勞基法行業的勞工，而不分其從事何種職業（例如醫師、律師或粗工）或工作。有問題者，其是否亦得以獎金或津貼之名行之？對此，雖然勞基法第2條第3款似乎爲肯定的立法，惟吾人如對照勞基法施行細則第7條第3款及第5款分別針對工資與獎金、津貼加以規定，即可知立法者有意將獎金及津貼與工資加以區隔。依據勞基法施行細則第7條第5款規定，「資遣費、退休金、其他津貼及獎金」，立法者僅是將津貼、獎金與資遣費、退休金同樣視爲金錢給付之一種而已，似乎無意將之定位爲工資。依本書所見，從字面上觀之，獎金、津貼本有其獨自的意義、目的與性格，諸如獎勵、補償、社會給付或恩惠性給與等，與工資爲勞務的對價有所不同[35]。只不過，一方面，獎金或津貼仍然不乏有勞務對價之性格者（例如夜間工作津貼、輪班津貼等[36]），另一方面則是因爲在實務上或有將工資與（非工資性格的）獎金、津貼混用者，故理應依民法第98條「解釋意思表示，應探求當事人之眞意，不得拘泥於所用之辭句。」處理，而在爭議個案中，認定獎金或津貼是否爲工資的本質。而這也是勞基法第2條第3款將獎金或津貼推定爲工資的原意。這也表示：一旦勞工主張津貼或獎金爲工資的本質，例如夜點費本爲夜間工作津貼之實，則雇主即負有其非勞務對價之舉證責任[37]。

　　如上所述，對於具有工資性格者，例如夜間工作津貼[38]、輪班津貼、海外工作津貼[39]等，本應將之視爲工資。惟，由於勞基法或其他法令並無「夜間工

---

[35]　就現行法令觀之，除了勞基法第29條「獎金」，以及勞基法施行細則第10條第2款「獎金」與第9款「差旅津貼」的特別規定外，並無其他法令的進一步規定。

[36]　行政院勞工委員會94年6月20日勞動2字第0940032710號令參照。

[37]　最高行政法院107年度判字第596號行政判決參照。

[38]　台灣高等法院106年度重勞上字第40號民事判決、最高行政法院106年度裁字第1877號行政裁定、最高行政法院106年度裁字第254號行政裁定參照。

[39]　不同的是，對派駐外地的員工，雇主爲彌補其與配偶兩地分居所造成之精神上的失落及生活上的不便，所給予之異地分居津貼（Trennungsentschädigung），應非工資的性質。

作津貼或輪班津貼」的強制規定[40]，因此，即使是不利工作地點或不利時間的工作，雇主並無義務給付海外工作津貼、或夜間工作津貼、輪班津貼（或補休）。所以，其是一任意性的或自願性的工資，此與一般的加給工資為強制性質者（例如勞基法第24條、第39條），明顯不同。此種自願性的工資，也出現在勞基法施行細則第10條第2款「研究發明獎金」規定。該等獎金與勞務的提供直接或間接有關。只是，較為特別的是，針對勞雇雙方有此類獎金之約定者，立法者將之明白排除在工資之外。同樣地，第9款之差旅津貼，雖其與出差（工作）直接有關，但也被排除在工資之外。依本書所見，立法者或許係基於該等給付只是一時性、偶發性或激勵性的性質使然。

　　在此一提者，第10條第2款之「競賽獎金、久任獎金、節約燃料物料獎金及其他非經常性獎金」或者與提供勞務無直接或間接關聯、或者應視狀況而定、或者立法上與第10條本文相衝突者，以下即說明之。假設在雇主並無以此等獎金名義行工資之實的情形下，則以「競賽獎金」而言，如與工作績效的表現相關聯者，例如以團體為單位的團體獎金，本係「為激發勞工工作士氣，獎勵工作績效所發放之『團體獎金』，難謂與勞工工作無關，如係經常性按月而非臨時性之發給，已符上開工資定義，應屬勞動基準法上工資。」[41]但如係與工作績效無關的競賽，例如清潔[42]、水電節約等方面的競賽，則應與「節約燃料物料獎金」，同樣視為非工資。而在久任獎金方面，其目的在獎勵長期任職事業單位勞工的忠誠，與工作年資具有直接關聯，本應內化為工資計算的標準之一，因此，立法將之排除並不適當。只不過，中央勞政機關顯然無視於第10條第2款的規定，而將之解釋為「事業單位發給勞工之久任獎金，若非一次發給而係雇主按月發給並構成勞工工作報酬之一部分者，依勞動基準法第2條第3款規定，應屬工資，於計算平均工資時應列入計算。」[43]此固然係以實質的工

---

[40]　相對地，針對夜間工作，德國工作時間法（Arbeitszeitgesetz, ArbZG）第6條第5項則有「適當的補休或適當的附加費（Zuschlag）」的規定。其全文為「Soweit keine tarifvertraglichen Ausgleichsregelungen bestehen, hat der Arbeitgeber dem Nachtarbeitnehmer für die während der Nachtzeit geleisteten Arbeitsstunden eine angemessene Zahl bezahlter freier Tage oder einen angemessenen Zuschlag auf das ihm hierfür zustehende Bruttoarbeitsentgelt zu gewähren.」

[41]　行政院勞工委員會87年8月31日（87）台勞動2字第036795號函參照。

[42]　但是，依據行政院勞工委員會99年8月16日勞保3字第0990023695號函：「『清潔獎金』如係以勞工於任職期間、工作努力、服務認真、達成要求、全月無任何過失紀錄等與工作有關之事項為給付標準，難謂非因工作而獲致之報酬。」本書以為：之所以被解釋為報酬，主要是給付的理由與清潔無關，而是與忠誠獎金有關。

[43]　行政院勞工委員會86年6月24日（86）台勞動2字第025402號函參照。

資標準加以認定，惟已經牴觸命令規定，是否有效？並非無疑。蓋行政解釋只是個別規範的性質，而勞基法施行細則為行政命令，卻具有法律所要求之普遍性與確實（定）性的效力要求，其明確性及穩（安）定性要高於行政解釋。否則，如果依此號行政函釋所為，中央勞政機關幾乎可對第10條各款的非工資規定，以實質的「勞務的對價」標準加以認定為工資矣。

另一項疑義為第10條第2款之「（及）其他非經常性獎金」。如單從本款觀之，其似乎將前面所舉之「年終獎金、競賽獎金、研究發明獎金、特殊功績獎金、久任獎金、節約燃料物料獎金」，均限制在一時性的或臨時性的或偶發性的給與。即在一定期間內（一年？六個月？），僅能為一、二次性的給與，否則將被認定為工資。惟此一「（及）其他非經常性獎金」的規定，似與第10條本文「本法第二條第三款所稱之其他任何名義之經常性給與係指左列各款以外之給與。」相衝突，蓋依據本文原意，第10條各款的給與即便是經常性的給與，也並非「本法第二條第三款所稱之其他任何名義之經常性給與」，例如雇主將春節、端午節、中秋節給與之獎金分攤提撥至十二個月份工資給與勞工[44]。

再者，同樣並非勞務的對價者，為雇主對於勞工因從事工作而先行支付之費用的償還。這在勞工自行備用工作服、作業用品，而後雇主所償還之費用或代金（勞基法施行細則第10條第10款參照），固然亦屬之。實務上的爭議，主要是集中在雇主要求勞工負擔工作服（制服）費用之上。另外，對於從事電傳工作、家庭辦公室（Home office）工作的家內勞工（電傳勞動者）或勞動者所支出的設備費用及行政費用，如其為勞工身分，亦得向雇主請求償還。蓋設備費用及行政費用本為雇主所應支出的經營成本。

有關費用的償還，主要是指勞工到外地工作或出差有關之（使用雇主所提供車輛之先墊）油料費、或交通費（交通津貼）、膳宿費[45]、交際費（勞基法施行細則第10條第9款參照）、以及勞工私有車輛養護費與油料費等支出而

---

[44] 採取同說者，最高行政法院106年度判字第677號行政判決（勞基法所稱之工資，須具給付與勞動有對價關係，且非屬勞動基準法施行細則第10條規定列舉除外之經常性給與要件）。反對說，行政院勞工委員會101年6月21日勞動2字第1010015745號函「雇主縱稱其係預先將春節、端午節、中秋節給與之獎金分攤提撥至十二個月份工資給與勞工，揆其給付方式，實係雇主將每月應給付勞工工資之一部，以『獎金』或『節金』之名義發給，應非臨時起意且非與工作無關之給與。」同樣持反對說者，最高法院107年度台上字第2252號民事裁定參照。

[45] 勞工到外地工作，是否留宿過夜，主要是考慮路途的遙遠及交通狀況，能否期待勞工當日往返而定。

言。這與出差時間視為工作時間，雇主應給付工資者（勞基法施行細則第18條參照），尚有不同。出差時間如是在平時之工作時間內，雖未實際工作，仍應視為工作時間。此與作為主要義務的差旅行為，例如與職業駕駛或機師、空服員約定應配合旅運出差者，本質上有所差異。既視為工作時間或為主要義務，即有工資請求權。並為補償其差旅的辛苦，發予差旅費（勞基法施行細則第10條第9款參照）。惟出差時間如是在平時之工作時間外者，是否即應之視為延長工時，而計付延長工時工資（加班費）？此從勞基法施行細則第18條但書「但其實際工作時間經證明者，不在此限。」似乎難以得出肯定見解，這是因其有「實際工作」，與此處之單純的出差行為（指通勤時間，不包括實際提供勞務的時間），尚有不同。如果只是單純出差，即使以其與工作有直接關聯及利他性，但並不宜視為延長工時工作，其工資額度得由勞雇雙方自由約定之（民法第482條、勞基法施行細則第7條第3款參照）[46]。單純的出差與待命時間、候傳時間相同，勞工均未實際從事工作，惟雇主均得指派其工作。不可混淆的是，此種出差與外勤勞工（例如冷氣維修工人）往返客戶間服務的通勤時間，本質上仍然有所不同[47]。後者的通勤時間（尤其是開車時間Fahrzeit）與契約所約定的工作內容，整體構成契約的主要給付義務（Hauptleistungspflicht）。從勞工住居所前往第一個服務的客戶、從客戶到另一個客戶、以及從最後一位客戶回住居所的通勤時間，均屬雇主應給付工資的時間。在雙務契約下，勞工所負之服勞務之義務，除了契約所約定的工作內容外，尚包括其他與工作內容或其執行的方式有直接關聯的勞務或措施。這些都是雇主基於指揮命令要求勞工所為者。所謂的「工作」，係指任何能滿足他人需要的勞務。雖然如此，針對此一通勤時間，勞動契約或團體協約得約定與原工作內容不同的工資額度，只要通勤時間的津貼與原來工作內容的工資合計不低於最低工資即可[48]【案例2(2)】。

在費用的償還部分，本來，雇主依據勞動契約之保護照顧義務，應該預先計算並交付相關費用，勞工僅在出現無法預期的費用時，負有告知義務並等待

---

[46] 不同意見說，BAG v. 17.10.2018, NZA 2019, 159, 160 = BAGE 164, 57。另請參閱Erwin Salamon/Greta Groffy, Die Vergütung von Überstunden im Lichte der aktuellen Rechtsprechung des BAG, NZA 2020, 159, 161。

[47] 相關討論，請參閱Burkhard Boemke, Fahrzeiten als Arbeitszeiten, RdA 2020, 65 ff. BAG v. 17.10.2018, NZA 2019, 159 ff。

[48] BAG v. 18.3.2020, NZA 2020, 868, 869 f. Rn. 14~18.

雇主指示即可。勞工並無代墊相關費用之義務，勞動契約並不得約定勞工先行墊付，而後再向雇主申報償還。只不過，一旦勞工出差或至外地工作，鑑於其因地制宜（尤其是地點偏遠且聯絡不便），為方便執行職務，實應令其有一定審酌決定權，不宜事事先徵詢並得到雇主的同意。故只要相關費用的範圍及額度具有必要性及合理性，既不偏於浪費、亦不流於寒酸，即可。要以安全、舒適、合禮為準。如此看來，雇主之償還必要費用，並不以勞動契約有約定者為限，只是，如能在契約先明定費用償還的額度或標準（例如勞工使用自有車輛往返廠商服務，每公里得請領新台幣10元的補助費；油料費則實報實銷），當能避免舉證上的困難。

　　又，並非勞務的對價者，尚有資遣費、勞工退休金條例中之企業退休金／企業年金、各種的補助費或補償費[49]。例如醫療補助費、勞工及其子女教育補助費（勞基法施行細則第10條第4款）、離職後競業禁止補償費（勞基法第9條之1參照）、最低服務年限補償費（勞基法第15條之1參照），以及職業災害補償費（勞基法施行細則第10條第7款參照）[50]。這些給付均為雇主所為之社會給付，也是廣義的社會安全。除了最低服務年限補償費之外，其他的給付並不會出現在工資各項目計算方式中。至於最低服務年限的補償，勞基法第15條之1並未規定發給日，所以，解釋上勞雇雙方得約定於發給工資之日給與、或者其他日期發給，其並得按月發給或者按季發給，甚至約定每年只在年底發給一次。不同的是，其他的社會給付，包括普通傷病、休息日、例休假日、產假期間等期間的給付，則是被作為工資對待。

　　承上而來者。又，此之所謂「因工作」，係指因履行所約定的勞務或服勞務而言，包括行為或不行為。如是下班時間，固無所謂提供勞務，所以即無工資可言。同樣地，休息時間（勞基法第35條參照）原則上亦無工資。例外地，針對在坑道或隧道內工作之勞工，其在坑內的休息時間亦為工作時間（勞基法第31條參照），故有工資請求權[51]。若無需提供勞務（傷病假、例休

---

[49]　最高法院106年度台上字第1215號民事判決：駐外人員之駐外補助費（生活補助費、眷屬補助費）並非工資。

[50]　又，依據行政院勞工委員會87年11月19日台87勞動3字第050602號函：勞工在醫療中不能工作，雇主依勞動基準法第59條第2款規定，按原領工資數額予以補償，係補償金性質，非屬工資。

[51]　在德國，針對在核廢料坑井中（Atommüllager unter Tage）工作之勞工，聯邦勞工法院認為亦是坑內工作勞工，故其休息亦有工資請求權。BAG v. 11.12.2019, NZA 2020, 664 ff.

假等）之給付或補償即不在其內[52]。而雇主給付工資遲延所生之利息，以及在工資給付期屆至後，雇主因未能給付工資，而與勞工合意將工資債務轉為借貸債務，亦非工資可言[53]。至於政府主管機關或目的事業主管機關或其他第三人因特殊事件（例如天災、事變等不可抗力、或防疫等疫情事件）所為之補貼或補助，無論其補貼對象為雇主或勞工，更難謂為勞務之對價[54]。同樣地，工作時間外的待命時間及值日夜時間[55]，其或者在等待工作、或者在提供非勞動契約的事項，並非在提供勞務[56]。至於其係基於勞動契約或團體協約、工作規則或指示權而為，並無關緊要，甚至也有可能基於行政機關的命令（勞基法第41條參照）或行政機關與工會的共同會商決定（勞基法第33條參照）而為。只不過，此處之「工作」，有可能是例休假日工作、休息日工作；或者延長工時工作、其他不利工作時間的工作，後者，則除了要有契約基礎外，還必須經由工會或勞資會議的同意（勞基法第32條第1項參照）始可。在實務上屢屢出現爭議者，為拜數位化科技的發達，雇主以電子資訊設備（例如以LINE的方式）交代勞工工作或與之討論工作者，其是否為工作時間？中央勞政機關所發布的「勞工在事業場所外工作時間指導原則」二（七）採取肯定的見解[57]，此並為社會大眾所認同。

　　無論如何，必須先有「因工作」之法律基礎，而後始有「工作」可言。所以，在簽訂僱傭／勞動契約之前，找尋就業機會者頂多具有「求職者」或「求職人」身分而已，與事業單位間並無法律關係（事業單位通知求職人前去面試，並未使雙方成立一求職契約關係或僱傭／勞動契約的預約關係）。即使其進入事業單位的管轄區域而使得事業單位必須負擔部分的保護照顧義務，但這是基於前契約義務而來，以與求職者基於侵權行為的損害賠償請求權相輔相

---

[52] 所以，依據勞工請假規則第4條第3項「普通傷病假一年內未超過三十日部分，工資折半發給，其領有勞工保險普通傷病給付未達工資半數者，由雇主補足之。」雇主所給付者並非勞務之對價。此時，雇主係依法令的要求繼續給付工資，性質上屬於雇主所為的社會給付。其並非基本工資或平均工資的內涵，納入計算似有疑義。

[53] MHdB ArbR/Krause § 60 Rn. 7.

[54] 至於政府機關為促進就業所做的補助，即可作為工資的一部分。

[55] 依據勞動部105年2月2日勞動條2字第1050130240號函：「勞工值日（夜），……；因非正常工作之延伸，得不認屬工作時間。」

[56] 不同的是，針對歐洲聯盟成員國所屬警察在邊界守護安全時之待命時間勞務，歐盟法院認為應該給予工資。EuGH v. 30.4.2020, NZA 2020, 639 ff.

[57] 勞動部104年5月6日勞動條3字第1040130706號函訂定、勞動部106年11月30日勞動條3字第1060132271號函修正。

成。所以，其並不得基於保護照顧義務請求事業單位，清償其為獲得工作所支付之體檢費、郵電費、車馬費或油費／高速公路通行費、便當費，甚至提前至該地住宿之（前一晚）旅館費／過夜費[58]【案例2(1)】。此係找尋工作的成本風險，即使其放棄（同一時間的）其他事業單位所提供的甄試機會，也不擔保其會受到僱用或勞動條件符合其要求。而且，相對地，雇主須付出徵人作業的成本，此也包括部分求職者放棄甄試、甚至有些被錄取者並未前來報到。在勞動市場中，勞雇雙方都是在找尋最佳的合作夥伴，本應致力於資訊的掌握，盡量排除無僱用可能的徵人程序，以降低僱用成本。

這樣看來，果然是為促進求職者的意願，媒合僱傭契約的成立，則上述費用的負擔，似乎可在就業服務法或就業保險法及其相關子法中加以規定。惟，如觀就業服務法第5條第2項第6款，求職人僅有薪資資訊權，故並不宜將之歸由雇主負擔。可以思考者，係參考就業保險促進就業實施辦法第22條以下或就業促進津貼實施辦法第6條以下之求職交通補助等促進就業措施，而由公立就業服務機構予以（部分的或全部的）補助。

在此，事業單位對於（經過其篩選後）依約前往甄試者，得自願性地發予招募津貼，以鼓勵求職人踴躍出席並適當地彌補其（全部的或部分的）求職的花費。此時，由於雙方並無法律關係，此一津貼性質應為事業單位的贈與。由於其並非費用之償還，求職者必須遵守合理節約原則，謹守必要費用的支出（民法第546條第1項比照）。而不問是雇主所提供的津貼或（將來可能納入規範的）就業服務機構所做的補助，均與「因工作」無關，並非工資，不得作為資遣費或退休金的計算基礎。

有問題的是，事業單位在與求職人面試後，並未與求職人簽訂僱傭契約，而是雙方達成一個職業教育訓練協議，由求職人至第三人處或者在事業單位內先進行一段期間的訓練，甚至取得專業證照後，雙方再簽訂僱傭契約，則事業單位所發放的生活津貼或訓練津貼，是否為工資的本質？另外，假設在第三人處付費訓練，於其完成訓練後，事業單位卻未與之成立僱傭契約，則其得否請求返還訓練費用？

相較於上述因求職的費用，勞工在被僱用時／簽約時、下班時、以及準備工作前，可能已獲得雇主一些金錢給付，其是否為工資的本質？亦非無疑。以

---

[58] 此與求職者因歧視特徵未被僱用時，得請求償還所支出之費用或甚至可以請求未被僱用之損害賠償者，尚有不同。

簽訂僱傭契約而言，雇主為達到僱用特定人才的目的，並且加上最低服務年限的考量，而應允勞工一筆簽約金，此應非工資可言【案例2(1)】。至於簽約時承諾提供工作服或工作服代金（勞基法施行細則第10條第10款參照），其本質為雇主照顧義務的表現，亦非工資。有問題的是，雇主要求受僱勞工先接受職業教育訓練期間所發的訓練／生活津貼、或培訓費用，是否為工資？對此，本書以為勞雇雙方並非簽訂教育訓練契約或約定暫時中止勞動關係而專心接受教育訓練，而是在工作中接受教育訓練。因此，如在原來工資之外，雇主再發放訓練／生活津貼或培訓費用，固屬有效。否則，如果只單純發放訓練／生活津貼或培訓費用，即不得低於基本工資。而在下班時／上班前，在勞工的私人生活領域（住居所），雇主可能給予地域津貼[59]、房屋津貼、購屋補助／貼（含雇主提供低利貸款）[60]、公司產品或服務折扣（例如優惠機票）、孝順獎金、愛護動物獎金、愛心獎金、候傳津貼等【案例2(3)】。至於在往返居住所與工作場所，則提供交通津貼或交通補助費（合理適當途徑及交通工具）。其中，雖然中央勞政機關認為房屋津貼應列入投保薪資內申報[61]，惟此只是認定其為投保薪資的一部分而已，充其量為社會保險法上的工資，與此處工資法或勞動契約法上的工資，尚有不同。整體而言，雇主所為之上述給付，原則上亦非工資[62]，只是，針對房屋津貼、孝順獎金、愛護動物獎金、愛心獎金、候傳津貼等，實應審查雇主有無假借名目以達逃避工資之實。

　　所以，此處之「因工作」，並不及於勞工為準備工作之必然的內含的準備行為，例如在家著裝或往返工作場所的時間[63]。尤其重要的是，「因工作」與勞動事件法第37條之「本於勞動關係」自雇主所受領之給付不同。後者，係廣泛地規定勞動關係中的各種給付，並不問是否為勞務的直接對價，此從其法律用語「推定為勞工因工作而獲得之報酬」，可以推知之。即雇主得舉證其所

59　行政院勞工委員會95年6月12日勞保2字第0950029414號書函：地域津貼是否屬工資，應依其發給之性質、目的、方式，依個案事實認定。

60　針對派遣勞工主張與要派機構正職勞工的工資平等待遇，德國聯邦勞工法院雖認為應將補貼（Zuschläge）及財產形成的給付（vermögenswirksame Leistungen）納入比較，但是否即認為其為工資？似乎難以遽然肯定。BAG v. 19.2.2014, NZA 2014, 915 ff.

61　內政部70年5月27日台內社字第22582號函參照。

62　在德國，勞工因雇主提供低利貸款所得到之利息優惠，必須納入所得稅課稅，並且納入投保薪資計算。MHdB ArbR/Krause § 60 Rn. 3.

63　依據行政院勞工委員會80年11月2日（80）台勞動2字第28790號函：事業單位依勞工居住地距上班地點遠近支給之交通補助費，如非勞工因工作而獲得之報酬並經與勞工協商同意，則非屬勞動基準法第2條第3款所稱之工資，於計算延長工時工資時無庸計入。

為給付並非基於主要義務的工資。而是在雙務契約下所約定的或雇主單方所提出、並為勞工所受領的福利（津貼或獎金）。

更為接近實際提供勞務的時點，則為勞工在勞動契約約定的工作時間前、後已在準備工作，而雇主給予準備工作津貼、早餐津貼、或待命時間津貼者。其究竟是否為工資本質？對此，似可參考勞工保險傷病審查準則第5條第1款「於作業開始前」及第2款「因作業之準備行為」規定。其所謂「作業」，實際上是指「工作」，前者被保險人只是靜靜等候，後者則是在做準備行為。其似乎並不區分勞動契約的工作時間前或後，而重在工作地點的等候或從事準備工作。其是社會保險法上的工作時間概念，較工資法或勞動契約法工作時間為寬／廣。本書以為似應區分勞動契約的工作時間前或後，並針對單純的待命或已經在從事準備工作，而做不同的對待。也就是說，勞工在勞動契約的工作時間前到雇主指定的地點待命，則雇主應可提供與工資計算不同的待命時間津貼[64]。如果是準備工作，勞工如自願提早到班準備，則雇主提供準備工作津貼應屬合法。相對地，如果勞工在勞動契約的工作時間已到、真正提供勞務之前，從事準備工作或待命工作，則實際上已屬工作的一部分，不應允許雙方約定準備工作津貼或較工資為低的待命時間津貼，以取代工資。

至於與準備工作相對者，係勞工在工作時間前後／下班前後，從事收拾行為（勞工保險傷病審查準則第5條第2款參照）或者卸下裝備或換裝，雇主得否以收拾工作津貼、清潔獎金等取代工資？對此，本書以為如係在從事收拾行為，其係原來工作的延續，除了應遵照加班的程序外，似乎無須區分勞動契約的工作時間前或後，而做不同的對待。雇主所給付之收拾工作津貼，或者為工資、或者為延長工時工資（加班費）。惟如果是卸下職業安全衛生法所規定的設備或從事清潔行為，如果是在工作時間內所為，應視為工作的一部分。但如果已在下班後，則雇主得以津貼或獎金（安全獎金或清潔獎金）取代工資。再者，如係在下班後，將一般工作服更換為自己的服裝，則屬於私人行為，雇主得不予津貼或獎金。

以上所述，大抵上為實際提供勞務（工作）前的非工作或準備工作或與工作有關的附帶行為。實者，所謂「因工作而獲得之報酬」之「工作」，與勞基法第30條第1項正常工作時間之「工作」相同，均係指勞動契約所約定「應從

---

[64] 這與所謂工作的強度或密度較弱無關，因為只是單純待命而已，並未從事契約所約定的工作。對此有誤解者，MHdB ArbR/Krause § 60 Rn. 13。

事之工作」（民法第482條、勞基法施行細則第7條第1款參照），具體而言，係工作之種類或形式及其內容。其一般係指勞工在勞動契約所約定之工作地點、從事契約所約定的內容或形式而言。惟實不以此為限，即其工作地點可能在住居所或其他停留的地點（先約定或事後經雇主同意或雇主單方要求勞工停留該地工作），也可能出差至他地提供勞務（勞基法施行細則第19條參照）。至於由公司或勞工住居所直接往返顧客（第三人）或在不同顧客間的通勤時間，無論目的是在提供服務或推銷產品或簽約，由於與工作具有直接關聯，亦屬於主要義務或工作的一部分[65]【案例2(2)】。並且，雇主以電子資訊設備（例如以LINE的方式）交代或討論工作，亦屬在工作中／在提供勞務中。只是，如係學習型的勞務，包括建教合作生、技術生、學徒等，並非在提供勞務（工作），所以，其所獲得之生活津貼或訓練津貼，並非此處的「工資／報酬」。

另外，此處的工作並不以契約所約定者為限，而是包括在雙務契約下、所指派的，並經勞工同意的非勞動契約的工作。工作，應係指任何能夠滿足雇主需要的行為。只是，所謂「工作」，必須具有經濟價值、並且有計價可能的生產活動或商業服務行為。故單純的同事間的聯誼活動或雇主所舉辦的康樂活動、慶典活動或體育活動，如其目的明顯地係為舒緩員工身心與增進員工間的感情、向心力，則即使是強制參加，似乎亦不應將之解釋為「工作」。有問題的是，下班後之餐飲聚會如係與廠商或顧客間的交際應酬，則餐飲聚會只是手段，不應否定其具有工作的性質。

須注意者，所謂「因工作而獲得之報酬」，所重者為「工作」，而不問工作時間，所以，配合工作係在正常工時後執行或夜間／輪夜班執行或例休假日完成，則「報酬」分別為「延長工時工資」或「夜間工作津貼」、「輪班津貼」或例休假日加班工資。只不過，依據反面解釋，勞工「非因工作而獲得之報酬」，即非工資可言，這包括各種勞工未工作或無須工作，但雇主應繼續給付工資的情形，例如傷病假、例休假日等，或可將之稱為「雇主所為之社會給付」者。另外，如前所述之（維修工人）由公司或勞工住居所直接往返顧客（第三人）的通勤時間（勞基法施行細則第19條參照）、穿戴或卸下職業安全衛生設備的時間，與工作具有直接關聯，亦為工作的一部分。只不過，其與契

---

[65]　相反地，如果是日常居住處所直接往返公司的通勤，則非工作可言，而是自我準備工作的必然行為。BAG, NZA-RR 2010, 231 = AP BGB § 611 Wegezeit Nr. 11 Rn. 15; BAGE 120, 361 = AP BGB § 611 Wegezeit Nr. 10.

約所約定的工作內容畢竟有所不同，故工作時間的認定及工資的計算方法似亦可有所差異。即在勞動契約或團體協約中設立一自有的工資計算規定[66]【案例2(2)】。

最後，此處之「因工作而獲得之報酬」，固非以本薪或底薪爲限，而是工資總額，但也可能指基本／最低工資而言，這是指雇主所給付之工資低於基本／最低工資的情況，應該採取「向上調整」的處理模式。

第二節　要求

第一項　經常性

一個問題是：經常性是工資的「要素」？或立法者的「命令」？或判斷標準？

從雙務契約來看，勞工的主要義務爲提供勞務，而雇主的主要義務爲給付工資。所以，工資爲所有雇主在雙務契約下的金錢給付。工資的意義爲勞務的直接對價，並無經常性的要求，勞雇雙方也不得約定符合「經常性」要件者始爲工資（此可稱爲「**單標準說**」）[67]。基於立法者定期性給付的要求，始能滿足勞工及其家庭日常生活所需，經常性給與只是工資實務的特徵，只是社會現象的觀察，雖然通常會影響到社會通念的形成，惟即使欠缺此一特徵，仍無損於工資的本質[68]。即使非工資的津貼、獎金或其他福利性的給付，也常有經常性給與的外觀。只是，其既非僱傭／勞動契約的要素，如無契約約定或企業習慣的狀況，雇主當可自由決定是否給予，包括名目、對象、次數、實物或金錢、以及金錢額度等。因此，一時性給與或經常性給與應無關緊要。基於此，勞基法施行細則第10條第2款「及其他非經常性獎金」，反面解釋爲「其他經常性獎金」應屬「本法第二條第三款所稱之其他任何名義之經常性給與」，與第10條本文的規定有違，並不足採。

---

[66] BAGE 146, 284 = NZA 2014, 368, 371; Preis/Deutzmann, Entgeltgestaltung durch Arbeitsvertrag und Mitbestimmung, NZA Beil., 3/2017, 102.

[67] 中央勞政機關的函釋主要是採單標準說的看法，最具代表性者，爲行政院勞工委員會85年2月10日（85）台勞動2字第103252號函。

[68] 針對延長工時工資，也有經常性給與的要求。依據勞動部103年5月8日勞動條2字第1030061187號函：「……，此項延長工時工資，並應於勞工延長工時之事實發生後最近之工資給付日或當月份發給。」

　　然而，對於「其他任何名義之給與」卻須符合「經常性」的特徵，始能作為工資看待。吾人對照勞基法第2條第3款之「……及其他任何名義之經常性給與均屬之。」勞基法施行細則第10條之本文「本法第二條第三款所稱之其他任何名義之經常性給與係指左列各款以外之給與。」應可推知「經常性給與」僅是一輔助要件，以便將具有經常性特徵的「其他任何名義之給與」，納入工資看待及計算而已。法院間即有謂「是工資應視是否屬勞工因提供勞務而由雇主獲致之對價而定，亦即工資須具備『勞務對價性』要件，而於無法單以勞務對價性明確判斷是否為工資時，則輔以『經常性給與』與否作為補充性之判斷標準。」[69]

　　雖然如此，一方面，由於「其他任何名義之經常性給與」必須加以具體化，另一方面，多數法院實務仍然採取經常性為工資要件的看法（此可稱為**「雙標準說」**）。因此，立法者實應修法明定「以多久的期間」量定符合「經常性」的要件。例如在勞基法施行細則中加以明定為「本法第2條第3款之經常性給與，係指雇主在一年中，對於勞工為三次以上給與而言。」惟由於目前欠缺此一法令規定，一個客觀可行的「經常性給與」判斷基準，遂也付之闕如。這也導致行政機關及司法機關幾乎全以雇主常態性的給付外觀，而認為已符合經常性的要件，此似與科學化的客觀基準仍有所差距。

　　所以，本書以為除了以一年為給付的給與外，「經常性給與」或可以六個月為期、給與三次以上為判斷基準。所謂以年為給付的給與，例如約定以每年年底結算的績效獎金、以每年為給付基準的股票選擇權、紅利、營運獎金、年終獎金等。此既是以一年為期的給付，理論上即無經常性給與的可能。雙標準說即無適用的餘地。至於非以一年為期的給與，本書主張類推適用勞基法第2條第4款平均工資之六個月為期，作為計算基準，以求勞雇雙方利益的平衡。並且以給付三次以上為經常性的體現，以免界定「經常性」的困難。

　　再有問題者，實務上對於全勤獎金、伙食津貼、交通津貼等給付，亦常以單標準說或雙標準說加以判斷。惟此實非無疑。蓋該等給付具有雇主所為社會給付的性質，並非勞務的直接對價，也與經常性無關。這就有如特別休假、例休假日工資一般，並無經常性的性質（每年的1月1日或10月10日並無可能有二次或三次以上）。

---

[69]　最高法院106年度台上字第2679號民事判決參照。同說，最高法院106年度台上字第1215號民事判決。

　　至於非工資的意義為非勞務的對價，其通常欠缺經常性給與的特徵，只不過，即使有此一特徵，亦不影響非工資的本質。重點是雇主所為非工資的給付，其名目、目的應明列清楚，且不可與工資的目的混合使用、或者甚至名實不符（例如以福利之名行工資之實）。由於雙務契約只要求契約明定工資與工作，而不及於各種非工資的給付，所以，雇主得在事後單方決定提供各種獎金或津貼，但也可以與勞工約定給付的種類及額度。

　　吾人從勞基法第23條第1項「每月至少定期發給二次」觀之，似乎是立法者的「命令」，其目的在透過二次給付穩定勞工及其家庭生活的金錢來源。但勞基法第2條第3款則似乎是判斷標準。德國聯邦勞工法院也有認為除了底薪／本俸（Grundgehalt）之外，其他作為勞務直接對價的經常性給與，也是工資者[70]。只是，假設是判斷標準，則雇主即有透過「不經常給與」，而達到不被認定為工資的可能。

　　所以，只要是勞務的對價，則不問其名稱是工資、薪金、獎金或津貼、或「其他任何名義」給與（例如「佣金」），均為工資的性質（勞基法第2條第3款參照），應作為資遣費、退休金、社會保險費的計算基礎。至於「按計時、計日、計月、計件以現金或實物等方式給付」，則是一體適用於工資、薪金、獎金或津貼、或「其他任何名義」給與。此處的「計件」，解釋上包括按趟（例如營業用車輛的駕駛）、按段（例如鋪路工程或堤岸工程）的給付方式。

第二項　透明性

　　工資透明性之要求，目的在達到工資正義。其通常要經由一定的管制手段為之，主要有勞基法第7條之勞工名卡、第23條第2項之工資清冊、工資各項目計算方式明細等（勞基法施行細則第14條之1參照）。另外，依據勞基法第70條第2款，工作規則應訂定工資之標準，似乎也是透明性的要求。同樣地，民法第483條第2項價目表似乎與透明性也有關，其主要係以工會或勞工與雇主約定、或者雇主單方訂定的工資分級表的方式呈現之。員工自可由工資分級表中得知自己所應得之工資為何。

　　另外，為落實透明性，解釋上，個別勞工依據上述條文，在一定限度內應有資訊權、檢／閱視權，雇主應提供相關的資料。至於工會或勞資會議有無此

---

[70]　BAGE 122, 182 = NZA 2007, 853, 854.

等權限？目前法無明定。團體協約法第12條第1項第1款之「工資」是否包括此等權限或甚至程序上的權限？並非無疑。在此，還要考量個別勞工資訊的保密或隱私權問題，不宜貿然肯定。

第三項　穩／安定性

依據勞基法第21條第1項規定，「工資由勞雇雙方議定之。但不得低於基本工資。」其本文爲市場工資的要求，但書則是基本工資的誡命。市場工資由勞雇雙方自由協商議定，基本工資則由基本工資審議委員會強制審議決定，兩者的議定主體、精神與程序均有所不同。既謂「議定」，即表示應經「協議後決定」，此除經公開協商方式外，似不得以默示的同意行之。雖然如此，實務上不乏雇主爲獎勵勞工如期完成工作，而決意給予一筆金錢獎賞者，其或者供勞工分配者、或者以聚餐方式共享者，後者固屬雇主所爲的飲宴行爲，性質屬於福利的一種。前者，除非雇主有先爲保留給付的意思表示，並且確實單方決意給付並由勞工受領者，此可解釋爲默示的同意。否則，如果臨時起意給予獎賞，其性質應屬勞基法施行細則第10條第2款「其他非經常性獎金」。

其雖曰「勞雇雙方」，但實者應向前延伸至勞動契約締結階段的「求職人」與事業單位。至於非「勞雇雙方」的學習型勞務提供者，諸如技術生、建教生等，其是由事業單位獲得生活津貼或訓練津貼，而非工資，故應無勞基法第21條第1項本文之適用。但依據高級中等學校建教合作實施及建教生權益保障法第22條第2項則有「生活津貼不得低於勞動基準法所定基本工資」的規定。

根據此一規定，除了「求職人」與事業單位在勞動契約締結階段的工資議定外，還包括勞動關係存續中勞雇雙方協商未來的工資調升或調降或維持不變。任何一方均可主動提出未來的調整的動議，但必須經他方合意變動[71]。所以，根據勞基法第21條第1項本文規定，雇主並不得任意地、單方地調降工資，還涉及：每年固定調整幾次？調整幾%？調整方式？這些都與調／加薪原則有關。團體協約法第12條第1項第1款之「工資」是否包括規定調／加薪原則[72]？似應持肯定見解。

---

[71] 至於至今工資的給付，除非面臨特殊嚴重的政治經濟難題，否則，基於既得權保障的原理，不得以事後（個別的或集體的）約定的方式，溯及既往地予以減縮或取消。

[72] BAG v. 20.9.2017, NZA 2018, 53 ff.

　　另外，在勞動契約中約定引用團體協約工資的自動調整機制，亦有助於工資的穩定。不過，其所引用之團體協約有關工資政策、工資制度、工資標準、工資級別（Stufenzuordnung）[73]及條件等指導性綱領，特別有利於穩定工資。例如針對高齡勞工，得約定一所得保障條款，以免其工作能力下降時工資遭到剝奪或降低。

第四項　公平性

　　工資的要求，還包括公平性（fair）。這是指勞雇雙方所議定者，為一適當的／合理的工資而言。其具體的呈現，除了基本／最低工資外，工資額度尚應受到民法第74條、勞動契約法第5條工資重利（暴利）行為的限制。在這裡，係在追求一符合勞工貢獻的報酬，以降低工資異化的現象。為此，工資的結構或項目應以底薪／本薪為主，如果是市場工資，則底薪／本薪應在基本／最低工資以上；而如果是以基本工資給薪，則應將之限定為固定薪，不包括變動薪，且除了允許常見的小量金額的伙食津貼、全勤獎金外，實不應再容許雇主巧立其他的工資名目。另外，除了延長工時工作應加成或加倍給付工資外，理論上，不利的工作時間，包括夜間工作、輪班工作等，均應課雇主較高的工資或獎金、津貼義務。以勞基法第42條之法理而言，似應課雇主給付工時過多／超時津貼、或者過勞津貼。至於法所未規定，但實務上勞雇雙方多有自由約定者，例如待命時間、候傳時間等，仍應課以雇主一定的工資或獎金、津貼義務。

第三節　基本形式及判斷標準

第一項　基本形式

　　工資雖是工作的對價，但存在著依照不同的連結點或面向的不同的基本形式。這些連結點或面向，包括所提供勞務的量、工作成果的量、工作的品質、為了履行其他的義務、以及為了繼續維持勞動關係（所謂「廠場忠誠」）[74]

---

[73]　相關判決，請參閱BAG v. 19.12.2019, NZA 2020, 732 ff。

[74]　在台灣，年終獎金及久任獎金都有「廠場忠誠」的用意。在個案中，久任獎金甚至帶有工資的本質。行政院勞工委員會86年6月24日（86）台勞動2字第025402號函參照。

等。在此，必須先確定提供勞務的時間，其可以特定的時間點（例如在特定日必須完成產品、在年底時勞動關係仍然存在）、一段期間（例如相應於持續提供勞務給付工資），及以達到特定日仍在職的較長的期間（屆時勞動關係存在或整年提供勞務後發給獎金、紅利）爲準。一般係按照個別勞工的工作表現而定。但亦可以勞工的組別或部門或整個廠場爲對象，例如發放小組獎金或團體獎金（Gruppenakkord）或根據獲利狀況浮動調整的薪資。

從時間上來看，工資可區分爲經常定期性的（通常是每個月／每半個月）及一次性的（通常是每年）發放兩種方式。由於我國勞基法第23條第1項規定「工資之給付，除當事人有特別約定或按月預付者外，每月至少定期發給二次，……。」雖有「每月至少定期發給二次」的下限要求，但其所謂「當事人有特別約定」，係指具有客觀的理由或具有特殊的給付目的之前提下，所例外容許的每年一次性的給付，最常見到的例子是以每年12月底結算的績效或效率獎金、或者具有附加的工資性格的久任獎金。所以，雇主如爲感謝勞工的「廠場忠誠」，得選擇以久任獎金或年終獎金的方式爲之。差別點是，久任獎金側重在過去一年的留任（但不可與最低服務年限條款的補償費混淆），而年終獎金還帶有未來一年勞工繼續留任的期望。也是因爲目的不同，所以，雇主並不得要求勞工在未來一年內離職時，必須返還久任獎金（的全部或一部分）。同樣地，雇主也不得要求（全部地或部分地）返還上述的績效或效率獎金、或其他的獎金、佣金等。畢竟這是勞務的對價，而且勞工可能（有計畫地）已將之花費在生活開銷上。

以下即以不同面向／觀點的工資加以說明：

一、依所提供勞務的量計算工資

一般而言，定期性的工資係按照工作時間的量來計算，稱爲按時工資（Zeitentgelt）。至於時間的計算長度，可以是小時、日、週、月、季、半年或甚至一年等。但按季、半年或甚至一年等長度的計薪，僅得適用於高階的經理人員或主管職人員。至於勞工的部分，基於勞工保護的工資要求，原則上雇主僅得以按時、日、週、月等方式給薪。上述的小時、日、週、月、季、半年或甚至一年只是工資的量定期間（Bemessungszeitraum），與工資的發放／給付日期（Arbechnnungsperiode）[75]不同，也就是說，即使以小時量定的工資，也

---

[75]　勞基法第23條第2項及第70條第2款使用「發放」日期，勞基法施行細則第7條第3款則使用「給付」日期，其意義應該相同。

不代表每一小時發放工資，而是可以按週或按月發給。同樣地，日薪或週薪也可以每二週或每月發放一次。

　　既是按時工資，勞工即應按照約定的工時全時工作，才有約定的工資請求權。換言之，如果勞工曠職或遲到，雇主得主張扣除該時段的工資[76]。此並無違反工資全額給付原則。相異於依工作成果而定的工資型態，按時工資的額度並非以工作成果的量或質而定，所以即使是瑕疵給付（Schlechtleistung），甚至勞工具有故意或重大過失[77]，則雇主仍應全額給付工資。亦即與買賣、租賃、承攬契約不同，勞工對於所提供的勞務並不負瑕疵擔保責任。惟如果是因瑕疵給付造成雇主的損害（即加害給付），而在勞工具有可歸責事由時，雇主即得請求損害賠償（民法第226條第1項、勞基法第12條第1項第5款參照）。在此，雇主依據勞動事件法第2條第1項第1款勞動契約所生民事上權利義務，得向勞動法庭提起勞動調解或訴訟[78]。只是，雇主不得預扣勞工工資作為賠償費用（勞基法第26條參照）[79]，只能在確定損害賠償金額後對於勞工主張抵銷，此應無違反工資全額給付原則（勞基法第22條第2項本文參照）。

　　又，由於勞動契約為雙務契約，工資為工作的對價，所以，根據民法第225條第1項、第266條第1項規定，「因不可歸責於雙方當事人之事由，致一方之給付全部不能者，他方免為對待給付之義務；如僅一部不能者，應按其比例減少對待給付。」此為「未工作、無工資」理論。惟事實上很多勞工法令的規定，要求雇主繼續給付工資，不受此一理論的拘束，例如特別休假、例休假日、產假、以及公傷病假等工資繼續給付的情形。

二、依工作成果的量計算工資

　　勞雇雙方基於契約自由原則，得約定作為工作對價的工資，不僅在工作過程、而且在工作成果都要達到一定的數量。這在按件計酬（Akkordlohn）及生產效率獎金（Mengenleistungsprämie）都是極為常見的。惟此種工資約定是否有效，繫之於（一）勞工若努力工作即可賺取一合於善良風俗（sittengerecht）

---

[76]　內政部74年10月28日（74）台內勞字第351447號函、行政院勞工委員會86年6月5日（86）台勞動2字第022700號函參照。

[77]　相對地，在具有損害性工作理論之下，係以勞工有故意或重大過失作為全部賠償的標準。

[78]　雖然如此，勞動事件法第四章保全程序似乎並無雇主得聲請假扣押、假處分或定暫時狀態處分的相關規定，這使得雇主得否聲請保全程序留下疑義。惟本書持肯定的見解。

[79]　行政院勞工委員會89年7月28日（89）台勞動2字第0031343號函參照。

的工資、以及（二）勞工面對因較少工作量所致的較少工資的風險，可以藉由他次的機會賺取超過一般標準的工資，而獲得弭平。又，基於民法第102條第1項條件擬制成就的法律思想，如果係可歸責於雇主事由的較少工作成果量，則雇主仍應給付未減少工作成果量的工資[80]。

三、依工作成果的量及品質計算工資

另外，勞雇雙方基於契約自由原則，亦得約定作為工作對價的工資，按照工作過程及工作成果的量與質而定。如前所述，即使勞工違反勞動契約為瑕疵給付，如其並無故意或重大過失，則雇主並無權扣減契約所定或團體協約所定的工資的一部分。但按件計酬的工作，即得排除品質不良的產品，且不問勞工是否有故意或過失。只不過，如果品質不良係起因於雇主本身的事由，勞工即得請求給付工資。例如對於工作的進行，雇主不指示或指示錯誤者[81]。無論如何，對於從事按件計酬工作的勞工，如其在工作時間內正常提供勞務時，立法上似應考慮給予基本工資或最低工資的保障。而非如勞基法施行細則第12條「採計件工資之勞工所得基本工資，以每日工作八小時之生產額或工作量換算之。」蓋該條似乎為市場工資的規定。

四、為了履行其他的義務

有問題者，雇主得否將部分工資賦予其他特定義務的功能？尤其是與附隨義務掛鉤，並且，在勞工違反該義務時，將該部分工資扣除（減）？例如雇主為使勞工在職中不從事競爭業務行為，而有不競業獎金或津貼或補償等名目之設計。對此，本書以為應持否定的見解，蓋工資為工作的對價，與附隨義務並無直接關聯，雇主僅得向勞工請求損害賠償。同樣地，如果雇主所負之保護照顧義務已經法律具體化，例如企業退休金或企業年金，則雇主依據法定的提繳／撥率繳納退休金（至專戶），其更不得將之與工資觀念掛鉤，而在勞工退休後違反附隨義務（例如離職後從事競業行為）時，要求勞工返還部分退休金／年金。不同的是，如果雇主與勞工約定高於法定的提繳／撥率的退休金，則對

---

[80]　MHdB ArbR/Krause § 60 Rn. 21.

[81]　依據1936年12月25日勞動契約法第19條規定，「件工勞動者，如勞動之成績減少時，其減少部分不得請求報酬。但其減少係由雇方不指示或指示錯誤者，應給與當地普通工資之報酬。雇方及勞動者均無過失時，應給與當地普通工資半數之報酬。」

於超出的部分，雙方當得約定將該部分返還（扣減）。這並無違反勞基法或勞工退休金條例有關企業退休金／年金的強制禁止規定。

　　又，針對最低服務年限的補償（勞基法第15條之1參照），雖然其並非工資的性質，但在勞工在職中從事競爭業務之行為時，雇主同樣不得將該補償予以扣減，而是只能向勞工請求損害賠償。

第二項　學者間及實務界的幾種判斷標準

　　工資的判斷或認定標準，一向是我國實務界及學術界關心重點之所下，以下即簡要說明之：

一、單標準說

　　所謂單（一）標準說，係指以勞務的對價作為唯一認定標準，而非指勞務對價或經常性給與擇一作為標準即可的意思。此說為中央勞政機關所採，並且為台灣學者間的通說。依據行政院勞工委員會85年2月10日（85）台勞動2字第103252號函：「查勞動基準法第2條第3款規定『工資：指勞工因工作而獲得之報酬；包括工資、薪金及按計時、計日、計月、計件以現金或實物等方式給付之獎金、津貼及其他任何名義之經常性給與均屬之』，基此，工資定義重點應在該款前段所敘『勞工因工作而獲得之報酬』，至於該款後段『包括』以下文字係例舉屬於工資之各項給與，規定包括『工資、薪金』、『按計時……獎金、津貼』或『其他任何名義之經常性給與』均屬之，但非謂『工資、薪金』、『按計時……獎金、津貼』必須符合『經常性給與』要件始屬工資，而應視其是否為勞工因工作而獲得之報酬而定。又，該款末句『其他任何名義之經常性給與』一詞，法令雖無明文解釋，但應指非臨時起意且非與工作無關之給與而言，立法原旨在於防止雇主對勞工因工作而獲得之報酬不以工資之名而改用其他名義，故特於該法明定應屬工資，以資保護。」此一函釋論述頗為完整細膩，可以說是中央勞政機關的政策說明與立場，故雖然法院實務上少有引用作為裁判依據者，但仍然存留至今。只是，其所謂「非臨時起意且非與工作無關之給與」可否理解為「有計畫性地或經常性地，與工作有關之給與」？以及實務上的例子為何？仍有待釐清。

　　根據此說，經常性的給與只是一輔助的標準而已，經由此一輔助標準，被

推定的津貼獎金乃得以被確認爲工資[82]。因此，此一輔助標準具有擴張工資外延的作用。如果已確認爲勞務的對價（即實質認定獎金津貼爲勞務的對價），即無須再審查其是否爲經常性的給與。

此說不僅爲認定工資的依據，也是投保勞工保險與就業保險投保薪資的主要依據。例如針對績效獎金「係以勞工達成預定目標而發放，具有因工作而獲得之報酬性質，依勞動基準法第2條第3款暨施行細則第10條於經常性，均屬前開規定所稱之工資。」全勤獎金「若係以勞工出勤狀況而發給，具有因工作而獲得之報酬之性質，則屬工資範疇。」針對獎金，「符合『勞務對價』性質之工資，不論其名稱爲何，均計入月薪資總額申報勞保投保薪資。」[83]值得一提者，在投保薪資的認定上，中央勞政機關將津貼獎金推定爲工資的範圍更爲寬廣。例如房屋津貼[84]、年度不休假加班費[85]、以及勞保被保險人派遣出國提供服務繼續加保者，其於海外（國外）服務公司支領之薪資或津貼等[86]。

值得注意者，依據勞基法施行細則第10條本文，「本法第二條第三款所稱之其他任何名義之經常性給與係指左列各款以外之給與。」也就是說第10條第1款至第11款之各種給與，並不適用此一經常性的給與的標準。即使有經常性給與的外觀，也不得將之認定爲工資。這是立法者的選擇，從各種政策層面予以排除，或許有一部分不盡妥當或已不符合時代需求，但仍然應受到行政機關及司法機關的尊重。果如此，中央勞政機關認爲「事業單位發給勞工之『久任津貼』，如係雇主按月計給勞工之工作報酬，依勞動基準法第2條第3款規定，應屬工資範疇。」[87]即屬可疑。蓋久任津貼既是爲感謝勞工長年的忠誠所發放，爲什麼不能按月發放而不改變其非工資的性質？

最後，勞動事件法第37條之「本於勞動關係自雇主所受領之給付」，應

---

[82] 例如在一件考績獎金是否爲工資的爭議案中，法院認爲「惟考核標準爲何，未見說明，該項給付既屬勞工每月均可取得，華國公司又未證明該給付有恩惠、嘉勉之性質，自應認係勞務之對價，而計爲工資。」最高法院86年度台上字第283號民事判決、最高法院87年度台上字第1629號民事判決參照。

[83] 行政院勞工委員會95年10月26日勞保2字第0950114071號令、行政院勞工委員會96年8月13日勞保2字第0960140337號函、行政院勞工委員會101年9月24日勞保2字第1010028123號函（工程績效獎金）參照。

[84] 內政部70年5月27日台內社字第22582號函參照。

[85] 行政院勞工委員會96年10月9日勞保2字第0960140390號函參照。

[86] 行政院勞工委員會98年12月14日勞保2字第09801405911號函參照。

[87] 行政院勞工委員會78年6月15日（78）台勞動2字第14941號函參照。

以勞務對價作爲認定的對象，所以，並不包括雇主所爲之性質爲社會給付、補償、福利性給付，蓋這些給付各具有其社會目的、雇主責任分擔，以及提高勞工福利的考量，雖爲勞工之所得，但並非工資。

二、雙標準說

所謂雙標準說，係指雇主對勞工所爲之給付，必須同時具備勞務的對價及經常性的給與兩要素，始得認定爲工資。缺一不可。正確地說，勞務的對價必須符合事實上經常性給與的標準，始得認定爲工資。此說具有平衡勞雇雙方利益的考量[88]。從幾十年來的裁判觀之，我國多數最高民事法院及最高行政法院，似乎採取此說。形成與中央勞政機關採取單一標準說雙軌並行的怪異現象。從民主政治、法治國家的原理來說，行政機關的政策與立場應不得違反司法機關對於法律條文的見解。

如上所述，之所以有此一標準，主要係立法者定期性給付的要求，以確保勞工及其家庭日常生活所需。而非鼓勵雇主將工資以「非經常性給與」的方式給付。一般而言，只要是工資，即會具有定期地重覆給付的特色。除了少數的例外情形，例如一次性的年度特別給付、或團體協約所約定的一次性給付[89]或勞雇雙方另有約定（勞基法第23條第1項參照）外，雇主並不得違反定期給付的規定。雖然如此，判斷經常性給與的具體標準爲何？以多少期間內、至少給付幾次作爲標準？尚待釐清。也就是說，工資之給付「每月至少定期發給二次」，並非具體的標準。

不可否認地，根據雙標準說的「經常性的給與」，難免產生過濾或縮小工資範圍的作用。蓋一次性的或偶發性的給付，將不被認定的工資，例如差旅津貼（勞基法施行細則第10條第9款參照）、以及前面所述之一次性的年度特別給付、或團體協約所約定的一次性給付。此並不問其是否爲臨時起意或計畫性的給付。故其與單一標準說「經常性的給與」係輔助性的標準，目的在擴充工資的範圍者，尚有不同。此說亦是從勞基法第2條第3款的定義演繹而來，只是，其將「及其他任何名義之經常性給與」作爲工資、津貼、獎金的共同標

---

[88]　楊通軒，個別勞工法：理論與實務，第六版，2019年7月，頁360。

[89]　通常是在新的團體協約中，約定雇主應給付予工會會員在前團體協約到期後，沒有強制適用期間，會員未調薪所致損失。楊通軒，個別勞工法：理論與實務，第六版，2019年7月，頁98。

準。惟經常性給與的津貼、獎金，必須先認定其為勞務的對價，始得視為工資。

需注意者，此一「經常性的給與」要素，並不適用於社會給付、補償、福利性給付。蓋此類給付並非狹義的工資，並不會因經常性的給與而質變為工資。例如特別休假不休假工資[90]、職業災害補償（勞基法施行細則第10條第7款參照）、競業禁止補償、最低服務年限補償或未預告終止契約期間之工資（勞基法第16條第3項參照）或勞基法施行細則第10條之各種給與。惟中央勞政機關則認為「雇主縱稱其係預先將春節、端午節、中秋節給與之獎金分攤提撥至十二個月份工資給與勞工，揆其給付方式，實係雇主將每月應給付勞工工資之一部，以『獎金』或『節金』之名目發給，應非臨時起意且非與工作無關之給與。」[91]

三、折衷說（制度性的經常性給與？）

多年來，法院實務上也有將「經常性的給與」解釋為「制度性的經常性給與」者，以與勞務的對價共同作為工資的認定標準。即其強調只要是企業工資計畫或企業習慣的一部分，且勞工正常提供勞務後理論上即會獲得工資（指在一般情形下經常可以領得之給付）者，即擬制為工資。其同樣是以勞務的對價為前提，並要求「制度性的經常性給與」。此說適度地緩和「事實上經常性給與」要求實際給付、但雇主基於一定理由未給付，導致勞工喪失工資請求權的不合理情況。另外，經由「制度性的經常性給與」所認定的工資，也有助於企業退休金額度的擴大。

從外表看，此說適度地擴充工資的範圍，一定程度達到與單一標準說相同的效果。蓋既是「制度性的經常性給與」，即是強調雖未達成事業單位設定的

---

[90] 依據最高法院97年度台上字第1667號民事判決、最高法院100年度台上字第2282號民事裁定，「雇主因年度終結勞工未休畢特別休假，所給與勞工之金錢，當非勞工於年度內繼續工作之對價，僅能認係對勞工未能享受特別休假所給與之補償。依勞基法第38條規定可知，特別休假係為獎勵勞工而設，具有免除勞務之恩惠性質。是雇主因勞工未能享受特別休假而給與補償，應認係勉勵勞工長期繼續工作之恩惠性給與。……未休畢之特別休假而得支領代價金，……。」其所謂之「補償」或「代償金」，實際上即為社會給付之意。

[91] 行政院勞工委員會101年6月21日勞動2字第1010015745號函參照。惟行政院勞工委員會101年9月24日勞保2字第1010028123號函則是認為「倘雇主為改善勞工之生活而給付之非經常性之給與；或縱為經常性給付，惟其給付係為雇主單方之目的，具有勉勵、恩惠性質之給與，仍非屬勞工工作之對價，允不認屬工資。」此一見解實屬正確。

目標，仍有工資請求權[92]。甚且，可將之作為平均工資的計算基礎。只是，由於此說僅在修正「事實上經常性給與」，性質上與單標準說仍有不同，其為較近於雙標準說的折衷說。

倒是，在此一「制度性的經常性給與」出現之後，形成與「事實上經常性給與」互相對立、且同時並存的情形。是否得由法院自由選擇適用哪一說？就目前案例來看，雖然其只適用於激勵性或獎勵性工資[93]，但此說在法理上究竟有無疑義？蓋勞基法第2條第3款之經常性給與似不包括「制度性的」經常性給與在內，否則，將有違特定工資項目設計之目的。例如生產效率獎金、績效獎金或團體獎金等。如謂無達成績效者亦有工資請求權，則對於達成績效者恐難謂公平合理。因此，本書以為「制度性的經常性給與」並不可採。

四、三標準說

在法院實務上，多有認為「勞動基準法第2條第3款所指工資，係指勞工因工作而獲得之報酬，需符合『勞務對價性』及『經常性之給與』之要件，且其判斷應以社會通常觀念為據」，即以勞務的對價、經常性的給與、及社會健全的通念作為認定工資的標準者，此或可稱為「三標準說」[94]。2020年1月1日起開始施行的勞動事件法第37條的立法說明，亦是採取此種見解。相較於前面幾種學說，此說對於工資的認定似乎最為嚴格。只是，勞基法第2條第3款並無「社會通常觀念」的要求，而勞動事件法第37條的立法說明及部分法院判決卻加上此一要件，是否有因牴觸勞基法或法外判決而無效之嫌疑？尤其是在法理上，法律的立法理由或說明與法律條文牴觸者，應以法律條文規定為優先。

其次，果然根據此一「且其判斷應以社會通常觀念為據」的要求，則理論上，雇主所為之給付外表上雖已符合「勞務對價性」及「經常性之給與」兩個要件（例如津貼、獎金、及福利性給付），但仍然有可能因違反社會通常觀念，而不被認定為工資。只是，在工資認定上，一般「社會通常觀念」究竟應該扮演促成或過濾的角色？且為達到「社會通常觀念」的認識，法院是否應做實證的調查？

---

[92]　最高法院105年度台上字第220號民事判決參照。

[93]　同樣地，此說亦不適用於按件計酬或佣金的給付方式。

[94]　最高法院105年度台上字第2274號民事判決、最高法院105年度台上字第220號民事判決參照。

　　另一個待釐清的問題是，所謂「且其判斷應以社會通常觀念爲據」，究竟是針對「勞務對價性」？或「經常性之給與」？或者兩者？也就是說，社會通常觀念認爲雇主所爲之給付爲勞務對價？或雇主所爲之給付已符合經常性給與的標準？由於兩者均涉及社會經驗或企業實務的認識，故理論上似乎包括兩者。惟本書以爲：解釋上，此一「社會通常觀念」應係針對勞務的對價而言，即以社會上一般人之認識爲驗證標準，此尤其是針對津貼、獎金及福利性給付性質的認定。至於經常性給與的標準由於涉及定期性給付的次數及認定期間的設定，似應由立法者或行政機關加以具體規定，不宜由社會通常觀念加以界定。果然如此，則無論是「勞務對價性」＋「社會通常觀念」或「經常性之給與」＋「社會通常觀念」，「社會通常觀念」不僅是輔助標準，而且是最後的標準，具有決定性的效力。

第四節　特性

　　工資爲勞動契約之要素，爲勞工保護的主要對象，往往爲勞工所主要追求的勞動條件，且與其他勞動條件具有一定的連動關係，以下即簡要敘述其特性。

第一項　工資的附隨性

　　所謂工資的附隨性，係指其隨工作時間的有無及長短，決定工資的有無及多寡而言。即工資爲勞務的對價，爲有償契約的表現，屬於所謂的「有工作即有工資」的範疇。這裡的工資的附隨性，也適用於延長工時與延長工時工資，並且不問延長工時工資的加成比例，當然也不問延長工時工作的種類爲何，例如工作日正常工作時間後的加班或停止休息日、例假、國定假日、特別休假日而工作。至於勞雇雙方合意以補休方式取代延長工時工資（勞基法第32條之1參照），應無損於工資的附隨性。另外，也不區分全時工作或部分時間工作，甚至在天災事變期間照常前往工作也是。而隨著工作時間的縮短或免除，除非有工資繼續給付的情況外，也有工資附隨性的適用，例如縮短工時工作與工資的減少。同樣地，無薪休假期間照常前往工作也屬之。而工資附隨性最極端表現，係留職停薪，即全部免除勞務、全部免除工資。

第二項　工資的獨立性／自主性

　　所謂工資的獨立性／自主性，係指與工作時間無關，而仍有工資請求權之情形。這主要是指勞工基於特定的原因免除勞務，而工資請求權不受影響。其原因有：傷病、休息日、例假、國定假日、以及特別休假而言。另外，基於特定原因之公假亦屬之，例如行使投票權、接受兵役體檢、防疫消毒等。至於勞工因遭受無預告解僱之工資請求權亦屬之（勞基法第16條第3項參照）。就此觀之，勞雇雙方基於特定原因合意免除勞務而繼續給薪之情形，亦可歸類於此。此處的工資，勞雇雙方得約定不包括與提供勞務直接有關的對價，例如交通津貼、伙食津貼、業績獎金等，但不得扣除社會給付。

　　與工資的獨立性／自主性不同的是：工資的優先性。這是指工資直接攸關勞工及其家屬的生活，所以立法者對於工資請求權的實現，所設立的特有制度或做法。相較於諸如工作時間、退休等勞動條件，其保障尤為完備。勞基法第26條～第28條即為工資優先性的具體規定，尤其是行政機關的介入限期給付及墊償所積欠的工資。再者，勞動事件法第37條課勞動法庭推定工資的規定，可視為實現優先性的最後手段。

第三項　工資的牽連性

　　所謂工資的牽連性，係指以工資或平均工資為基礎而計算之相關給付，包括資遣費、退休金、特別休假補償（勞基法第38條第4項參照）、職業災害補償（勞基法第59條本文但書參照），以及競業禁止補償（勞基法施行細則第7條之3第1款參照）等。甚至勞工保險與就業保險之投保薪資及保險給付，也是與工資具有連動關係。此處的工資係指狹義的工資，而非廣義的工資。

　　此處的工資的牽連性與本書第三章第一節第五項「工資的擴散效力」有相當程度的重疊，故此處不再贅言。

第五章 | 工資的原則

 案例1

　　乙爲一家僱用五人以下員工的微型公司，因人員出缺刊登徵人啓事，甲男丙女同時應徵而獲錄取。勞雇雙方約定三個月試用期間以基本工資爲薪水，之後，視時機而調整。甲丙偶而需夜間工作。丙懷疑甲的薪資不合理地高過自己。問：

(1) 乙以基本工資僱用甲、丙，乙得否將基本工資的結構訂爲「底薪1萬5,000元，伙食津貼3,000，全勤獎金4,000，交通補助2,000元」？

(2) 針對甲丙的夜間工作，乙發放夜勤津貼，其性質是否爲工資？其應否受到基本工資額度的檢視？

(3) 甲丙在試用期後苦等不到乙的調薪？可否主動前往找乙要求調薪？如乙拒絕，得否申請勞資爭議的調解？

(4) 丙懷疑甲的薪資不合理地高過自己，爲求得知甲的薪資，得否要求乙提供具有其他勞工姓名的部門的或全體的勞工工資清冊或勞工名卡？

案例2

　　甲是一位從學校教師退休領取月退的67歲高齡者。因想要嘗試勞工的生活，遂向乙公司應徵文書職。乙公司中設立有丙工會，乙丙並且簽定團體協約。問：

(1) 請說明高齡者勞工的工資間接歧視的意義及可能做法。

(2) 團體協約如按照不同的因素（年齡、年資、工作技能等）設定不同的級別，並給予不同額度的獎金、節金，而且滿65歲的勞工屬於額度最低的等級。甲得否主張受到違憲的年齡差別待遇？

(3) 甲向乙表示希望參加勞工保險職業災害保險，乙拒絕爲之加保，則丙得否以要保人的身分向勞動部勞工保險局表示爲甲申報參加職業災害保險？

　　工資爲重要的勞動條件，具有多重面向的意義及功能，向來爲勞動契約及勞工保護的規範重點。惟工資的實務態樣多端，常爲法令所不及規定，故除契約自由原則外，亦應從工資正義的角度檢視之。以下即探討工資的重要原則。

第一節　市場工資原則

　　這是指求職者／勞工與雇主基於市場法則（供給 vs. 需求）自由協商而得的工資。而非依據國家的行政命令或經過國家同意而定（最主要的是基本工資或最低工資）。基於當事人自治原則，工資的訂定與調整，本應由個別的勞工與雇主自行協商決定（勞基法第21條第1項、勞基法施行細則第7條第3款、民法第482條）。這是屬於勞動契約法面向的工資問題。只要不違反強行規定及團體協約工資的約定即可[1]。另外，基於團體協約自治，工資的協商與約定屬於其核心項目，但其並非完全遵照市場工資原則，而是對市場工資原則加以修正或規整。理性的勞資雙方當事人自然知道其所能要求或給予的工資及其他勞動條件的底線。所以，除非有民法第74條（勞動契約法第5條、人口販運防制法第1條）之情況，否則可稱之爲「合理的工資」。在一個自由及民主法治的社會，一個完美的勞動市場模式／型（das Modell des perfekten Arbeitsmarktes），應該是由市場工資（狹義工資）＋最低工資＋各種非工資（含一時性工資、福利）＋（必要時）政府補貼／助所組成[2]。其中，各種非工資（含一時性工資、福利）的部分，有些爲法令所明定，有些爲雇主單方所決定，但也可與勞工基於雙務契約的精神約定之。

　　在市場工資原則下，主要會涉及以下幾個議題：議定、調整、工資之標準、計算／方法等。其中，除了「工資之標準」應在工作規則規定（勞基法第70條第2款參照）外，「計算方法及發放日期」亦應同時在工作規則（勞基法第70條第2款參照）及勞動契約（勞基法施行細則第7條第3款參照）中約定。至於議定、調整則是在勞動契約（勞基法施行細則第7條第3款參照）中約定即可。此等應在工作規則中規定的工資相關事項，應是立法者認爲應該一體適用

---

[1] 所以，中央勞政機關認爲「勞工於工作日因天然災害停止工作，該日並非勞動基準法第36條至第38條之假期，故無該法第40條之適用。該日勞工如應雇主要求而到工時，工資如何發給及應否補假休息，可由勞雇雙方自行協商決定。」其見解應屬可採，行政院勞工委員會85年5月17日（85）台勞動2字第116602號函參照。

[2] 雖然如此，這並非謂在完美的勞動市場模型中，不會發生工資不平等的現象。

於受僱員工，以免出現非法的差別待遇[3]。其應屬於集體勞工法面向的工資問題。

第一項　議定

　　所謂議定，係指協議決定而言，依據民法第482條規定，「稱僱傭者，謂當事人約定，一方於一定或不定之期限內為他方服勞務，他方給付報酬之契約。」可知勞雇雙方必須議定報酬之額度、種類（含實物）等事項（此處之報酬，本不包括相對人以勞務作為對價之情形。雖然如此，以勞務換取他人之勞務，本質上仍然與民法第398條的交易有所不同，應將之視為無名契約，並且類推適用僱傭契約的相關規定）。蓋基於契約自由原則，本應由勞（求職者）雇雙方自由協商工資額度[4]，不得由雇主單方指定或決定，且雙方未能達成合意者，由於工資為勞動契約的要素（民法第153條參照），故勞動契約自始並未成立。也就是說，在雙方未能議定工資時，任何一方並不得以發生勞資爭議為由，向勞工主管機關申請調解，以免發生強制僱用的後果。理論上求職者也不得提出申訴（勞基法第74條參照）。例外可以思考的是：當雇主在締約過程中的行為已經引起求職者確信契約必然成立之認知者，則基於誠信原則的要求，求職者當可向勞工主管機關提出申訴或申請調解工資額度。蓋此時前契約義務的引信應該已被觸動，此一前契約義務的發動相對較晚，這是因為涉及勞動契約成立（或者「僱用請求權」）之問題，必須較為謹慎。

　　然而，在勞雇雙方未具體議定報酬時，即應依民法第483條處理，尤其是依民法第483條第2項規定，報酬遂得以價目表或習慣給付之[5]。這表示雙方對於工資已有默示的同意。為符合有償契約的原意，此一價目表及習慣均應採取從寬解釋的立場。此處之價目表可以企業內或附近企業從事相同或類似工作者相比擬或團體協約規定可供參考者，至於習慣則是可以採取廣義的解釋，即指

---

[3]　惟「發放／給付日期」不一致，是否即會構成非法的差別待遇？似非無疑。蓋雇主當得基於行政作業的考量及個別勞工的表現、個人或家庭的需求，而與勞工約定一致性的或不同的發薪日期。雇主只要在每月的月底前，依照契約所約定的不同的發放／給付日期，給付個別勞工工資，不涉及工資遲延給付即可。

[4]　由團體協約法第12條第1項第1款之「工資、津貼、獎金」規定觀之，報酬實居團體協約自治的核心位置。

[5]　BAG v. 19.8.2015, BAGE 152, 221 = NZA 2015, 1465 Rn. 21 mwN; v. 18.9.2019, NZA 2020, 174, 177.

民法第1條之習慣法（且不得有第2條背於公共秩序或善良風俗之情形[6]），依據當地（含科學園區、加工出口區）已施行相當期間之企業間共通慣例爲準。除此之外，也兼及每個企業長久以來的自有習慣，這是因爲2020年1月1日施行的勞動事件法第2條之勞動習慣，即是以個別企業的慣例爲對象。由於民法第483條第2項「價目表或習慣給付」的規定，使得此一報酬並不以狹義的工資爲限，而是可能包括廣義的福利。蓋價目表固然是針對狹義工資，但習慣給付則可及於福利。只是，必須平衡考量雇主對於福利給付的自由決定權，不宜過度將之質變爲強制性格。在勞雇雙方認定不一時，任何一方即得向勞工主管機關申請調解。理論上求職者也得以提出申訴。勞動法庭並得在綜合相關因素後加以客觀認定。

在此一提者，工資之議定（民法第482條、勞基法施行細則第7條第3款參照），本不以本薪及其他工資項目爲限，而是及於延長工時工資（加班費）。惟在雙方所議定加班費額度低於勞基法第24條規定的標準時，即應以勞基法第24條的規定爲準。只是，勞雇雙方如未議定加班費、且無團體協約的約定時，則似乎應以民法第483條處理[7]。此亦適用位階尚非委任經理人的高階管理職、主管職人員，與德國將提供高階勞務人員排除在加班費期待權之外，尚有不同。後者，其所重者係整個職位所提供的勞務、而非以工作時間爲準[8]。這是指其提供超過一般標準的專業知識、擁有完成工作的手腕或受過專業科學訓練的人員，即其具有精神上的想像力或具工作彈性能力者，例如律師、稅務師、建築師、甚至具督導權之主管職人員[9]。至於以完成工作而計薪抽取佣金者，雖是按件計酬人員，但如有延長工時工作之情況，解釋上應與以工時爲準的勞工相同，擁有加班費請求權[10]。需區別者：加班費義務與加班義務並不相同。勞工法令並無雇主得命令勞工延長工時工作的規定。另外，勞動契約中並不得

---

[6]　具體而言，企業慣例／勞動習慣之工資不得低於基本／最低工資。

[7]　在德國，勞工主張延長工時工資（加班費）的法律依據爲民法第612條（類似於台灣民法第483條），而且，其是以具有一加班費期待權（Vergütungerwartung）爲前提。在絕大部分勞動生活中，均可承認有此一期待權。即其並非以勞工個人的期待爲準，而是綜合考量交易習慣、工作的種類、範圍與工作的時間長度、以及勞工的職務／位。Erwin Salamon/Greta Groffy, Die Vergütung von Überstunden im Lichte der aktuellen Rechtsprechung des BAG, NZA 2020, 159 ff.

[8]　BAGE 139, 181 = NZA 2012, 145, 148; BAGE 139, 44 = NZA 2011, 1335; BAGE 96, 45 = NZA 2001, 458, 460.

[9]　BAGE 19, 126 = NJW 1967, 413.

[10]　不同說，BAG, NZA 2012, 1147, 1148。

約定勞工有加班或無加班之權利或義務，而是必須另有一個別的、明示同意加班的法律行爲（勞基法第32條第1項參照）[11]。另外，針對法律未規定之相關工資額度或標準，例如夜間工作津貼、輪班津貼、待命時間工資、或預告期間工資等，即應由勞雇雙方自由約定之。其與正常工時或延長工時工作的計算工資的額度或標準，並不必然相同。在個案上，針對雇主要求員工穿戴職業安全衛生裝備時間[12]或者外勤工作者或業務員，其在往返客戶的通勤時間、準備時間等，雖非雙務契約所約定的工作，惟由於與工作具有直接的關聯性及具有利他性（Fremdnützigkeit）[13]，故爲工作時間，只是工資的額度或標準似可由勞雇雙方自由約定。蓋其爲促成勞務完成的輔助性行爲。對此，本書以爲待命時間工資及預告期間工資或可以基本／最低工資作爲最低下限標準，至於夜間工作津貼及輪班津貼則是按照原有工資給與加成比例（例如25%）即可【案例1(2)】。

　　須注意者，此處的議定或約定，並非僅指締結勞動契約時之約定工資額度而已，而是包括之後定期或不定期的調整薪資之合意，通常即是每年的調（加）薪。換言之，勞雇之任何一方在特定時間點，都可以要求與他方進行未來薪資的重新議定[14]。這本質上爲變更勞動契約或勞動條件之行爲，必須獲得雙方的同意。調薪並非只是雇主單方可以發動的行爲而已，否則會掉入只是依賴雇主的善意或良知而定的不明境地。在一般實務做法上，雇主單方定期地（一般企業慣例是每年）爲雇員加薪，而雇員接受之而繼續提供勞務，其實爲雇員的默示同意。在這裡，與工會根據團體協約法第12條第1項要求與雇主進行工資的團體協商並行不悖，互不相斥。對於（即使加入工會的）個別勞工或群體勞工要求與雇主重新議定薪資的行爲，工會（或勞資會議）並不得以工資議定獨占權的理由，責令個別勞工或群體勞工停止（請參閱已經廢止的行政院勞工委員會78年3月8日（78）台勞資2字第05450號函及行政院勞工委員會97年

---

[11] 所以，實務上，雇主要求勞工加班時應填寫加班申請書應屬正確之舉。雖然，依據勞基法第32條第1項的法意觀之，應該是雇主向勞工出具一份「加班請求書」才對。這兩種請求書，均代表著有可能爲他方所拒絕。倒是，實務上不乏勞雇雙方約定，勞工每月或每週有一定時數（例如十小時或五小時）的加班選擇權，解釋上仍然必須符合程序要件。

[12] BAGE 143, 107 = NZA-RR 2013, 63.

[13] BAGE 164, 57 = NZA 2019, 159, 160; Erwin Salamon/Greta Groffy, Die Vergütung von Überstunden im Lichte der aktuellen Rechtsprechung des BAG, NZA 2020, 159 ff.

[14] 與調整類似者：實務上，對於主管職人員的薪資項目或額度，勞動契約得授權雇主每隔一段期間即重新審視是否變動。

1月8日勞資1字第0960126596號令）。而一旦個別勞工或群體勞工要求與雇主重新議定薪資不果，則是進入下一步的勞資爭議的處理，通常即是向勞工主管機關申請調解（勞資爭議處理法第7條第2項但書參照）。

另外，此處的議定，解釋上並不包括將勞工編入特定薪資組別之行為。亦即只要雇主已按照一定的標準或要求，設立薪資級別／組別表，則其按照勞工的客觀條件而做編組行為，性質上並非法律行為，而是具有確定性格的事實行為。如果雇主編組錯誤，即可單方決定將之改正，無須獲得勞工的同意。

最後一提者，此處之議定，是否有可能包括平均工資？也就是說，勞基法第2條第4款之平均工資（之計算標準）是否適用於勞基法未規定之其他原因給付？蓋以資遣費（勞基法第17條第1項）、退休金（勞基法第55條第2項）、以及職業災害補償（勞基法第59條第2款～第4款）而言，既然已經法律明定，自不容許當事人另行約定[15]。即使針對勞工在年度終結未休特別休假時之工資發給基準[16]，勞基法施行細則第24條之1第2項一（二）「前目所定一日工資，為勞工之特別休假於年度終結或契約終止前一日之正常工作時間所得之工資。其為計月者，為年度終結或契約終止前最近一個月正常工作時間所得之工資除以三十所得之金額。」此似乎亦為平均工資的計算方式，只是其平均工資的計算期間較短，故當事人亦無另行約定的空間。令人玩味的是，針對特別休假經勞資雙方協商遞延，於次一年度因年度終結或契約終止仍未休畢之日數，雇主依勞基法第38條第4項但書及勞基法施行細則第24條之1規定發給之特休遞延工資，應否計入平均工資之計算？中央勞政機關認為「應先視『原特別休假年度終結』之時點，是否在平均工資計算事由發生之當日前六個月之內而定；倘於平均工資計算期間內，因屬『原特別休假年度』全年度未休假工作所得之報酬，其究有多少未休日數之工資應列入平均工資計算，法無明文，可由勞雇雙方議定之。至於『原特別休假年度終結』之時點，非於平均工資計算期間者，毋庸列計。」[17]這表示其平均工資的計算期間為六個月。只是，是否妥當無誤？應否與勞基法施行細則第24條之1第2項一（二）同樣以一個月為計算基

---

[15] 針對此一「六個月內」，依據行政院勞工委員會86年12月9日（86）台勞動2字第052675號函：「即事由發生當日不算入，自當日前一日依曆往前推算六個月期間，該期間並不屬於非連續計算之情形，自應依民法第123條第1項規定依曆計算，而不宜解為算足三十日。」此亦不容許當事人約定不同的計算方式。

[16] 有關發給義務，請參閱勞動部106年3月3日勞動條3字第1060047055號函。

[17] 勞動部107年4月11日勞動條2字第1070130350號函參照。

準？

　　中央勞政機關以六個月為平均工資的計算期間者，尚有：勞工延長工作時間或休息日工作後，依勞動基準法第32條之1規定選擇換取補休，嗣因補休期限屆期或契約終止未補休之時數，其雇主依法折發之工資，應否併入平均工資計算，應視各該未補休時數之原延長工作時間或休息日工作時間是否在計算事由發生之當日前六個月內而定[18]。

　　所以，針對曾任勞工之委任經理人或董事，「其屬於勞工身分年資退休金之平均工資計算，基於衡平原則，應以其為勞工身分時之平均工資計算。」[19]即應以勞基法第2條第4款之平均工資之標準計給。有問題的是，即使法已明定，中央勞政機關卻有不同解釋者。例如勞基法第2條第4款已明訂「工作未滿六個月者，指工作期間所得工資總額除以工作期間之總日數所得之金額。」則針對勞工於受僱當日進入工作場所即遭遇職業災害死亡，「其平均工資計算，可以勞資雙方所議定之工資作為計算職業災害補償之標準。」[20]似乎是以當日工資為準（與勞基法施行細則第24條之1第2項一（二）上半句之「前一日」尚有不同）。

　　除了上述法令規定之外，在其他法無明定的情形，當事人似乎即得自行約定平均工資之計算標／基準，此由中央勞政機關函釋中似乎亦可得出此種結論，例如依據勞基法第50條第2項規定：「前項女工受僱工作在六個月以上者，停止工作期間工資照給；未滿六個月者減半發給。」其所稱「停止工作期間工資照給」，如係針對按月計酬之女工，指該女工分娩前依工作日正常工作時間所得之工資，「其為計月者，原則上係以分娩前已領或已屆期可領之最近一個月工資除以30所得之金額，雇主如依前開方式計得之金額有低於平均工資者，應以較趨近於常態之平均工資為準，亦即以分娩前六個月內所得工資總額除以該期間之總日數所得之金額。」[21]至於如係計件女工產假期間工資之計給，「雇主依勞動基準法第50條規定，發給計件女工產假停止工作期間工

---

[18]　勞動部107年6月21日勞動條2字第1070130882號函參照。

[19]　行政院勞工委員會86年8月27日（86）台勞動3字第036058號函參照。

[20]　行政院勞工委員會85年1月10日（85）台勞動3字第147621號函參照。另請參照勞動部105年12月20日勞動條2字第1050131753號函。

[21]　勞動部103年10月7日勞動條2字第1030131931號令參照。經由此種平均工資的計算，乃得以將效率性獎金（浮動工資）一併納入計算，適度保障產假女工的工資權益。

資時，可依產前最近一個月工資之平均額計給。」[22]其平均工資的計算期間較短。又，針對按件計酬勞工之延長工時工資及假日出勤工資之計算，中央勞政機關認為「因計件勞工之工資並非固定，其核計延時工資之『平日每小時工資額』及假日出勤之一日工資額之計算標準，可依上一個月正常工作時間內工資之平均額推計之。至於按件計酬勞工正常工作時間及延長工作時間之作業量及報酬如無法明確區辨者，平日每小時工資額可依其正常工作時間之比例推計之。」其所謂「可依上一個月正常工作時間內工資之平均額推計之」[23]，也是平均工資的計算標準。本書以為：勞基法施行細則第12條之「採計件工資之勞工所得基本工資，以每日工作八小時之生產額或工作量換算之。」其所謂「以每日工作八小時之生產額或工作量換算之」，如能採取「上一個月每日工作八小時之生產額或工作量所得之工資」換算之，才能得出較為公平合理的基本工資，否則，按照目前「以每日工作八小時之生產額或工作量換算之」，似乎是「按日而定的」基本工資，此恐非立法原意、或者恐導致只有市場工資、而無基本工資的後果。

所以，針對未預告終止契約之工資給付，中央勞政機關認為雇主依勞基法第11條或第13條但書規定終止勞動契約時，應依同法第16條第1項之規定期間預告勞工。「預告期間工資之給付標準，為『雇主應預告期間之日數乘以勞工一日工資』；該一日工資，為勞工契約終止前一日之正常工作時間所得之工資除以三十所得之金額。但該金額低於平均工資者，以平均工資計給。」（勞動部109年10月29日勞動關2字第1090128292A號令參照）此處之「平均工資標準」非必然為勞基法第2條第4款之平均工資標／基準，而是當事人得自行約定其期間及納入計算的工資與非工資給付，例如以一個月或三個月作為平均工資計算期間。在2017年6月16日勞基法施行細則第24條之1修正增訂前，中央勞政機關即認為「勞工並未排定之特別休假日數，其於『年度終結』雇主發給之未休日數工資，因係屬勞工全年度未休假而工作之報酬，於計算平均工資時，上開工資究有多少屬於平均工資之計算期間內，法無明定，由勞雇雙方議定之。另，勞工於『契約終止』時仍未休完特別休假，雇主所發給之特別休假未休日數之工資，因屬終止契約後之所得，得不併入平均工資計算。」[24]

---

[22]　內政部76年5月9日（76）台內勞字第500942號函參照。

[23]　勞動部105年2月2日勞動條2字第1050130240號函參照。

[24]　勞動部106年7月12日勞動條2字第1060131476號函參照。

第二項　調整

再以調整而言，勞雇雙方固得約定在一定期間（例如一年）即對工資進行檢視並調整，否則，解釋上任何一方、在任何時間均可要求重新調整。勞雇雙方要求調整薪資，係屬勞資雙方當事人對於勞動條件主張繼續維持或變更之爭議，應為「調整事項」之爭議，自可依法申請調解[25]【案例1(3)】。在平常的時日，工會（尤其是產業工會industrial union）即可能透過各種手段或途徑，以達到調高工資的目的。經濟學者認為有以下四種方法：增加對於工作的需要、減少工作的供給、[26]直接要求增加工資、[27]以及減少專賣者對於工作的剝削。為使訴求落實，各類型工會有必要採取廣泛招攬會員的手段，將非會員納進來，以減弱雇主行使罷工替代的可能性。[28]工會的目標是希望成為專賣勞動力的壟斷團體。

至於在每隔一段期間（例如一年）的要求調薪及調整其他勞動條件行動，勞工團體向雇主或雇主團體要求進行團體協商或甚至經由爭議行為以達到其訴求，此亦係基於經濟制度的市場經濟的要素而來。此種打破一般私法法理的集體活動，係立基於國家並無權規定價格及工資的額度的理由之上，蓋國家並不清楚合理價格或工資的界限所在也。因此，自然也不存在一個法定的最高工資（工資是否過高，最後只能由國際競爭得到驗證。假使產品具有國際競爭力，工資當然可以節節攀高；反之，工資不僅無法調升，還可能不動或調降。假使產品無國際競爭力，但仍然調升工資，最後可能面臨裁員解僱、甚至關廠歇業之路）。[29]至於法定的基本／最低工資則是欲確保勞工擁有一人性尊嚴的生活，所設定的工資下限。

---

[25] 行政院勞工委員會89年1月27日（89）台勞資3字第0002684號函參照。

[26] 這裡可能包括幾種措施：限制移民人口、禁止使用外籍勞工、減少童工數量、勵行強制退休、縮短工作時間等。

[27] 不可諱言地，工會如果極力追求工資的提升，將有可能導致失業率的上升。

[28] 但是，如果是具有一定技藝人士始能加入的職業工會（craftunion），例如木匠工會、泥水匠工會，以及土地代書工會，則其理論上應採取限制申請者入會的閉關政策，始有可能達到減少工作供給、進而達到調高工資的目的。惟這又是以具有專門技藝（尤其是具有證照者）、且又加入工會始能執業為前提，在台灣顯然並不如此，亦即不加入職業工會亦可工作。

[29] 國家可能認為工資已經達到不合理高的程度，而欲藉由立法干預或行政干預的手段，予以適度壓低或減低的「非常時期農礦工商管理條例」即具有此種管制的功能，惟現行法令中已無類此法規，不惟「處理重大勞資爭議事件實施要點」的目的不在干預工資，即使2000年7月19日公布施行之「災害防救法」的適用對象，也不及於勞資爭議。

第三項　工資之標準、計算／方法

工資之標準與工資計算／方法意義不同。工資發放標準或發放要（條）件固不以（準）勞工團體與雇主約定為限[30]，也可以工作規則規定（勞基法第70條第2款參照），甚至由個別勞工與雇主約定。但是，雇主所設定之工資標準，應一體適用於員工，除非有客觀的理由，否則不得造成（可供比較的員工間的）歧視。例如針對女工與男工、部分工時勞工與全部工時勞工、年輕勞工與中高齡勞工、高齡勞工等，不得設有不同的工資標準。惟派遣勞工與要派機構正職勞工因為分屬於不同的雇主，派遣機構與要派機構的業務性質、規模及所面臨的企業風險並不一樣，所以，似難適用相同的工資標準，兩者間也不適用工資平等原則。然而，派遣勞工保護法草案第16條、第17條卻是持肯定的立法。至於工資計算／方法則是工資的各種計算方式，例如按時計酬（又可分為時薪、日薪、週薪、半月薪、月薪）、按件計酬、佣金制、以及部分工資按季、按半年或一年給付等方式／法。

第二節　基本／最低工資原則

第一項　工資正義的實踐

為了確保勞工能獲得一符合勞動市場狀況的合理／適當之工資，禁止雇主在議定工資時取得不法之暴利，民法第74條對於法律行為公平控制（Billigkeitskontrolle）之規定，應可適用於勞動契約（所謂「薪資重利」）[31]。依之，「法律行為，係乘他人之急迫、輕率或無經驗，使其為財產上之給付或為給付之約定，依當時情形顯失公平者，法院得因利害關係人之聲請，撤銷其法律行為或減輕其給付。前項聲請，應於法律行為後一年內為之。」此一暴利行為之禁止，並且為1936年12月25日勞動契約法第5條所具體化。依之，「當事人之一方，乘他方急迫輕率或無經驗，為自己或他人訂立之勞動契約，其報酬過少，與勞動之比例有失平衡，或勞動條件顯與關於該種勞

---

[30] 團體協約法第12條第1項第1款之「工資」，解釋上即包括工資制度、工資原則，以及工資發放標準或發放條件、計算方法等指導性原則。

[31] MHdB ArbR/Krause § 60 Rn. 88：暴利行為之禁止：是將約定的工資與市場工資比較，而非與團體協約工資比較。

動之地方習慣或從來慣例較為不利者，其契約為無效。」只不過，雖然後者有「契約無效」之規定，但由於該法並未施行。所以，似應回歸民法第74條、並且做合目的性解釋的處理。亦即應由法院綜合個案狀況，或者撤銷勞動契約、或者判決雇主應該「增加」給付至合於勞動市場狀況的適當／合理工資或基本／最低工資之額度。法院對於此處工資的量定，實際上係在進行比例原則中適當的（angemessen）控制。而且，解釋上，適當的控制不僅限於勞動契約所約定者，而是及於勞動契約授權雇主單方對於管理職、主管職人員特定給付額度（例如主管加給或職務加給）之決定之情形。

　　倒是，刑法第344條第1項規定，「乘他人急迫、輕率、無經驗或難以求助之處境，貸以金錢或其他物品，而取得與原本顯不相當之重利者，處三年以下有期徒刑、拘役或科或併科三十萬元以下罰金。」明顯地係以金錢借貸為規範對象，故解釋上不適用於薪資重利之情形。不同的是，根據人口販運防制法之「人口販運罪」的定義，包括「從事人口販運，而犯本勞動基準法之罪。」而且，「人口販運」的行為，包括「指意圖使人從事勞動與報酬顯不相當之工作，而以強暴、脅迫、恐嚇、拘禁、監控、藥劑、催眠術、詐術、故意隱瞞重要資訊、不當債務約束、扣留重要文件、利用他人不能、不知或難以求助之處境，或其他違反本人意願之方法，從事招募、媒介、容留國內外人口，或以前述方法使之從事性交易、勞動與報酬顯不相當之工作。」所以，應依同法第32條或第33條處以七年以下有期徒刑，且得併科新台幣500萬元以下罰金。

　　惟工資正義的實踐，主要還是在法定的基本／最低工資的規範（尚未扣除各種法定稅捐、社會保險費、法院應強制執行金額等的給付金額）。依據勞基法第21條第1項規定，「工資由勞雇雙方議定之。但不得低於基本工資。」[32]這是絕對的工資額度的法律規定，為獨立於勞動契約或團體協約約定工資之外的規定，其係民法第72條善良風俗的具體實踐（所謂「合於善良風俗的工資」），禁止當事人約定低過。依據同條第2項規定，「前項基本工資，由中央主管機關設基本工資審議委員會擬訂後，報請行政院核定之。」其並未規定每年或特定期間即應調整（高）基本工資。基本工資審議辦法第5條第1項也僅規定，「基本工資審議委員會原則於每年第三季進行審議。」其係採取「得召開」的立法方式。至於在2020年中尚在研議的「最低工資法」草案第11條第

---

[32] 聯合國經濟社會文化權利公約第7條第1項第1款之「最低限度公允之工資」，實際上即為基本／最低工資的概念。

1項則是明確規定,「審議會應於每年第三季召開會議,審議最低工資。」已改採「應召開」的立法態度。第2項甚且明定共識決或同意決的審議方式,以強化審議通過。雖然如此,因為仍應經行政院的核定,故難謂每年必定會調整(高)。

相較於市場工資原則,基本／最低工資原則是給予勞動市場中的邊際勞工或弱勢勞工生存基礎的保障,賦予勞工一工資(或工資差額)請求權基礎,即使基於勞動市場政策亦不可打破之,例如事業單位因業務緊縮而實施「無薪休假」所給付工資不得低於基本工資[33]。甚至,其生存保障的對象也及於童工[34]、身心障礙者(身心障礙者權益保障法第40條第1項參照)、非勞工身分的建教合作生[35]及勞工的家庭[36]。惟,應加分辨的是,高級中等學校建教合作實施及建教生權益保障法第22條第2項「前項生活津貼,不得低於勞動基準法所定基本工資,……。」實際上是採取「工資下限」(Lohnuntergrenze)的立法方式,以與基本／最低工資僅適用於勞工者,加以區別。有問題的是,此處的「勞動基準法所定基本工資」,是否同時包括月基本工資及時基本工資?對此,由於生活津貼係按月一次性給付,因此,應係指月基本工資的額度而言。

經濟學者對於法定的基本／最低工資,並非一味採取反對的態度,而是希望金額不要訂得太高,並且採取謹慎調升原則,以免不利於工作的創造與存續。在全球化、國際化時代,本、外國籍勞工一體適用基本／最低工資原則,代表我國對國際勞動人權的重視。而在數位化時代或平台經濟、分享經濟日益盛行的時代,面對工資異化的情況,基本／最低工資原則更是扮演一個公平正義工資的角色。

一般而言,基本工資具有如下的功能[37]:確保工資正義、避免扭曲工資競爭的功能(尤其是工資低價傾銷)、勞工個人或家庭生活維持的功能(需求

---

[33] 行政院勞工委員會98年3月23日勞動2字第0980130137號函參照。

[34] 修正前勞基法施行細則第14條規定,「童工之基本工資不得低於基本工資百分之七十。」惟此一規定已在2015年12月9日刪除。這表示童工與成年工適用相同的基本工資。

[35] 高級中等學校建教合作實施及建教生權益保障法第22條第2項參照。只是,如參照勞動部2018年11月30日最低工資法草案第3條規定,並不及於技術生、學徒、家事勞工、家庭代工／家內勞工(類似勞工)、自營作業者、自然承攬人、委任經理人,以及監獄受刑人等,應該也不得類推適用。此是否有再檢討擴充適用對象的空間?或者將團體協約法第12條第2項的立法方式及對象,運用在基本／最低工資項目上,並且擴充適用對象到上述人員?

[36] 勞動部2018年11月30日最低工資法草案第1條參照。

[37] 楊通軒,個別勞工法:理論與實務,第六版,2019年7月,頁92以下。

正義）（例：吃鴉片長大的阿富汗小孩[38]）、促進消費的功能。在我國，基本工資還肩負各種政策性的任務，其會隨著基本工資的調整一併連動，包括：身心障礙者權益保障法的差額補助費（第38條、第43條）、原住民族工作權保障法的代金（第12條、第24條）、勞工保險投保薪資分級表第一級的連動調升（勞工保險條例第14條、勞工保險條例施行細則第28條）[39]、就業被保險人於失業期間另有工作之收入，與請領失業給付之關係（就業保險法第17條）[40]、建教合作生的生活津貼（高級中等學校建教合作實施及建教生權益保障法第23條）[41]。惟這些政策任務是否確有與基本工資掛鉤的必要？或者，可否將之納入最低工資法（草案）規範？實有檢討的必要。

第二項　基本工資的結構／計算（項目）

首先一言者，基本工資所重者，並非其結構／計算（項目）為何，而是其以一定期間為準所特定的金額。至於此一金額的擬定，則是由基本工資審議機構按照一定的參考指標[42]，以團體的利益、科學的態度及政治的決策綜合衡量後所決定，故其具有政治性工資的性質，與經濟性性質的市場工資形成對比。並且以此一法定的特定金額，作為勞雇雙方所約定工資的審查基準。後者的組成，可能有底薪、津貼、獎金等項目，只要總額達到基本工資的數額，即屬合法。基本工資並非僅以底薪作為量定對象【案例1(1)】。惟由於雇主多有以基本工資為勞工之工資者，所以，乃會形成基本工資由底薪及其他獎金津貼組成的現象[43]。

---

[38] 這是一個短片報導，由於無工作機會，一位阿富汗母親餵食小孩鴉片，趁其昏睡中到他人處打工掙錢。

[39] 基本工資調升，甚至對於中央勞政機關有關於決定職業工會工人之勞保最低投保薪資，是否也要向上調整發生影響。行政院勞工委員會100年12月6日勞保2字第1000140436號函、台灣台北地方法院103年度簡字第88號行政判決參照。

[40] 行政院勞工委員會100年3月8日勞保1字第1000140032號函、行政院勞工委員會100年3月8日勞保1字第0990140482號函參照。

[41] 這麼一來，技術生的保障反而不如建教生，因為勞基法第69條第1項並無準用工資之規定，而只是在第2項中規定：技術生災害補償所採薪資計算之標準，不得低於基本工資。

[42] 依據基本工資審議辦法第4條規定，「基本工資審議委員會為審議基本工資，應蒐集左列資料並研究之。一、國家經濟發展狀況。二、薑售物價指數。三、消費者物價指數。四、國民所得與平均每人所得。五、各業勞動生產力及就業狀況。六、各業勞工工資。七、家庭收支調查統計。」

[43] 最高法院106年度台上字第1824號民事判決參照。

　　有問題者，對於此一「一定期間」，勞基法第21條並未規定，基本工資審議辦法同樣並無規定。在此，所謂「一定期間」包括適用期間、適用時點及給付計算期間而言。前者，台灣自基本工資施行以來並非採取固定期間（例如一年）的調整，而是不固定期間的調整，完全視基本工資審議委員會的審議結果及中央政府的宣布而定。最長曾經有超過十年始調整者[44]，其次，則是將近十年才調整[45]，最短者則是一年調整一次。其次，在適用時點上，也並非採取固定日期起實施，在1978年11月29日發布，自12月1日起實施，調整基本工資為每月2,400元，每日80元，在這之前甚且未明定施行日期。而自2010年9月29日發布，自2011年1月1日起實施，調整基本工資為每月17,880元，每小時98元。之後，不問適用期間為何、也不問是月基本工資或時基本工資，每次的適用時點均固定為當年的1月1日[46]。

　　所以，台灣多年來存在著「每月、每日、每小時」基本工資交錯的現象，其實只是針對給付計算期間而言。其並且分別由中央政府、中央勞政機關發布的情形。即使在勞基法施行之後，中央勞政機關「1986年10月27日發布，自11月1日起實施，調整基本工資為每月6,900元，每日230元」，也存在著「每月、每日」基本工資。而後，中央勞政機關「1992年8月13日發布，自8月1日起實施，調整基本工資為每月12,365元，每日412元，每小時51.5元」，則是同時存在「每月、每日、每小時」基本工資。之後，在「2007年6月22日發布，自7月1日起實施，調整基本工資為每月17,280元，每小時95元」，則是轉變為「每月、每小時」基本工資，並且分次或合一發布調整。這一切，實際上均無勞基法的授權，而是中央勞政機關的行政行為。這在基本工資審議辦法1985年3月21日發布施行後，同樣並無「每月、每日、每小時」基本工資類型的規定，只是，基本工資的擬定較為法制化而已。亦即：經過法定的機構、按照一定的程序擬（訂）定，而後透過行政命令公告，以作為適用行業或工作者的遵守基準。之後，並且經過法定的程序調整（升）、公告，而影響工資的總額與

---

[44] 依據行政院1968年3月16日發布的「基本工資暫行辦法」，調整基本工資為每月600元，每日20元。之後，直至1978年11月29日發布，自12月1日起實施，調整基本工資為每月2,400元，每日80元。

[45] 行政院勞工委員會1997年10月16日發布，自10月16日起實施，調整基本工資為每月15,840元，每日528元，每小時66元。之後，直至2007年6月22日發布，自7月1日起實施，調整基本工資為每月17,280元，每小時95元。

[46] 在2021年尚在立法程序中的最低工資法草案第12條已經規定，「前條審議通過之最低工資於次年一月一日實施。但審議會認有必要者，得另行決定實施日期。」

結構（尤其是推升底薪）。勞動契約所約定之工資之給付日期與方法，也適用於基本工資。

所以，相對來講，2021年尚在立法程序中的最低工資法草案，其第4條第1項規定，「最低工資，分為每月最低工資及每小時最低工資。」將「一定期間」明確化與類型化，實係正確之舉。惟不足的是，並未明定「每月最低工資」與「每小時最低工資」的計算方法或所應考量的因素，所以，可能仍留由中央行政機關以解釋的方式，說明「每月最低工資」與「每小時最低工資」的金額是如何而來。尤其是，將本來就應由雇主負擔的「例假」、「休息日」工資，折入基本工資「時薪」中[47]。

其次，基本工資請求權係一與基於勞動契約、企業習慣或團體協約而生的工資請求權並行的法定權利。其無待於勞動契約或團體協約特別規定，即已當然存在（依據勞基法及其施行細則規定）[48]。惟這並非謂勞工當然得向雇主請求給付基本工資或基本工資當然成為勞動契約的內容，而是勞動契約中必須有「工資」的約定，始會與基本工資發生連結，而在契約所約定的工資低於基本工資時，發揮基本工資法定的強制的效力。這表示：勞動契約並無工資的約定或約定無效時，勞雇雙方應依據民法第483條確定其工資數額。果如此，「未定報酬額者，按照價目表所定給付之；無價目表者，按照習慣給付。」（民法第483條第2項參照）其或者為「價目表」（例如參照團體協約所約定者）的工資、或者為企業習慣之工資，這些都是市場工資，而非基本工資。

若勞動契約或團體協約規定的工資低於基本工資（包含基本工資調升後而超過原來勞動契約或團體協約所約定工資額度的情形），即適用基本工資（的金額）[49]，這也包括例休假日、休息日雇主繼續給付工資的情形[50]。亦即勞工擁有一工資差額請求權（Differenzvergütungsanspruch）[51]。其

---

[47] 此一意見，並未見於勞動部的函釋中，而是在其有關「時薪制勞工的權益」有關基本工資的說明中，其法律效力似有疑義。

[48] 或可稱為「備而不用」。另外，團體協約也可以約定較法定基本工資為高的「約定基本／最低工資」。

[49] 勞動部2018年11月30日最低工資法草案第4條第4項參照。

[50] BAG v. 6.12.2017, NZA 2018, 582 f.

[51] BAGE 155, 202 = NZA 2016, 1327 = AP MiLoG § 1 Nr. 1 Rn. 22 mwN. BAG v. 17.1.2018, NZA 2018, 782 Rn. 12. 在台灣，2020年立法中的最低工資法草案第4條第4項亦是規定，「勞雇雙方議定之工資低於本法所定最低工資者，以本法所定最低工資為其工資數額。」只是，勞基法第21條第1項但書僅規定，「但不得低於基本工資。」並無最低工資法草案第4條第4項或工資差額請求權的規定，立法體例／制上反而存在嚴重的漏洞。

是以工資（勞務的對價）為計算項目（此稱為基本／最低工資的**滿足功能** Erfüllungswirkung），並不及於非工資的獎金津貼或福利。且其並不問事業單位的盈虧，一體適用之。另外，也不問勞工工作時間的狀況如何[52]、工作時的周遭環境如何、以及工作是否有成果。故基本工資作為勞務的對價，係法定的（必須參考一定的指標訂定），而非如一般勞務對價的工資係由勞雇雙方約定的合理工資。中央勞政機關甚至將基本工資的計算（項目）予以明定（勞基法施行細則第11條下半句參照）。惟基本／最低工資委員會對於基本／最低工資的審議，並不及於基本／最低工資的組成／結構／要素。

　　也就是說，依據勞基法施行細則第11條規定，「本法第二十一條所稱基本工資，指勞工在正常工作時間內所得之報酬。不包括延長工作時間之工資與休息日、休假日及例假工作加給之工資。」意即基本工資包括正常工作時間及休息日、休假日及例假（無須工作）所得之報酬。而不包括延長工作時間之工資與休息日、休假日及例假工作加給之工資。這一定義向稱明確，但卻非無爭議。尤其是未將休息日、休假日及例假（未工作）所得之報酬排除，似與上一句話「在正常工作時間內所得之報酬」互相矛盾，蓋休息日、休假日及例假（工作）並無正常工作時間可言。究竟應以上半句為準？或下半句為準？似乎有待釐清。只不過，勞工果然在休息日、休假日或例假工作，則雇主所加給之工資，本為勞務的對價而應納入基本工資計算（所謂「工資理論」）[53]，但第11條下半句卻將之排除，此似又有疑義。整體而言，納入基本工資的給付金額雖然正確，但條文規定的「納入對象」卻是錯誤的。

　　至於所謂「在正常工作時間內所得之報酬」，係指在法定正常工作時間內「因提供勞務」所得之報酬（所謂**「正常工資理論」**）。由於每日法定正常工時不得超過八小時，因此，應可解釋為「因實際工作八小時時數而獲得之報酬」。具體而言，這是「日基本工資」或「時基本工資」的概念，且以實際的工作時數為準（例如法定或約定日工時八小時，如勞工實際只工作七小時，基

---

[52]　例如是夜間工作或輪班工作。

[53]　德國聯邦勞工法院對於例休假工作津貼／附加費（Zuschlag），即是採此見解。BAG v. 17.1.2018, NZA 2018, 781 ff.其所謂的津貼／附加費，係指勞工在例休假工作，可獲得按工資一定比例的加乘額度（例如25%的）給付。德國工作時間法第11條並未規定雇主應給予例休假工作的勞工特殊給付的義務（此與勞基法第39條勞工例休假工作，工作加倍發給，尚有不同），而是在第3項規定應給予補休（Ersatzruhetag）。所以，在德國實務上，勞雇雙方係（在補休之外）自由約定例休假工作之津貼／附加費數額。

本工資即以七小時計算[54]）。惟約定正常工作時間應該也要遵守基本工資的限制。只是，無論是變形工時的（勞基法第30條之1第1項第2款）或特殊工作者（勞基法第84條之1）的正常工作時間，應該都不適用，而應回歸到每日正常工時不得超過八小時的限制。以特殊工作者而言，如約定工作時數超過法定正常工作時數時，工作者之基本工資應按時數增給[55]。另外，此一規定與勞基法第2條第3款之「因工作而獲得之報酬」尚有不同，後者尚包括因延長工作時間而獲得之報酬（加班費）。依本書所見，在正常工作時間內「因提供勞務」所得之報酬雖是「日基本工資」的概念。但是，時薪制及月薪制的基本工資亦應同樣適用。所以，如果將休息日、休假日及例假（未工作）所得之報酬作為基本工資計算有疑義，則時薪制的基本工資將休息日、休假日及例假（未工作）所得之報酬換算而來，同樣會有疑義[56]。

　　由此可知，「在正常工作時間內所得之報酬」必須為雇主根據雙務契約所應給付之報酬。包括生產獎金、全勤獎金、膳宿、水電費用等實物[57]，以及夜間工作津貼、輪班工作津貼。至於交通津貼、準備工作津貼、待命津貼、休息津貼、值班津貼等，原則上均非工資性質。針對一位同意降低契約所定的例休假日及夜間工作津貼者，雇主為了補償而不問其每月工作的範圍或時間，給予同樣額度的一次性維持生活津貼（Besitzstandszulage）作為勞務對價的一部分者，其能作為滿足法定最低工資之用[58]。但如果不問勞工有無提供勞務或者基於特殊的法定的目的[59]，雇主所應為之給付，即不符合基本工資的滿足功能[60]。這樣看來，勞基法第24條規定正常工作日的延長工時工作加給，符合特殊的法定目的，故不納入基本工資計算應屬正確。只是，如前所述，勞基法施

---

[54] 如果以比較法來看，德國的最低工資法係以每小時為計算基準，即時薪制的最低工資，而台灣卻尚有月薪制的基本工資，此是否無疑？或者說符合基本／最低工資的法理？也就是說，一概回歸時薪制的基本工資或最低工資制度？

[55] 行政院勞工委員會98年5月26日勞動2字第0980013030號函、行政院勞工委員會101年5月22日勞動2字第1010131405號函參照。

[56] 請參閱勞動部2015年5月6日有關時薪制基本工資的說明。

[57] 這表示扣除這些費用後，勞工於正常工作時間內所得之工資總額，仍未低於基本工資，即屬合法。

[58] BAG v. 6.12.2017, NZA 2018, 582 ff.

[59] 例如德國工作時間法（ArbZG）第6條第5項的夜間工作津貼／夜間工作附加費（Zuschlag）。與此不同的是，例休假日工作津貼／附加費，則是計入最低工資之內。

[60] BAGE 155, 202 = NZA 2016, 1327; BAG v. 6.12.2017, NZA 2018, 583.

行細則第11條下半句卻將非勞務的對價或與工作表現無關的目的之給付予以納入基本工資、而將勞務對價的加給排除，形成「納入的金額正確、但納入對象錯誤」的情形，實有待檢討。或許，我國所重者，是雇主在休息日、休假日及例假（未工作）仍需給付勞工報酬，而不問該「報酬」的本質為何。

如從比較法觀之，本於**工資喪失原則**（Entgeltausfallprinzip），勞工在例休假日未工作，本無工資請求權。德國雇主係依據工資續付法（EFZG）第2條第1項規定，給予勞工社會性給付[61]。也就是說，不僅非勞務的對價（即勞工未工作也能獲得給付）不納入最低工資，即與工作表現無關的、具有特定法律目的之給付亦不納入。雇主所為者為社會性給付，係獨立於最低工資之外。另外，工作時間法（ArbZG）第6條所定之夜間工作津貼（Nachtzuschläge），由於具有特殊的目的，所以亦不納入最低工資計算[62]。另外，無論是特別休假工資（Urlaubsentgelt.這是指勞工行使特別休假而由雇主繼續受領的給付／補償）或特別休假補助（Urlaubsgeld.這是指雇主為鼓勵勞工行使特別休假，而在勞工實際休假時另外給與的補助），兩者都是跟隨著特別休假請求權而產生，其並非勞務的對價，而是具有與勞務無關的特有的目的，故其與最低工資無關，也就是不納入最低工資計算[63]。法院間並且有認為「特別休假之設計，旨在提供勞工休憩、調養身心之機會，並非用以換取工資，是雇主於年度終了就勞工未休畢特別休假給與之金錢，當非勞工於年度內繼續工作之對價，僅能認係補償勞工未能享受特別休假所給與之代償金，亦不具備經常性，與勞基法所規定工資意義不同，自非屬工資性質。」[64]

只是，我國並無雇主的社會性給付觀念。而是重在雇主應繼續給付（所得替代），而不問其是否為勞務對價之本質。所以，以下數項的計入基本工資即有討論的空間[65]：一、特別休假工資。此係採取與例假、休假同樣的思考邏輯與處理方式（勞基法第39條本文）。即使是雇主為鼓勵勞工特別休假所提供的額外津貼，應該都可以列入基本工資計算。勞工請假規則中之各種有薪休假

---

[61]　BAG v. 20.9.2017, NZA 2018, 53 ff.; BAG v. 6.12.2017, NZA 2018, 582 ff.

[62]　BAG v. 25.4.2018, BAGE 162, 340 = NZA 2018, 1145 Rn. 28; v. 16.10.2019, NZA 2020, 237, 242.

[63]　BAG v. 20.9.2017, NZA 2018, 53, 55. Vgl. Dazu BAG, NZA 2014, 1136 = AP BUrlG § 11 Urlaub-sgeld Nr. 24 Rn. 24 ff.惟針對特別休假工資，勞基法施行細則第11條下半句卻是持肯定的見解。

[64]　最高法院107年度台上字第587號民事判決參照。

[65]　楊通軒，個別勞工法：理論與實務，第六版，2019年7月，頁97以下。

（婚假、喪假、普通傷病假（含生理假、安胎假）[66]、工傷病假、公假），以及性別工作平等法中的產檢假、陪產假，也是做同樣的處理。二、產假工資。此一產假工資請求權，係基於母性保護的禁止僱用理念而來，希望給予母性勞工在生產前後充分並且有效的休息，並蘊含照顧嬰兒之用意。與上述各種假別工資相同者，都是無須提供勞務。而且，這些工資或津貼，與勞工因其具有一定的職業的地位而獲得者相類似，例如其本身所具有的較佳的資格能力、是否擔任管理職的職位（主管加給）、以及年資的長短（久任獎金即與此有關。所以，勞基法施行細則第10條第2款將其列為非工資的一部分，似非無疑）等。三、僱傭契約所約定的第十三個月或第十四個月，或者甚至更多月數的工資。只要雙方或雇主未言明是年終獎金、年節獎金等，即可平均分散到每個月，作為基本工資的一部分之用。惟其仍需具有（抽象的／制度性的）經常性／長期性、按比例給付性（anteilig）及不可撤回性等性質[67]。所以，以年終獎金而言，在我國屬於恩惠性的給付，而且也欠缺此一「不可撤回性」的特質，故不能計入基本工資。四、團體協約的一次給付／一次金（Einmalzahlung）。此是針對原團體協約到期後，到協商完成新的團體協約，可能已經過一段時間，勞雇團體約定「一次給付／一次金」的方式，給予全體會員（不分其職級與薪資的高低）數額相同的給付，以填補該空窗期未調薪的損失[68]。其目的亦係在勞務與工資的交換關係中，作為調薪之用。此種「一次給付／一次金」，亦應按照團體協約施行的期間，按比例地分散到每月的工資裡，亦即計入基本工資。五、辛苦或高溫津貼等。依據職業安全衛生法第19條規定，雇主不得使在高溫場所工作之勞工每日工作時間超過六小時；對於在異常氣壓等具有特殊危害之工作，應規定減少工作時間。對於違反該規定者，並應依同法第43條第2款處以新台幣3萬元以上30萬元以下罰鍰。顯然，我國對於此類在特殊環境工作的勞工，係以減少工作時間的方式因應。不過，是否能符合或滿足業界及勞工的

---

[66] 只是，依據中央勞政機關的見解，「勞工普通傷病假全年未超過三十日部分，工資折半發給。上開工資折半發給期間應不列入計算平均工資。各事業單位應於勞動契約、團體協約或工作規則中明定。」此一見解只在經由解釋的途徑，將工資折半發給期間排除在平均工資計算期間之內而已，其並未否認「工資折半發給」的部分，仍然計入基本工資計算。依據本書見解，此一解釋已經逾越勞基法施行細則第2條規定之外，其適法性頗令人懷疑。正確途徑，應係將之修法納入該條規定的項目之內。或者，更佳的處理方法是，修法給予普通傷病假的勞工「工資全額給付」，如此自然無不列入平均工資計算之問題。

[67] EuGH, Slg. 2005, I-2733 = NZA 2005, 573 Rn. 31 – Kommission/ Deutschland.

[68] BAG v. 18.4.2012, NZA 2012, 391.

需要？並非無疑。或許，另外可以思考的是提供此類勞工辛苦或高溫津貼，以彌補勞工在超出一般工作外的艱難環境下的精神與體力的負擔（類似的規定，請參閱勞基法第54條第2項）。果能如此，則同樣基於彌補的理由，此一辛苦或高溫津貼不應計入基本工資。（與此不同的是，假設非屬職業安全衛生法第19條規定所列之特殊環境工作，即客觀上只是一般性的工作，而雇主卻有此類辛苦或高溫、低溫津貼之設計，則基於功能的等價／值性理論，仍應將該項給付計入基本工資之中。例如清洗或清潔高鐵或台鐵車廂或營業用客貨車所得之勞務對價（Verkehrsmittelzulage）。在此，並不問雇主主觀的意志為何，而是以客觀的事實為準[69]。）

第三項　以基本工資作為量定基礎／準

一、針對勞工有薪休假的給付？

假設勞工因例假、休息日、國定假日、特別休假日、普通傷病或職業傷病等無須工作，立法者基於補償或社會給付之意，而要求雇主繼續給薪，則其薪資額度應如何量定？對此，企業界多有以底薪／本薪給付（一般係指扣掉未實際工作日之相關費用，包括交通津貼、伙食津貼等）者。或者，雙方約定以基本工資為底薪，並且以之支付者。此究竟有無問題？先以底薪／本薪給付而言，由於交通津貼、伙食津貼為福利或補助的性質，且以勞工實際出勤為前提，故扣除此一部分給付應屬無疑[70]。

其次，似應區分勞雇雙方所約定之工資，係較基本工資為高、相等或較低而定。以勞雇雙方約定較基本工資高的市場工資而論，依據勞基法第39條前段規定，「第三十六條所定之例假、休息日、第三十七條所定之休假及第三十八條所定之特別休假，工資應由雇主照給。」其所謂的「工資」，立法原意似指契約所約定之原工資額度而言。此在特別休假部分，依據勞基法施行細則第24條之1第2項一、發給工資之基準：（二）「前目所定一日工資，為勞工之特別

---

[69] 德國實務上所承認的特殊辛苦的工作條件，包括有：必須穿戴人身保護配備的工作、屋頂灰塵清洗工作、使用放射性物質清洗房屋立體石子作業、高壓作業、封閉的特殊污染場所的清洗作業等。其與台灣職業安全衛生法第19條的規定不盡相同。這似乎隱寓著我國的特殊艱辛的工作，仍然有調整的空間。BAG v. 18.4.2012 – 4 AZR 139/10, NZA 2013, 395.

[70] 連帶地，勞工保險及就業保險的投保薪資似乎亦應做連動調整。

休假於年度終結或契約終止前一日之正常工作時間所得之工資。其為計月者，為年度終結或契約終止前最近一個月正常工作時間所得之工資除以三十所得之金額。」似可窺知之。因此，並無以基本工資作為量定基礎／準的餘地。

惟相對地，如果勞雇雙方係約定以基本工資作為其工資額度，或者雙方所約定的工資低於基本工資，則勞工因例假、休息日、國定假日、特別休假日、普通傷病或職業傷病等無須工作，其工資係以基本工資加以量定。附帶一言者，勞工如係因可歸責於自己之事由而未工作（例如事假、曠職），則自不得要求未工作期間雇主仍須給付基本工資。

二、針對工資性質的給付？

所謂工資性質的給付，係指為勞務之對價、且具有經常性者而言。勞基法及其施行細則並無規定具體名稱／目，而是由勞雇雙方針對個別狀況，而約定薪資（例如底薪）或津貼或獎金（例如績效獎金）的名義。此與勞基法施行細則第10條規定各種不同名目的非工資給與者，正異其趣。所以，事業單位與其所僱用員工間有關各種名義的薪資或津貼或獎金的給予，其是否為工資的本質，主要是見之於中央勞政機關的函釋及法院的裁判中，例如交通津貼、伙食津貼、「輪班津貼」或「夜勤津貼」[71]等。惟此類津貼即使為工資，但勞基法等勞動法令並未規定其是按時或按次（趟）為計算基準，亦未要求必須以不得低於基本工資作為給付標準。以「輪班津貼」或「夜勤津貼」而言，其並非延長工時工資（加班費）的性質，而是雇主體恤勞工輪班工作或夜間工作的辛苦，按工資的一定比例或按次（趟）所給與的一定金額加給【案例1(3)】。

如以比較法來看，對於夜間工作的勞工，由於夜間休息對於人體是不可或缺的，而且勞動醫學上也證明對於人體有害及有不利的影響[72]，所以，德國工作時間法（Arbeitszeitgesetz, ArbZG）第6條第5項規定，雇主應給予適當的有薪補休或按工資的適當的比例的夜間工作津貼。實務上，大多在團體協約中約定一定比例的加成，例如原本時薪的25%（或對長期的夜間工作30%）。有問題的是，團體協約可否區分不同類型的夜間工作，而規定不同加成比例的夜間工作津貼？例如輪班制夜間工作15%與一般的夜間工作50%、或者規則性的夜間工作15%與不規則性的夜間工作50%？對此，聯邦勞工法院認為係非法的差別

---

[71] 行政院勞工委員會94年6月20日勞動2字第0940032710號令參照。

[72] BVerfG v. 28.1.1992, BVerfGE 85, 191~214.

待遇，並且採取「向上調整Anpassung nach oben」的做法，即以較高的加成比例50%爲準[73]。

此一夜間工作津貼是否具有特定的法律目的而不符合最低工資滿足的功能？此在聯邦勞工法院較早期的判決中，並未特別加以探討，而是傾向否定見解。亦即：由勞雇雙方在勞動契約或團體協約中約定具體的比例，例如時薪爲10歐元，夜間工作津貼爲每小時2.5歐元，合計12.5小時。亦即其比例爲1：1.25。雖然有勞工主張夜間工作津貼部分不得低於最低工資（在2015年爲每小時8.5歐元），惟聯邦勞工法院採取否定見解。其認爲最低工資法並未直接規定夜間工作津貼的額度，而是讓由勞動契約或團體協約自行約定[74]。所以，只要勞雇雙方所約定的工資及夜間工作津貼合計起來並未低於最低工資，即屬合法。這也就是說，雇主得將夜間工作津貼計入最低工資中。

惟，如上所述，在較近的判決已轉向肯定見解，亦即：工作時間法（ArbZG）第6條所定之夜間工作津貼（Nachtzuschläge），由於具有特殊的目的，所以不納入最低工資計算[75]。這表示：原本夜間工作的時薪，即必須符合最低工資的額度。

與夜間工作津貼有點類似的是：外勤勞工（例如冷氣維修工人）往返客戶間服務的通勤時間，雇主應給付津貼。通勤時間（尤其是開車時間Fahrzeit）與契約所約定的工作內容，整體（eine Einheit）構成契約的主要給付義務（Hauptleistungspflicht）。從勞工住居所前往第一個服務的客戶、從一個客戶到另一個客戶，以及從最後一位客戶回住居所的通勤時間，均屬雇主應給付工資的時間。在雙務契約下，勞工所負之服勞務之義務，除了契約所約定的工作內容外，尚包括其他與工作內容或其執行的方式有直接關聯的勞務或措施（Maßnahmen）。這些都是雇主基於指揮命令要求勞工所爲者。所謂的「工作」，係指任何能滿足他人需要的勞務。雖然如此，針對此一通勤時間，勞動契約或團體協約得約定與原工作內容不同的工資額度，只要通勤時間的津貼與原來工作內容的工資合計不低於最低工資即可[76]。

而在週日／例假日及國定假日工資或津貼（Sonn- und Feiertagszuschläe）

---

[73]　BAG v. 21.3.2018, AuR 2018, 485; Soost, Angemessener Ausgleich für Nachtarbeit? AuR 2020, 489.

[74]　BAGE 155 = NZA 2016, 1327; BAG v. 20.9.2107, NZA 2018, 56.

[75]　BAG v. 25.4.2018, BAGE 162, 340 = NZA 2018, 1145 Rn. 28; v. 16.10.2019, NZA 2020, 237, 242.

[76]　BAG v. 18.3.2020, NZA 2020, 868, 869 f. Rn. 14~18; BAG v. 25.4.2018, NZA 2018, 1211 ff.

部分，是否應遵守基本／最低工資的基準？或者應在基本／最低工資之外另行給付工資或津貼？在此，先就週日／例假日工資而言，由我國勞基法施行細則第11條下半句「不包括……例假工作加給之工資。」的反面解釋，可知應遵守基本工資的基準。而如果是德國法上的週日／例假日及國定假日津貼（Sonn- und Feiertagszuschläe），由於在工作時間法並無週日／例假日及國定假日工作應給付津貼的特別規定（此與夜間工作津貼不同），而是只有應給與補休的要求（§ 11 III ArbZG），可知其並無特殊的法律目的。所以，其雖為工資的性質，但得由勞雇雙方自行約定加成的比例（Zuschlag附加費）或金額，而且，只要將津貼與週日／例假日及國定假日工資合併計算不低於最低工資即可。在此，並非謂勞雇雙方所約定的「週日／例假日及國定假日工資」部分或「津貼」部分，必須各自達到最低工資金額的要求始可。

其次，在國定假日工資部分，是否應符合基本／最低工資的要求？此如依我國勞基法施行細則第11條下半句「不包括……休假日……工作加給之工資。」的反面解釋，應持肯定的見解。即其只排除休假日工作加給之工資計入基本工資而已。本書以為此一規定似有問題。正確而言，基本／最低工資既是在正常工作時間內所得之報酬，其即是勞工提供勞務的對價。而勞工在休息日、休假日及例假無須工作即可獲得工資給付，並非基於基本／最低工資法令的規定，而是社會給付或工資續付的法理而來。

同樣地，在德國，針對勞工在國定假日的工資給付，亦非直接根據最低工資法（Mindestlohngesetz, MiLoG），而是基於工資續付法（Entgeltfortzahlungsgesetz, EFZG）第2條第1項規定而來。也就是說，勞工必須有實際的工作時間，始得主張最低工資法所規定的工資權利。針對勞工未工作的情況，最低工資法並未直接給與一工資請求權。而是，根據工資續付法第2條第1項，勞工因國定假日而無須工作，雇主應以其當日如工作而能獲得的工資數額給付之，此稱為工資喪失原則（Entgeltausfallprinzip）。此一「當日如工作而能獲得的工資數額」，也包括最低工資。所以，勞工遂得對該國定假日向雇主主張給付最低工資[77]。只不過。此一最低工資僅具有補充效力而已，如勞工得以其他的法律理由主張較高的工資數額，最低工資法即無適用的餘地（此稱為「**最低工資的補充功能**」）。

---

[77]　BAG v. 20.9.2107, NZA 2018, 53, 55.

三、針對非工資性質的獎金或津貼額度？雇主自由量定？

　　承上而來，如果是非工資性質的獎金或津貼或其他名義的給與，例如勞基法施行細則第10條第1款的紅利、第2款的獎金或第3款的節金等，其額度是否仍應受到基本／最低工資的限制？並非無疑。蓋，除非勞雇雙方另有約定或雇主所爲之給與違反歧視禁止原則外，由於基本／最低工資係針對正常工作時間的報酬，雇主得自由量定各種非工資給與的額度。換句話說，假設雇主得任意性地決定不發給勞工非工資給與，則舉重以明輕，其應得自由決定給與的額度。

第三節　工資非福利原則／工資與福利分立原則

第一項　工資給付強制原則

　　雇主給付予勞工的工資總額，最主要是由狹義的工資與津貼、獎金所組成。從本質上來看，前者爲強制性，後者則爲任意性，可稱爲福利給付任意原則。可以說，勞基法第21條～第28條之強制性的規定，原則上係針對前者而言。只不過，當勞雇雙方對於津貼、獎金或其他福利性給付達成合意時（例如勞動契約約定保證年薪十四個月），除非雇主附有保留或撤回條款，否則，勞工即擁有給付請求權，雇主不按期給付時，主管機關得限期令其給付（勞基法第27條參照）。所以，如果勞雇雙方未對津貼、獎金或其他福利性給付有所約定，則雇主即得自由決定是否給與；同樣地，勞雇雙方亦得約定由雇主單方自行決定。

　　一般以爲勞基法第29條爲任意性的規定。蓋，雖然「對於全年工作並無過失之勞工，應給與獎金或分配紅利」，但雇主如未遵從，並無罰則可言。惟實際上該條文係半強制性的規定，符合條件的勞工擁有一私法上的權利，得要求雇主按照（法定的或企業所定的）一定的標準給與獎金或分配紅利。至於雇主所爲之任意性的津貼、獎金或其他福利，一般具有如下之特徵，即：其得自由決定是否給付、其所欲達成的目的爲何、其所準備支出的總金額爲何，以及哪些員工應該被納入適用。

第二項　津貼獎金補充原則

　　工資非福利原則，或可稱爲津貼獎金補充原則。即雇主所爲之各種給付，即使其名目爲津貼或獎金，原則上推定爲工資。本來，依據勞基法施行細則第7條第5款「津貼及獎金」、第10條第2款「獎金」與第9款「差旅津貼」，其爲非工資的性質。只不過，依據勞基法第2條第3款的立法定義，「工資：指勞工因工作而獲得之報酬；包括工資、薪金及按計時、計日、計月、計件以現金或實物等方式給付之獎金、津貼及其他任何名義之經常性給與均屬之。」顯然，立法者以爲只要是勞務的對價，即使以津貼或獎金的名義給付，亦無法改變其本爲工資的性質。此所以一旦勞工主張津貼或獎金實爲工資，即推定爲工資，惟雇主得舉證推翻之[78]。而勞動事件法第37條「勞工與雇主間關於工資之爭執，經證明勞工本於勞動關係自雇主所受領之給付，推定爲勞工因工作而獲得之報酬。」其所謂「本於勞動關係自雇主所受領之給付」，雖然較津貼及獎金的範圍廣，但仍然主要係圍繞在津貼或獎金的項目上。其應無意將之擴充及於社會給付（尤其是勞保給付）。惟，不可否認的是，勞基法施行細則第10條所規定之除津貼或獎金外的給付，雖然均非工資，但因其皆爲「本於勞動關係自雇主所受領之給付」，似乎即會受到勞動事件法第37條之影響。所以，無論福利（獎金、津貼）的本質是否爲工資、甚至其額度，似乎難免勞動法庭的審查。雖然如此，解決之道，在於尊重立法者所做的規範選擇，並且給予雇主較大的決定權限。另外，不宜混淆的是，雇主並不得依勞動事件法第37條規定，而主張其所爲給付之「工資」，實際上並非因工作而獲得之報酬，僅爲津貼或獎金而已。此從立法理由說明，即可知之。

　　其實，在津貼獎金補充原則中，所涉及者，絕大部分爲獎金。此從勞基法施行細則第10條第2款的獎金種類繁多，甚至有「其他非經常性獎金」的概括規定，賦予雇主決定給予獎金的自由[79]。相對地，針對津貼卻僅有差旅津貼一項設計，似乎有意採取限縮的立法。另外，勞基法第29條亦有「對於全年工作並無過失之勞工，應給與獎金或分配紅利。」的獎金規定。可知，雇主如有

---

[78]　對此，可參閱最高行政法院106年度判字第501號行政判決。

[79]　依據最高行政法院101年度判字第595號行政判決：「所謂工資係指勞工因工作而獲得之報酬而言，凡與工作不具對價性，屬於雇主爲勉勵、恩惠目的所給與之獎金，不論其名義、金額多寡及過往曾否中斷，因其給付與否可由雇主單方意思決定，均不屬經常性給與之工資範疇，政府機關每年度發給僱用員工之年終獎金及考成（核）獎金，乃屬對員工慰勞及勉勵之性質，原得由機關單方撙節政府財政狀況等各種因素決定發與之數額。」

意以特定原因提供獎勵性給與，應該根據第2款「其他非經常性獎金」的概括規定，用特定名義獎金的方式爲之。至於津貼部分，除非法令有特別明文規定，例如差旅津貼，否則，既然名爲「津貼」，實際上是給與勞工額外的補償，性質上較近於工資。此在差旅津貼，本來即爲工資的性質（對於出差者，在原領工資外，補償其出差的辛苦），只是因出差爲原來工作的延伸，勞基法又無強制要求雇主必須給付差旅津貼，因此，爲鼓勵雇主多提供此類津貼，再加上其爲「一時性的給與」，不符合經常性給與的要求，故將其列入勞基法施行細則第10條之非工資給與而已。這也意謂：其他的津貼給付（例如海外津貼Auslandszulage），原則上應將之認定爲工資。

　　津貼獎金的補充功能，尚發揮在調薪的階段。也就是說，雇主所爲的一定總額給付（工資總額），最主要是由工資、津貼、獎金所組成。由於狹義的工資始爲計算延長工時工資、投保薪資、勞工退休金提撥等的計算基礎，因此，即有雇主會考慮以津貼或獎金之名迂迴工資之實的違法行爲。此所以應經由認定的途徑解決之。有問題的是，如果確屬合法的獎金或恩惠性的給付（例如勞基法施行細則第10條第3款之節金），則雇主得否經由勞動契約約定或勞工的同意，而將之折算爲調薪工資的一部分？對此，本書持否定的見解，蓋此已喪失調薪的原意，而且津貼、獎金或恩惠性給與都有其特有的目的，與工資具有分工的功能，不應加以混淆或混合使用。倒是，如果團體協約規定一定額度的津貼、獎金或恩惠性給與，惟勞動契約約定較高的額度時，亦即優於團體協約，基於有利原則固屬有效（團體協約法第19條參照），而且，勞動契約應可約定高過團體協約的部分，將來作爲折算調薪之用[80]。

　　再一言者。勞動契約所約定之工資額度，除了可高於團體協約工資之外，如果團體協約有開放條款（Öffnungsklausel）的約定，亦可低於團體協約工資。我國團體協約法第19條但書「異於團體協約之約定，爲該團體協約所容許」，即爲開放條款的規定。另外，在團體協約餘後效力（團體協約法第21條參照）期間，勞動契約亦可約定低於團體協約工資[81]。

---

[80]　MHdB ArbR/Krause § 60 Rn. 60.

[81]　MHdB ArbR/Krause § 60 Rn. 61.

第三項 經常性之獎金即為工資？

上述有關工資與福利（獎金、津貼）的分野，實應由法院及中央勞政機關設立具體的分辨標準，以為各界遵循之用。最後，依據勞基法施行細則第10條第2款之「其他非經常性之獎金」，實務界與學術界多有將之反面解釋為如是「其他經常性之獎金」，即為工資。此似非無疑。蓋第10條本文「本法第二條第三款所稱之其他任何名義之經常性給與係指左列各款以外之給與。」實際上即是在排除「其他任何名義之經常性給與」。因此，第2款之獎金，只要具有明確的目的，即使是經常性給與，亦非工資可言。何況，所謂「其他非經常性之獎金」，究竟是是指何種獎金（Gratifikation）？實務上的具體例子為何？

第四節　工資平等原則與變動工資原則

第一項　工資平等原則

一、工資平等原則之適用對象

工資平等係工資正義與分配正義的要素。相較於基本／最低工資屬於絕對的工資額度的規定，工資平等係針對特定勞工族群／特徵間的工資關係，屬於相對的工資額度的規定。在台灣，並無一體適用於所有勞工（族群）的工資平等原則，至於就業服務法第5條第1項也僅是勞動市場的禁止歧視規定，並非勞動法上的平等待遇原則，相關的勞工族群並不得依之請求工資平等待遇。也就是說，受到工資差別待遇的勞工，並不得引用於就業服務法第5條第1項，要求雇主給付其給予受到優待的勞工的工資差額。所以，目前工資平等原則之適用對象只針對不同性別或性傾向（性別工作平等法第10條，簡稱性平法）、身心正常者與身心障礙者（身心障礙者權益保障法第40條第1項參照）、以及中高齡勞工或高齡勞工（中高齡者及高齡者就業促進法第12條第2項第3款參照）而已。至於其他族群或特徵間（部分工時勞工與全部工時勞工、定期契約工與不定期契約工、派遣勞工與要派機構正職勞工[82]等），是否亦有工資平等之適用？或者說，其有無工資正義與分配正義的問題？目前法令或者僅有禁止歧視

---

[82] 2014年2月派遣勞工保護法草案第16條、第17條參照。

規定或者並無規定，學者間亦少有論及者。連帶地，實務上也少有此類爭議案件。

（一）性別工資平等

　　就不同性別的工資平等而言。所謂工資平等原則，係指給予從事相同工作（gleiche Arbeit）或工作價值相同（gleichwertige Arbeit）的不同性別或性傾向者，同等的／相同的工資待遇。一般認為，認定是否「工作價值相同」的難度，遠較是否「工作相同」為高。但這不意味「工作相同」的認定為容易之事。為認定「工作價值相同」，必須經由符合性別中性[83]的工作評價與給薪的法律要求之機制（Instrument），始克為功。為此，必須設立審查的程序（Verfahren）與（不同性別共同適用的）標準（Kriterien），以為檢視之用[84]。而無論是「工作相同」或「工作價值相同」，其認定均是以整體比較的方式為之。須注意者，不同性別勞工以「工作相同」或「工作價值相同」主張工資平等，係以同一廠場中相同的或近似的職稱或職位為前提，始有比較的基礎[85]。又，如果在涉及薪資高低的薪資級別中，只有特定的性別或性傾向，而無可供比較的對象時，亦難以評價工資是否平等或歧視。至於不同職業間的工作者，例如勞工與公務員，不問是在同一公務機構或一個在民營機構、另一個在公務機構，更難謂有工資平等的比較基礎。

　　目前，我國有關性別工資平等的規定，主要是在勞基法第25條及性平法第10條。兩者的規定內容不盡相同，條文的繁簡也不一致。從適用對象看，雖然後者及於受僱者、公務人員、教育人員及軍職人員，而前者只限於勞工，形成前者為後者特別法的形式。然而，單就適用僱傭／勞動契約的受僱者／勞工來看，性平法的規定卻較勞基法的規定為優，故如以法律的效力為準，前者似為普通法，而後者似為特別法[86]。只不過，在適用性平法第10條時，勞基法第25

---

[83]　如是其他族群／特徵，則應適用年齡、工時、工作期間等中性的機制。

[84]　Sarah Lillemeier, Entgeltgleichheit – Anforderungen einer geschlechtsneutralen Arbeitsbewertung und Entlohnung, AuR 2018, 119 ff.

[85]　EuGH v. 11.5.1999 – C-309/97, Slg. 1999, I-2865 = BeckRS 2004, 76225 – Angestelltenbetriebsrat der Wiener Betriebskrankenkasse.

[86]　雖然，依據勞基法第1條第1項下半句「本法未規定者，適用其他法律之規定。」亦即勞基法既為最低勞動條件的法律規定，且為基本法，對其有所規定者，本不容許其他法律另有規範。此與第2項雇雙方得以勞動契約約定較勞基法規定為優的規定者，尚有不同。值得注意者，性平法第2條第1項也有與勞基法第1條第2項相同的規定，立法者似乎無意挑戰勞基法第1條第1項下半句之基本法的地位。

條之相關規定，尤其是「效率相同」，解釋上亦在後者的規範之內。因此，有關勞基法第25條之內容，亦在性平法第10條說明範圍之內。

1. 勞動基準法第25條

先就勞基法第25條觀之。依之，「雇主對勞工不得因性別而有差別之待遇。工作相同、效率相同者，給付同等之工資。」本條文前段為男女平等待遇原則，本應泛指雇主對於男女勞動者，在招募、僱用、配置、升遷、報酬及終止勞動契約等方面，均必須給予平等的對待，而不得肆意地差別對待。惟由於勞基法第25條規定於勞基法第三章工資內，而第25條後段係規定通稱之同工同酬原則，因此此處之平等待遇原則，解釋上即針對薪資（待遇）而言。基此，無論是勞動契約或團體協約或工作規則有關給付工資的規定，均不得違反此一原則。此從團體協約法第3條「團體協約違反法律強制或禁止之規定者，無效。」亦可獲得印證。雖然如此，基於團結權而來之團體協約自治的要求，工會與雇主有關工資協商的權限範圍，理應較個別勞工與雇主的約定權限，來得寬廣。故應適度地依據團體協約法第3條但書「但其規定並不以之為無效者，不在此限。」來認定有無違反此一原則。

勞基法第25條之同工同酬規定，主要涉及以下幾個問題：何謂「工作相同」？「效率相同」？「同等工資」？以及除了效率之外，同工同酬原則有無例外情形？對此，勞基法及其施行細則並未加以規範，中央勞政機關亦未加以解釋。因此，其意／定義究竟為何？應該如何判斷？合法差別工資給付的理由為何？均有待於探討。

首先，所謂「工作相同」，係指勞工在技術不同之工作位置或先後在同一技術之工作位置，提供同一的（identisch）或同種的（gleichartig）勞務而言。其應以勞工實際從事之工作的內容或形式／種類相同，而非以勞動／僱傭契約所約定者為準。針對工作是否相同，必須經由工作間全面之比較始能得知。於此，係依各自工作之過程及這些過程相互間之關係而定。設如工作間或其特徵有不一致之處，則是以其最主要提供之勞務而定。工作過程中雖有零星相同之處，但尚難謂各自提供之勞務相同。這在短暫的時間內執行相同的工作時，也應加以注意。在這種情形，必須以一可代表正確評價個別狀況的合理或相當期間內之工作，加以比較，始可決定其工作是否相同。

換言之，是否工作相同，在勞工只從事單一工作時固然明確。惟不同性別勞工各自負責數項工作，如其主要工作相同或其他數項非主要工作相同者，亦

應視為工作相同。有問題的是,此處的「工作相同」是否應做擴張解釋,而將類似者、或者至少「極類似者」包括在內?本書以為上述「同種的」勞務,即有包括類似者之意,而且,這也符合性平法第10條「工作價值相同」的立法原意。

　　至於所謂「效率相同」,係一客觀的工作評價(Arbeitsbewertung)制度,與評估「工作價值相同」所需的程序與標準有其類似之處,只是此處只著重「效率」,而「工作價值相同」的程序與標準較為廣泛且複雜而已。又,「效率」應是指在工作時間內所完成的工作量。其似與性平法第10條第1項但書「績效」的意義相同。其不僅指速度,而且兼及成果。此在按件計酬勞工固然無疑,但在按時計酬勞工則以工作時間為準,只要忠實地、謹慎勤勉地履行勞務,即使未有成果產生,亦不影響其工資請求權。所以,「效率」除了速度之外,在按時計酬勞工,似應將勞工所完成的工作質、量與勞工為工作所做的準備及在工作過程所投入心力的程度與個人的工作態度、認知,併同考量之。並不宜單以客觀的工作成果為判斷依據。

　　再者,所謂「同等之工資」,應是指勞務的對價必須同等而言,而不及於非工資(獎金、津貼、補償或補助)及福利部分。其所謂「同等」,學者間及實務界似乎均將之解釋為「相同」,而以「相同工資」稱之。只是,「同等」與「平等」語意似乎較近,而與「相同」仍然有所不同。亦即只要求合乎平等原則即可,而不強求工資的數額完全相同。因此,雇主自得在工資計算的標準相同的基礎上,設立客觀的、性別中性的工資等級/級別/組別表(有如軍公教人員之敘薪),並且據之給付薪資。而受領薪資較低者,並不得請求雇主補發與受領薪資較高者差距的工資數額。也就是說,「同等之工資」仍然允許有合理的差距。

　　最後,與上述之「同等之工資」有關者,係:雖然勞基法第25條下半句並無同等工資之例外規定,但是,如對照性平法第10條第1項但書規定,實難謂雇主在具有正當理由時,仍然不得為合理的差別工資待遇。誠如學者所言,此處之平等待遇,並非要求雇主不得基於任何理由,給予男女勞工不同之薪資。而是指如其有實質的理由時,即可做差別之對待。但工資計算的標準不同,為欠缺實質理由之差別待遇。另外,雇主如係因團體協約或勞動契約的約定而調升薪水,其他的勞工並不得以平等待遇為由,要求獲得同樣的調薪對待[87]。有

---

[87]　BAG v. 21.9.2011, NZA 2012, 31 ff.

關男女勞工工資的平等對待，實際上須要依賴工資清冊上的記載才能落實。亦即「雇主應置備勞工工資清冊，將發放工資、工資計算項目、工資總額等事項記入。工資清冊應保存五年。」（勞基法第23條第2項參照）而且，雇主應置備勞工名卡，登記勞工之工資，勞工名卡並應保管至勞工離職後五年。雇主如違反工資清冊及／或勞工名卡之登記義務，即會受到行政罰鍰的處分（勞基法第79條第1項第1款參照）。此一勞工名卡及工資清冊之規定，雖未見之於性別工作平等法，但事業單位如為適用勞基法之機構，當然即應遵守之。

　　整體而言。男女勞工薪資之平等對待，即是要求工作相同、效率相同之男女勞工，可獲得同等之薪資而言。雇主不得僅因其性別，而約定給予較低之報酬。雇主也不得以特定性別員工是否要負擔家計（包括養育小孩），而給予高低不同的工資。惟其能納入資格能力及年資作為差別待遇理由（原則上年齡不得作為理由，以免涉及年齡歧視）。這主要也是禁止男女員工工資差別待遇的關注所在，也是法令所能規範處理者。所以，雇主在徵人廣告中即不得有「男工每日1,600元，女工每日1,400元」之用語。為實現此一目標，歐洲聯盟尚且訂定每年4月14日為「Equal Pay Day」，其寓意可謂深遠（惟一些國家仍然有門檻限制之議，例如德國討論中的工資平等待遇規定係以僱用500人以上的事業單位為強制適用的對象，畢竟一旦立法，即會涉及公權力落實的問題。一般認為工資的平等待遇，其爭議性遠超過婦女在企業監事會三分之一名額保障的規定。）（另外，女性勞工與男性勞工的薪資之差距，主要是因為女工常處於低工資族群、較少領導職幹部、以及尤其是因結婚或生育後離職，之後再投入職場時，往往出現高能力／高知識而低就業或只能從事非典型工作之情況。因此，有些社會學家提出「教育→結婚生育→投入職場」的模型，以取代傳統的「教育→職場→結婚生育」的模型，希望能讓女性勞工一氣呵成地工作到退休為止。此在目前退休年齡不斷地延後，甚至強制退休或合意退休有被視為年齡歧視之議時，此一新的生命模型即有討論、甚而存在的價值。）

2. 性別工作平等法第10條

　　再依據性平法第10條規定，「雇主對受僱者薪資之給付，不得因性別或性傾向而有差別待遇；其工作或價值相同者，應給付同等薪資。但基於年資、獎懲、績效或其他非因性別或性傾向因素之正當理由者，不在此限（第1項）。雇主不得以降低其他受僱者薪資之方式，規避前項之規定（第2項）。」可知，相異於勞基法第25條，本條明定性傾向者及工作價值相同者之工資同等待

遇、以及工資同等待遇之例外情形。其中，對於性傾向及工作價值相同，性平法及其施行細則中並未加以定義。如依據維基百科的定義，「性取向（英語：sexual orientation），或稱性傾向、性向，是指一個人對異性、同性或兩性產生的持久情感，喜愛、愛情或性吸引的現象。通常，性取向可歸納為異性戀、同性戀、雙性戀三類，而無性戀（對兩性均無性的吸引）則有時被視作性取向的第四類別。」

至於性平法第10條規第1項但書「但基於年資、獎懲、績效或其他非因性別或性傾向因素之正當理由者，不在此限。」工資同等待遇之例外規定。也就是合法差別工資待遇的正當理由。其中，「績效」與勞基法第25條之「效率」似可做相同的解釋，即勞工在一定時間內完成工作的量與質的表現。而在事業單位內工作年資長工作經驗多、獎勵多、懲罰少、以及其他的正當理由（例如工作經驗、學經歷佳），即使會對特定性別的工資給付較為有利，亦難謂雇主係有意（間接）歧視其他性別勞工而為。只不過，此一其他的正當理由仍宜做適度限縮的解釋，並且應受法院合法性的審查。

惟，性平法第10條規第1項最為難解者，當屬「工作價值相同」之意義與認定。其所謂「價值相同者，應給付同等薪資」，即為同質原則（gleichwertigkeitsprinzip），其主要目的是在掃除間接的工資歧視（mittelbare Entgeltdiskriminierung）。惟「工作價值相同」的意義究竟為何？此在性平法及其施行細則中並未加以規範。此一同質原則，同樣見之於聯合國經濟社會文化權利公約第7條第1項第1款「工作價值相等者享受同等報酬，不得有任何區別」。

從職場生態來看，男女常有從事不同的職業。婦女較易置身於勞動市場中工資較低的領域。這使得「工作相同、工資相同」原則無法適用，連帶地，也造成女性勞工的工資遠不如男性勞工。所以，對於全部的工資項目（Entgeltbestandteil）與工資條件（Entgeltbedingung）[88]的工資平等的要求及禁止歧視，必須將之擴充及於價值相同的工作。依據本書所見[89]，所謂工作價值相同，是指不同工作依照客觀的工作評價之標準，具有相同的工作價值而言。於此，團體協約當事人之實務及一般的交易觀念，可提供其依據。工作價值相同之問題，係依該勞務提供之對象而定。只有將所提供之勞務全部加以比較，

---

[88]　所謂工資條件，與計算方法意義似有不同。

[89]　另請參閱楊通軒，個別勞工法：理論與實務，第六版，2019年7月，頁295。

才能確定其價值是否相同。對於工作之價值尤具重要性的為其先前所必須具有之知識之程度及對於種類、多樣性與多數性之能力。越能符合這些要求，其工作之價值即越高。如一勞工依據勞動契約須提供不同之勞務，則其整體所提供之勞務，整體而言，即具有較高之價值。這些客觀的評價標準，有助於工作價值是否相同的確定。

　　至於在違反性別工資平等的救濟方面。依據勞基法第79條第1項第1款規定，對於違反勞基法第25條者，處新台幣2萬元以上100萬元以下罰鍰。如依性別工作平等法第26條規定，「受僱者或求職者因第七條至第十一條或第二十一條之情事，受有損害者，雇主應負賠償責任。」可知我國係採取損害賠償的方式，而非採取自動地向上調整的做法（以受到優待者的工資為準）[90]。並且，第29條規定，「前三條情形，受僱者或求職者雖非財產上之損害，亦得請求賠償相當之金額。其名譽被侵害者，並得請求回復名譽之適當處分。」

　　其實，德國聯邦勞工法院（BAG）早在1995年，即已針對何時可將工作視為價值相同加以探討[91]。其認為當數個工作按照工作評價的客觀標準，具有相同的工作價值者，即可稱之為價值相同。根據法律的定義，所謂價值相同，是指數個工作雖然內容相異，但由其要求（Anforderungen）及負擔觀之，價值卻是相同的。在評價價值是否相同時，尤應著重於所必備的專業知識、工作能力、身體的與精神的抗壓力、以及對於人與物所應負的責任[92]。德國2017年7月6日工資透明法（Entgelttransparenzgesetz, EntgTranspG）第4條第2項則是明定以下諸因素：工作的種類、養成訓練的要求、以及工作條件等，也應加以考慮[93]。

　　在此，支持「貶損假設Devaluationshypothese」論者認為，在婦女主導的工作領域之較低的薪資，主要是起因於有系統地貶抑價值（Unterbewertung）及壓低給薪（Unterbezahlung）使然，這是與「同質工作、工資相同」原則相牴觸的。此種貶損的危險，尤其會存在於欠缺一個工作評價的薪資制度

---

[90] 從比較法來看，違反德國企業組織法（Betriebsverfassungsgesetz, BetrVG）第75條第1項一般的平等待遇原則者，受到歧視者得請求受到優待者的待遇，以工資而言，即是請求差額的部分。相關文獻，BAG AP BetrVG 1972 § 75 Nr. 60 Rn. 25 = NZA 2016, 1160; BAG v. 20.9.2017, NZA 2018, 672 Rn. 19。

[91] BAG v. 23.8.1995, 5 AZR 942/93, AP Nr. 48 zu § 612 BGB.

[92] Vgl. BAG v. 23.8.1995 – 5 AZR 942/93, BAGE 80, 343 = AP BGB § 612 Nr. 48; 26.1.2005 – 4 AZR 171/03, BAGE 113, 276 = AP AVR Diakonisches Werk Anlage 18 Nr.1.

[93] BT-Drs. 18/11133, 51.

（Entgeltsystem）[94]的事業單位。其會以性別刻板的印象：「婦女工作就是簡單的工作」評價工作及給予薪水。以德國勞動市場而言，薪資制度係在團體協約或企業協定中加以約定（包括分配原則Verteilungsgrundsatz）[95]，其規定了工作評價及與之相關的報酬。惟，假設工作評價的程序（Verfahren）並非性別中立的及無法符合性別中立的工資建構的法律的要求，則適用薪資制度規定所確定的工作價值相同或不同，也無法滿足「同質工作、工資相同」原則。也就是說，即使基於團體協約自治，團體協約有關薪資制度的約定，也不得違反禁止歧視原則。

在工作評價所適用的程序（Verfahren）方面，其必須無涉及歧視及性別中性的建置，並且必須植基於男女勞工的共同適用的標準。如果受僱者中的某一族群被排除於工作評價規定的適用範圍之外，而此一族群主要是由女性勞工或男性勞工所組成時，即已不符合程序的要求。繼而無法確保男女勞工受到同樣標準的評價。

根據歐盟法院的見解，性別中性的工作評價必須符合以下幾個要求[96]：

(1) 薪資制度必須一目了然（透明）及可受檢驗。

(2) 薪資制度必須包含客觀的標準，其是與發生爭議的工作種類／形式相連結及反映出工作的本質。除此之外，特別適合於女性勞工的標準，也應一併納入考慮。

(3) 所設立的標準，必須無歧視地加以解釋與運用。

(4) 薪資制度的整體不得涉及歧視。所設立的標準，必須在整個制度中占有一「適當的位置adäquat Platz」。

原則上，工作評價的程序可區分為整體的（全部的summarisch）與個別的（分析的analytisch）程序兩種。與整體的程序相較，個別的程序較不會陷入歧視的境地。依照整體的程序，一項工作的要求及負擔係整體的（pauschal）加以評價。個別的程序則是針對個別項目加以評價，所以較為透明。惟只要整體的及個別的程序無法滿足上述(2)的要求，其就有可能開啟間接的工資歧視之門。對於工作評價，傳統的使用的標準有形式的資格（formale Qualifikation）

---

[94] 所謂薪資制度，與勞基法第70條第2款工資的標準意義尚有不同。

[95] 以台灣而言，勞基法第70條第2款是否可作為此種設計？優先於勞基法施行細則第7條第3款及第5款「勞動契約約定」之適用？

[96] Sarah Lillemeier, Entgeltgleichheit – Anforderungen einer geschlechtsneutralen Arbeitsbewertung und Entlohnung, AuR 2018, 119, 120 f.

或領導的責任（Führungsverantwortung），通常未將在許多工作可能導致工作困難的社會心理的（psychosozial）要求及工作負擔納入考慮。舉例而言，這些要求及負擔即會出現在接近人群的服務業。在此類德國勞動市場的龐大部門，主要是僱用婦女工作。將工作評價規定中的標準予以省略，即會導致工作的重要面向未被考慮，並且致使女性的工作領域未受到適當地的評價。

　　在工作評價的檢驗機制方面，德國根據「歐盟檢測（單）EG-Check」所發展而來的配對比較（法）（Paarvergleich），希望能性別中性地確定職場中男性或女性勞工各自居於多數的不同的工作領域，是否得視爲工資平等原則中的同質工作，果如此，則應將之歸類爲同一族群並給予同等的工資。配對比較法係採取分析的／個別的工作評價。適用此一比較法的前提是，應將被評價的工作具體地及中性地加以描述。此一配對比較法的評價標準，有四個主要的標準（Hauptkriterien）及19個個別指標（Einzelindikatoren）。四個主要的標準爲：(1)知識及能力的要求；(2)社會心理的能力的要求；(3)責任心的要求；(4)身體的要求。另外，根據每一個個別指標，對於被選定的工作，再依據所界定的階段（Stufen）加以評價。例如針對執行特定工作的「專業知識及能力」的領域，總共有9個評價的階段。

（二）部分工時勞工與全部工時勞工

　　受到相對的工資額度適用的族群，傳統上包括部分工時勞工與全部工時勞工。針對部分工時勞工的工資平等對待，目前，除了一般的平等待遇原則之外，台灣係以「僱用部分時間工作勞工應行注意事項」加以規範。只不過，該注意事項僅爲行政指導，而非法律或行政命令，並不具有強制的效力。

　　再觀陸二（一）規定，「工資由勞雇雙方議定之。但按月計酬者，不得低於按工作時間比例計算之每月基本工資；按時計酬者，不得低於每小時基本工資，且其工資不宜約定一部以實物給付；按日計酬者，於法定正常工作時間內，不得低於每小時基本工資乘以工作時數後之金額。」其係將部分工時勞工的工資置於基本工資的保障上，而非市場工資，此與相對的工資額度保障尚有不同。正確而言，除非有客觀的理由，否則部分工時勞工的工資，不得低於按全部工時勞工之工作時間比例計算之每月工資。

（三）定期契約工與不定期契約工

　　在我國，雖然定期契約並無類似「僱用部分時間工作勞工應行注意事項」

的規定，惟，不可否認地，勞基法第9條定期契約的規定，係有關非典型僱用的規範中較為完備者。只不過，其僅止於對於定期契約的限制，並不及於相關的勞動條件。吾人推想立法者之意，或在於定期契約勞工亦為勞基法所規定之勞工，故定期契約勞工應與不定期契約勞工獲得同等的工資[97]，換言之，勞基法第21條～第29條規定亦適用之，尤其是第25條規定。

另外，勞動法中之一般平等待遇原則亦適用於定期契約工與不定期契約工。

（四）年輕勞工與中高齡勞工或高齡勞工

對於年滿45歲至65歲（中高齡者）或逾65歲（高齡者）之求職者或勞工，其自招募起、僱用、工資、升遷、職務分配（調職）、職業訓練、解僱、到退休為止，終其一生的職業生涯中，都可能面臨就業年齡歧視，造成其勞動權益受損[98]。即其可能面臨工資的直接歧視或間接歧視。所謂直接歧視，係指雇主直接以年齡作為給付標準（例如40歲以上者月薪新台幣2萬8,000元，40歲以下者月薪新台幣3萬元）。至於間接歧視，則未明言以年齡作為給付標準，但通常一定年齡以上者，即無法或難以達到工資給付標準（例如要求勞工必須在一定時間內完成高負荷重量的工作，始有津貼）【案例2(1)】。依據中高齡者及高齡者就業促進法第1條第2項規定，「中高齡者及高齡者就業事項，依本法之規定；本法未規定者，適用勞動基準法、性別工作平等法、就業服務法……之規定。」則就業服務法第5條第2項年齡歧視、勞基法第25條與性平法第10條同等工資之規定，亦適用及之。惟由於憲法第7條已列舉禁止歧視的特徵，並未包括年齡，因此，勞工並不得主張受到違憲的年齡差別待遇【案例2(2)】。

值得注意的是，依據中高齡者及高齡者就業促進法第12條第2項第3款規定，雇主不得因年齡因素對求職者或受僱者為「薪資之給付」之直接或間接不利對待。第13條第2款規定，「薪資之給付，係基於年資、獎懲、績效或其他非因年齡因素之正當理由」，則為合法的差別待遇。由此等規定觀之，可知相對於部分工時勞工及定期契約工，立法者給予中高齡者及高齡者勞工工資平等待遇的保障，顯然優越許多。

最後，針對因年齡因素而受到工資差別待遇者，中高齡者及高齡者就業

---

[97] 楊通軒，個別勞工法：理論與實務，第六版，2019年7月，頁307。
[98] 楊通軒，就業安全法：理論與實務，第三版，2020年9月，頁297。

促進法第41條規定其救濟方式。依之，「違反第十二條第一項規定者，處新臺幣三十萬元以上一百五十萬元以下罰鍰。」即採取行政制裁的方式。有問題的是，受到歧視者得否請求受到優待者的工資額度，即要求給付差額部分？對此，似應採否定見解。亦即，在此似應類推適用性別工作平等法第26條規定，採取損害賠償的方式，而非採取自動地向上調整的做法（以受到優待者的工資為準）。

（五）派遣勞工與要派機構正職勞工

　　相較於傳統的非典型工作者（部分工時勞工、定期契約勞工），晚近興起的派遣勞工也有納入相對的工資額度適用族群之議者。依據2014年2月派遣勞工保護法草案第16條規定，「派遣事業單位給付派遣勞工於要派單位工作期間內之工資，不得低於要派單位僱用從事相同工作性質、內容及職務勞工之工資。但基於績效、工作經驗或其他非因派遣勞工身分之正當理由者，不在此限。」這是採取「以要派單位僱用的勞工」為比較對象、並「由派遣事業單位負擔同等工資」責任之立法方式。跳脫傳統的「以雇主所僱用的勞工」為比較對象，並且由雇主負擔同等工資責任的立法模式。此處是指狹義的工資，而非廣義的工資。其或係將要派單位視為派遣事業單位的履行輔助人。此在比較法上，無論是歐盟2008年12月5日「勞動派遣指令」（Richtlinie der Leiharbeit）第5條或德國2020年3月13日勞工派遣法（Arbeitnehmerüberlassungsgesetz, AÜG）第8條，均係採取同樣的立法方式[99]，故派遣勞工保護法草案第16條應屬可取。

　　針對派遣勞工在派遣期間的工資平等對待（equal pay, gleicher Lohn für gleiche Arbeit）[100]，德國聯邦勞工法院認為應採取整體比較法（Gesamtvergleich），派遣勞工除應指出所欲比較的要派機構的正職勞工外，所應加以比較的，包括定期給付的工資、基於勞動關係而來的各種給付、以及根據法定的工資繼續給付的情事（尤其是星期日、國定假日）而為的給付等[101]。其中，也要考慮到要派機構給予其正職勞工的工資、津貼或獎金等，例

---

[99] BT-Drs. 15/25, 38; BAG v. 23.3.2011, BAGE 137, 249 = NZA 2011, 850 Rn. 23.

[100] 這似乎表示在非派遣期間，派遣勞工只能向派遣機構主張與其他派遣勞工獲得工資平等對待。

[101] BAG v. 13.3.2013, NZA 2013, 1226 Rn. 27 mwN.; BAG v. 16.10.2019, NZA 2020, 260, 265 Rn. 42.對於這些工資或給付的數額，勞工負有舉證的責任。

如夜間工作津貼、生產效率獎金等，係按照一定的標準（例如不規律的夜間工作津貼高於規律的夜間工作津貼）或條件（例如要工作三個月以上），而非無限制地發放。所以，除了要派機構給予其正職勞工較高的底薪／本薪外，要派機構與其正職勞工如約定月薪制（按月給薪），則派遣機構與其派遣勞工（向下調整計算Herunterrechnen）約定時薪制（按時給薪）者，即無法正確反映（abbilden）工資平等對待的要求，故不合法[102]。此與這種給薪方式，對於派遣勞工是否較為有利或較為不利無關。本書以為：果如此，則要派機購與其正職勞工如約定按時計酬，則派遣機構與派遣勞工恐亦不得約定按件計酬矣，蓋從受薪的穩定度與透明度來看，此種計薪方式對派遣勞工恐較為不利。

　　須注意者，對於派遣勞工的工資平等對待，無論是現行的德國勞工派遣法第8條第2項、第4項下半段或舊法第9條第2款、第10條第4項均設有例外規定，亦即：如果團體協約有不同的規定[103]或勞動契約約定引用團體協約不同的規定者，即依其約定[104]。此處的引用，必須全部引用，不得僅是逐點或者引用內容上相關的幾個條文[105]而已。此類規定為團體協約當事人彈性規範權限的表現[106]，既有助於防止濫用派遣勞動，而且也開啟非會員引用團體協約的可能性（即不需要加入工會）。惟勞動契約另行約定團體協約所未規定者或者較團體協約有利者[107]，仍然有效。此類規定並未見於我國的派遣勞工保護法草案第16條。

　　進一步言之。依據歐盟「勞動派遣指令」第5條平等對待原則，其係以派遣勞工假設受僱為要派機構正職勞工為比較對象。其適用於重要的勞動及僱用條件。而且，要派機構對於懷孕、哺乳的女工、童工、青少年工的保護規定、以及各種禁止歧視的特徵，也適用於派遣勞工。只是，例外地，針對不定期的

---

[102] BAG v. 19.2.2014, AP AÜG § 10 Nr. 42 Rn. 38; v. 23.10.2013, BAGE 146, 217 = NZA 2014, 200 Rn. 32; v. 16.10.2019, NZA 2020, 260, 265 Rn. 45.

[103] 此稱為團體協約開放條款（Tariföffnungsklausel）。

[104] 團體協約的規定改變，勞動契約亦自動隨之改變。

[105] BAG v. 16.10.2019, NZA 2020, 260, 262 Rn. 16.

[106] 個別的派遣機構並無與派遣勞工約定不遵守equal pay的權限。

[107] 根據聯邦勞工法院（BAG）的見解，對於勞工因特定事由（尤其是星期日、國定假日）未工作之工資續付，團體協約如約定（以一定期間為準的）平均參考原則（Referenzmethode），而勞動契約卻約定以工資喪失原則（Entgeltausfallprinzip）給付工資，即難謂勞動契約的約定必定較為有利。因為必須視個案中，哪一種計算工資的方法額度較高。BAG v. 15.4.2015, BAGE 151, 221 = NZA 2015, 1274 Rn. 27 ff.

派遣勞動契約，如果派遣機構在無派遣期間繼續支付薪水，得在聽取社會夥伴意見後，不受平等對待原則的拘束。根據此一例外規定，可知派遣機構與派遣勞工得訂立定期勞動契約。再就德國勞工派遣法第8條規定觀之，其平等對待原則係以要派機構正職勞工為比較對象，將重要勞動條件（含工資）適用於派遣勞工，而且工資也包括實物。再依據第13條之1，派遣勞工亦受到公用設施與服務的適用，特別是指兒童照顧機構、共同的養護機構及運輸工具（交通車等）。

　　至於我國派遣勞工保護法草案第16條的立法理由，係謂「參考歐盟1991年頒布『派遣工作指令』明定平等待遇原則，德國、日本及韓國等國家皆有相關派遣勞工勞動條件平等待遇規範，……。」其中，有關歐盟1991年頒布「派遣工作指令」（Atypische Arbeitsrichtlinie）[108]的平等待遇原則部分說明，並不正確。蓋該號指令實際上侷限於派遣勞工（及定期勞動契約工）之安全與衛生保護，並不及於派遣勞動的其他事項（例如許可證）或勞動條件[109]。

　　而為了達到第16條的立法目的，第17條甚且規定，「派遣事業單位依前條規定給付派遣勞工於要派單位工作期間內之工資，得要求要派單位提供其僱用從事相同工作、工作性質或職務之勞工相關必要資訊，要派單位負有提供之義務。」在此，另有問題的是，如果要派機構未僱用任何勞工，則如何加以比較？對此，德國聯邦勞工法院認為要派機構應提供派遣勞工有關其到要派機構處工作時，如雇主直接加以僱用，所會給予的勞動條件的資訊[110]。如此，派遣勞工只要提出主張，而無須負擔舉證責任。

二、工資平等原則之內涵[111]

　　如上所述，所謂「同等之工資」，應是指勞務的對價必須同等而言，而不及於非工資（獎金、津貼、補償或補助）及福利部分。

---

[108] Richtlinie des Rates zur Ergaenzung der Massnahmen zur Verbesserung der Sicherheit und des Ge-sundheitsschutzes von Arbeitnehmern mit befristetem Arbeitsverhaeltnis oder Leiharbeitsverhaeltnis (91/383/EWG).

[109] 相關說明，請參閱楊通軒，歐洲聯盟勞動派遣法制之研究——兼論德國之勞動派遣法制，中原財經法學，第10期，2003年6月，頁258以下。

[110] BAG v. 19.2.2014, NZA 2014, 915 ff., 919.

[111] 請參閱楊通軒，個別勞工法：理論與實務，第六版，2019年7月，頁294以下。

（一）針對狹義工資部分、而不包含廣義工資（一時性工資、福利）

所以，工資平等待遇係針對狹義工資而言。在此，性平法第10條規定之「薪資」，該法第3條第8款用詞定義為「薪資：指受僱者因工作而獲得之報酬；包括薪資、薪金及按計時、計日、計月、計件以現金或實物等方式給付之獎金、津貼及其他任何名義之經常性給與。」幾乎與勞基法第2條第3款完全一致，應可將之理解為勞務的對價而言。

至於特別給付部分：所謂特別給付，係指非依約定期間（按月、週、日、小時）所為的給付而言。例如年度性的一次性給與、法定企業退休金或年金外的附加老年照護給付等。針對此兩者，勞雇雙方得依其目的或需要，而將之界定為工資或者非工資的忠誠獎金／久任獎金，惟並不宜允許混合的性質，以免以忠誠獎金／久任獎金之名、行工資之實。故有疑義時，似不宜依其契約條款而定，而是按照實質認定之。

在實際的做法上：對於先前（放棄調高）年度給付（Jahresleistung）、特別休假工資／不休假獎金（Urlaubsgeld）、（及同意放棄）伙食津貼（Essensgeld）、聖誕節及年度結束日（12月31日）工作津貼（、免除輪班Freischicht），以及對於先前放棄工資部分項目給付（Entgeltbestanteil）的勞工而言，相較於其他未放棄的勞工，如果企業協定給予較高的特別給付（週年慶獎金Jubiläumsprämie），以作為彌補工資條件的差異、且未過分補償（Überkompensation）者，此種兩類勞工族群間的差別對待，符合事理的正當性／具有客觀性[112]。

（二）不包含調整的程序、次數、額度／百分比

另外，工資平等只針對工資的實質構成部分，不及於調整的程序、次數、額度／百分比。另外，亦不包括計算的方法（月薪制或時薪制）。即雇主得與勞工任意約定月薪制或時薪制，時薪制勞工並不得主張受到非法的差別待遇。惟雇主未經勞工同意，即將原本的月薪制更改為時薪制，即屬違反禁止差別待遇原則。

三、工資平等原則之實踐

此即為工資正義與分配正義的實現，蓋工資平等（Entgeltgleichheit）即是

---

[112]　BAG v. 20.9.2017, NZA 2018, 670 ff.

工資正義（Lohngerechtigkeit）。其行政管制手段有勞工名卡及工資清冊的記載與檢查。兩者之間具有分工互補的作用，並且配合行政處罰的規範。

依據勞基法23條第2項工資清冊：記入發放工資[113]、工資各項目計算方式明細、工資總額等事項。工資清冊所記載之工資，係勞動契約所約定。只是，所不明者，所謂工資總額等事項，是指勞基法施行細則第14條之1第1項？或第7條第3款？以及勞基法第70條第2款「工資之標準、計算方法及發放日期」？是否全部記入？又，針對外國籍勞工，依據雇主聘僱外國人許可及管理辦法第27條之2規定，尚有經外國人本國主管部門驗證之外國人之工資切結書[114]。從比較法來看，德國企業組織法第80條的工資名／清單（Bruttolohn- und Gehaltslisten），包含姓名、團體協約工資或底薪／本俸（Grundentgelt）、津貼、特別工資、獎金、團體協約工資族群（按照年齡、職務等標準分組）[115]與工作年資。

依據勞基法第7條第1項勞工名卡：「登記勞工之姓名、性別、出生年月日、本籍、教育程度、住址、身分證統一號碼、到職年月日、工資、勞工保險投保日期、獎懲、傷病及其他必要事項。」此一規定涉及如下問題：（一）本項是應計入或得記入？由勞基法第79條第3項處罰規定觀之，應是強制規定。（二）各項登記事項的用意為何？例如姓名？工資[116]？獎懲？傷病？（三）工資是指底薪？工資總額？團體協約工資？含獎金、津貼？或者，此處的工資是第23條第2項工資清冊所應記入者？（四）登記事項是否涉及勞工個人隱私？是否應刪除部分事項？例如性別？本籍？（五）所謂「其他必要事項」是指何者？例如什麼？違反時依勞基法第79條第3項處罰？有無違反罪刑法定主義的疑慮？

有問題的是，勞工得否依據勞基法第7條第1項勞工名卡及第23條第2項工資清冊要求雇主提供具姓名（不得匿名keine Anonymisierung）的工資名／清單（Bruttolohn- und Gehaltslisten）？並且以勞工為請求權人？此在德國企業組織法及工資透明法固為肯定（§ 80 II S. 2 2. Halbs. BetrVG, § 13 II, III iVm. §§

---

[113] 發放工資之意，應非僅指給付日期而已。

[114] 依據行政院勞工委員會102年4月12日勞職管字第1010036916號函：「當地主管機關於實施工資檢查時，倘發現勞動契約約定之內容與工資切結書約定之內容不一致，應以較有利於外國人之約定，作為工資檢查之準據。」

[115] 相關判決，請參閱BAG v. 19.12.2019, NZA 2020, 732 ff。

[116] 值得思考者，將工資、姓名與勞基法第25條連用，可否得出勞工或工會的審閱／視權？

11, 12 III EntgTranspG.），但在勞基法及性平法上則未規定。至於勞基法施行細則第14條之1第2項，「勞工可隨時取得及得列印之工資各項目計算方式明細資料」，是否可得出肯定見解？

對於上述之疑問，本書以為應加分辨者：

（一）工資清冊的登錄：其立法目的本在勞工主管機關的檢查，以落實工資正義。解釋上當然包括勞工對於本身工資的審閱／視權（Einsichtnahme）。故勞工得依勞基法第23條第2項要求塗銷不實登錄或提起塗銷登錄之訴。只不過，並不包括要求雇主提供具其他勞工姓名的工資名／清單【案例1(4)】。

（二）勞工名卡（Personenstandsmeldung）的登錄：同樣地，勞基法第7條的立法目的，也在勞動主管機關的檢查，惟亦應將之及於勞工的審閱／視權，勞工得要求塗銷不實登錄或提起塗銷勞工名卡之訴[117]。即勞工針對工資的登記不實或錯誤（例如將勞務對價的工資以福利性質的獎金或津貼名義登記），要求塗銷或更正。只不過，勞工並不得以第7條與勞基法施行細則第14條之第2項「勞工可隨時取得及得列印之工資各項目計算方式明細資料」一起作為主張具其他勞工姓名的工資清／名單審閱／視權的法律依據【案例1(4)】。

（三）薪資單（袋）：指雇主發放薪資時所給予勞工的單據或證明。其與勞工名卡及工資清冊的意義及功能，應有所不同。目前，勞基法及其施行細則並無薪資單的規定。因此，吾人似不得以其名為薪資單（袋），而謂當然限於書面的形式[118]。在此，其應為勞動契約中的事實行為，由雇主基於私法契約的性質單方決定。惟雇主亦得與勞工自由約定薪資單的形式（口頭或書面）及內容。相對地，勞保條例施行細則有薪資表（第10條第1項、第3項）、薪資單（袋）的規定（第37條），以便查核投保薪資的計算及給予被保險人得知被扣繳的保險費。在勞工保險實務上，勞保條例施行細則之薪資表或薪資單（袋），一概為書面的形式。只是，此種實務慣常的做法是否亦當然適用於勞動契約的薪資單（袋）？並非無疑。

另外有問題的是，工會得否依團體協約法第12條第1項第1款之「工資」，而要求在團體協約中訂定（除行使管理權的主管職[119]外）所有員工的工資名／清單請求權，以便其審閱／視工資各項目？或約定集體的工資機制

---

[117] 鄭傑夫，勞動基準法釋義──施行二十年之回顧與展望，第一版，頁518。

[118] 相反地，德國商事法（Gewerbeordnung）第108條第1項則有書面形式的要求。

[119] 工會法第14條參照。另外，如以雇主僱用一定人數（例如200人）以上為適用對象，會較具正當性與說服力。

（Vergütungsmechanismen）或設立抽象的一般的工資原則？如此，以避免工資結構／組成單方有利於事業單位。對此，勞基法第70條第2款工作規則應訂定「工資之標準、計算方法及發放日期。」即具有涉及全體員工的集體性格，其得提交勞資會議討論決議（勞資會議實施辦法第13條第2項參照），或由團體協約當事人協商並於團體協約規定之。

此種勞工或員工代表會／工會對於所有員工的工資名／清單的審閱／視權，其理由係因此可知雇主實際給付工資的狀況，以便判斷事業單位內是否存在工資正義（Lohngerechtigkeit）或只能經由其他的工資結構達成之。其可與前面所述之工作評價的程序及標準配合運用之。而只有工資名／清單上載有姓名，始能得知哪一或哪些員工獲得哪些名目（尤其是特別給付）的工資給付、其所依據的原則或標準（Kriterien）為何。繼而判斷其間有無差別對待。如未附上姓名，勞工或員工代表會／工會只能像偵探般工作，由其他資料推測／斷出哪一勞工獲有哪些工資項目的給付。所以，姓名是工資名／清單必然的組成因子[120]。

再由德國企業組織法（BetrVG）第80條第2項第2句的下半句觀之，立法者並不承認有兩種不同的工資名／清單：一種是給雇主用的，上面載有姓名，另一種給員工代表會用的，則是匿名的。該條文只規定對於工資名／清單的審閱／視權，而非專為員工代表會準備的工資名／清單。實務界及學術界通說也認為雇主並無義務為員工代表會準備一特有的工資名／清單，而是將製作的或現存的工資名／清單提供審閱／視即可[121]。

另外，德國2017年7月6日工資透明法（Entgelttransparenzgesetz, EntgTranspG）[122]再度規定性別工資平等（§§ 3 I, 7 EntgTranspG），並再次重申違反性別工資平等的約定無效（§ 8 I EntgTranspG）[123]，希望能壓制跨越勞工間的、與性別有關的歧視性工資政策，以縮短整體男女勞工間工資的差距。其規範重點在工資規定及工資結構的透明化。該法並未對於企業組織法中員工代表會的權利與義務予以限制，而是予以擴充。根據工資透明法的立法理由，對於經常（in der Regel）僱用超過200名員工的事業單位，員工代表會

---

[120] Yuliya Zemlyankina, Anm. zum LAG Hamm v. 19.9.2017, AuR 2018, 196 ff.,198.

[121] LAG Hamm v. 19.9.2017, AuR 2018, 197; vgl. BAG v. 10.10.2006, 1 ABR 68/05.

[122] 該法原先規劃的名稱為「工資正義法」（Lohngerechtigkeitsgesetz）。Thüsing, DB 2016, 2234.

[123] 此處的約定，包括團體協約所約定者，例如針對特定性別排除或縮減部分給付（廣義的工資）。

擁有一對於工資總額的個別的資訊請求權[124]，以強化其資訊請求權的實施[125]，改善資訊不對稱的現象，並藉此得知雇主的工資政策[126]，尤其是做成工資的標準與程序[127]。工資透明法第二章（第10條以下）並且明定「審查工資平等（Entgeltgleichheit）的個別程序」及雇主應製作具有法律所定內容的工資名／清單。第12條第2項、第3項加以雇主制定工資名／清單的義務。根據Hamm邦勞工法院的看法，此一規定，將至今為止雇主無須制定應具特定內容的工資名／清單的法律空窗期，予以矯正過來。

第二項　變動工資原則

所謂變動工資原則，係指雇主之工資制度除了底薪之外，尚有其他按照勞工之工作績效、年資、忠誠，以及企業年度盈餘等浮動的獎金或津貼而言。另外，對於工資給付的保留或撤回等約定，如其合法，亦屬之。在實務上，尚存在無底薪制之完全以工作績效為準之佣金制。然而，依據勞基法第23條第2項前段，「雇主應置備勞工工資清冊，將發放工資、工資各項目計算方式明細、工資總額等事項記入。」再依據勞基法施行細則第14條之1第1項，「本法第二十三條所定工資各項目計算方式明細，應包括下列事項：一、勞雇雙方議定之工資總額。二、工資各項目之給付金額。三、依法令規定或勞雇雙方約定，得扣除項目之金額。四、實際發給之金額。」如此，則變動的工資部分是否能按期的、且如實的登錄？並非無疑。

第五節　工資續付原則

勞動契約係勞工以其勞務與雇主所給付的工資交換的雙務契約。因此，民法有關債務人給付不能之規定，依其係不可歸責於債務人之事由（民法第225條參照）、可歸責於債務人之事由（民法第226條參照）、或不可歸責於雙方

---

[124] 我國性別工作平等法第10條並無此種設計。

[125] BR-Drucks. 8/17 v. 12.1.2017.

[126] 在工資的組成上，首先應確定工資政策（例如工資標準、計算方法），而後決定工資結構，最後才是具體的工資規定。

[127] 德國工資透明法第17條以下尚且規定，經常僱用超過500名員工的民營事業單位，對於工資制度，應該設立一廠場的驗證程序，以檢驗工資平等原則是否受到遵守。

當事人之事由（民法第266條參照），而致債務人免除義務、或債權人得請求賠償損害（例如勞工不告而別前往第三雇主處受僱工作）、或致一方之給付全部不能者，他方免為對待給付之義務，原則上亦適用於勞動契約。在此，遂產生「未工作、無工資Ohne Arbeit kein Lohn」理論。只是，此一理論在勞動關係法制上卻受到各種理由的限制或修正。最主要的是：勞工在普通傷病期間，雇主得否拒絕給付工資？如否，則工資的續付期間及額度／比例為何？又，如係肇因於第三人的傷病，則雇主在續付工資後，得否代位勞工向第三人請求損害賠償？（最後，為勞保局對於勞工（被保險人）的傷病給付，於勞工死亡後，可否為繼承之標的？）

先就按時計酬勞工而言，如勞工已提供勞務或工資保障權（Entgeltschutzanspruch）存在（包括雇主受領遲延、勞工提供勞務障礙或參與社會的自我管理機構[128]、各種假期之免除勞務[129]等）時，雇主應在法定的一定期間內給付所約定的薪資。此並不因是按時、按日、按週、或按月（甚至有些特別給付係按年）給薪，而有不同。差異點只在，其是以小時、日、週、月為計算單位而已。所以，應先統計出總共有多少小時、日、週、月，作為計算工資的時間基礎，此稱為「時間因素」（Zeitfaktor）。而再查證每個時間單位雇主所應給付的工資，此稱為「工資因素」（Entgeltfaktor or Lohnfaktor）。將兩者加乘即為勞工可得之工資。此種計算方式，也適用於以基本／最低工資給薪的行業或工作者。

對於勞工無提供勞務，但卻得基於工資保障權請求繼續給薪，其薪資額度之確定，我國似乎是以未工作日前一日之正常工作時間所得之工資為準。惟，從工資法理上主要有兩個計算制度，其中一個是工資喪失原則（Entgeltausfallprinzip），另一個是平均參考方法（Referenzmethode）[130]。根據工資喪失原則，勞工在未工作期間所應得之工資，應從假定／設的觀點

---

[128] 例如擔任勞資會議的勞方代表。勞資會議實施辦法第12條第3項參照。但不包括勞工擔任勞資爭議的調解委員、仲裁委員或勞動法庭的調解委員，或者以證人的身分出席。在這些程序中，勞工應係向雇主請事假，而由調解機構、仲裁機構或法院獲得參與或出席費用。

[129] 勞基法第39條參照。

[130] 詳細說明，請參閱Hinrich Vogelsang, Das Entgeltausfallprinzip im Urlaubsrecht, RdA 2018, 110 ff., 111。他另外提到兩種非以參考期間為準的可能的計算方法，一種是參考族群（Referenzgruppe）、另一種是抽象的計算方法（abstrakte Berechnungsmethode）。前者是約定以廠場的或可供比較的勞工的工作時間為參考基準，後者係在一些團體協約約定的、以固定的時間範圍（每一工作日八小時），而非以在工資繼續給付期間實際上有無工作，為工資額度的計算方法。後者，可參閱BAG v. 9.10.2002 – 5 AZR 356/01, AP EntgeltFG § 4 Nr. 63。

（hypothetische Betrachtung），調查其當日確實有工作而可獲得之工資為何。其是以契約所約定的正常工作時間為準。根據此一原則，勞工對於例休假日所留下來的工作，並無補服勞務的義務，或者謂其並無無償地、以提前工作或夜間工作完成的義務[131]。此亦適用於以基本／最低工資給薪的行業或工作者[132]。此一原則能確保工資的有效保障（但應扣除未實際產生的費用，諸如往返客戶間服務的通勤費用或里程津貼（Kilometergeld）、或者使用勞工自有車輛的耗材費與油料費等費用的償還等）。勞工因此所得之工資，與假設其確實有工作所獲得的工資一樣，不會多、也不會少。而對於工資中的變動部分，究竟應該有多少，則應由法院從假定的觀點，納入工作的特質與特殊的計算方法，綜合各種情事後判斷之[133]。必要時，在確保公平合理的情況下，得以過去一段的領取工資期間（Bezugszeitraum）為基礎，而做出判斷。例如以其他月份中有同樣的國定假日，而勞工在其他工作日可以賺得的平均工資為準。這也與傷病期間勞務對價工資（勞工請假規則第4條第3項參照）的量定方法相符合[134]。這是其優點所在。不過，由於這是一個假設的工資，所以，其缺點是：在收入變動很大及以勞工工作表現為準的工資項目，對於假設的工作過程，有時會欠缺具體的事證，以致產生此種假設性觀點本質上的困境。

為避免上述工資喪失原則的困境或者所得出的結果不符合公平原則，乃有平均參考方法的出現，其是以一定期間（例如一個月、或三個月、或六個月）（Referenzzeitraum）總收入工資的平均值為準。此種方法亦被稱為引用方法（Bezugsmethode）、修正的已領取工資原則（modifiziertes Vorverdienstprinzip）或生活水準原則（Lebensstandardprinzip）。例如德國部

---

[131] BAG v. 6.12.2017, BAGE 161, 132 = NZA 2018, 597 Rn. 22.

[132] 反面言之，如果勞雇雙方係約定較基本／最低工資高的市場工資，則根據工資喪失原則，雇主並不得僅以基本／最低工資給付勞工。BAG v. 30.1.2019 – 5 AZR 43/18, BAGE 165, 205 = NZA 2019, 768 Rn. 38; BAG v. 16.10.2019, NZA 2020, 237, 240.

[133] § 287 II ZPO. BAG v. 28.2.1964 – AZR 464/63 [zu II 2]; v. 3.5.1983, BAGE 42, 324; v. 16.10.2019, NZA 2020, 237, 240, 241. 不過，變動的工資實際上是對應「變動的工時」而來。對於諸如外勤工作者（例如電器裝修工、派報生等），其究竟有多少工作時間、往返客戶的通勤時間，必須由勞工自行舉證。

[134] BAG v. 5.6.1985, NZA 1986, 290 [zu I 1 c]; v. 16.10.2019, NZA 2020, 237, 240. 在德國，員工代表會（Betriebsrat）幹部依據企業組織法（BetrVG）第37條第3項第1句免除勞務之工資請求權，亦係根據工資喪失原則計算。BAG v. 29.4.2015, NZA 2015, 1328 Rn. 13 ff. 惟，我國勞資會議代表依據勞資會議實施辦法第12條第3項之公假，解釋上亦係以公假前一日正常工作時間的工資為準。

分時間及定期勞動契約法（TzBfG）第12條第4項及第5項，針對傳喚性工作（Arbeit auf Abruf）的勞工，其在傷病期間與國定假日的繼續給薪，即是採取以發生傷病或國定假日前三個月的參考期間、其平均的工作時間，計算其工資[135]。根據平均參考方法，對於工資保護的期間，雇主必須以勞工過去一段特定的參考期間所已賺取的工資，作為計算工資保障權的基礎。其優點是，可以毫無困難地查證參考期間所賺取的工資數額，並且較符合工資平等原則（指有類似情況的勞工間）。缺點則是，在該期間也可能出現會增減工資的特殊事件或突然大量出現的加班情形。

　　所以，須注意者，平均工資係在以一定期間分散勞工因企業經營風險及勞工個人的工作表現，所導致工資高低起伏之現象，即在該設定期間內（例如勞基法第2條第4款：六個月）已經納入各種不正常事件的考量，包括雇主無法正常經營或勞工無法正常工作之情形，蓋其僅在平均分散風險與利益，並不考量雇主的風險為何與如何轉嫁，也不考慮勞工無法工作的原因與工資的得喪或多寡。後者，工資或補償之給付，係回歸到勞工法或其他法令規定加以處理，例如產假期間，應依勞基法第50條第2項或性別工作平等法第15條第2項；勞工請生理假、家庭照顧假或安胎休養者，同樣按照性別工作平等法第14條、第20條第2項、第15條第3項；普通傷病則依勞工請假規則第4條第3項處理。基此，雖其依法減少工資，但仍應納入平均工資計算。其實，依法而言，勞基法第2條第4款也僅排除「發生計算事由之當日」納入六個月期間計算而已，該款並未授權中央勞政機關指定其他事項／由。畢竟，六個月的風險分配期已足以承載相關的風險，並且適度地分攤勞雇雙方的風險或損失，否則，亦可考慮修法延長期限。況且，無論是勞基法施行細則第24條之1第2項一（二）或勞保條例施行細則第27條第1項並無勞基法施行細則第2條之類似規定，解釋上亦不得類推適用。

　　因此，針對退休金（勞基法第55條第2項）、資遣費（勞基法第17條第1項）、職業災害補償（勞基法第59條第2款～第4款）[136]、以及勞工因遭遇職業災害而致死亡或失能時之年金給付與勞基法第59條第3款、第4款補償之抵充（勞基法施行細則第34條之1），作為平均工資計算基礎的六個月期間，並非

---

[135] 此一規定在2018年12月11日修正納入，並自2019年1月1日起生效。其立法目的，是在給予勞工有關其工作計畫及工作所得，較多的保障。BT-Drs. 19/3452, 19 f.

[136] 最高法院86年度台上字第283號民事判決、最高法院87年度台上字第1629號民事判決、最高法院104年度台上字第84號民事判決參照。

以正常工作時間工資或「正常工資」為前提，其並無意將企業經營所面臨的風險、生產量的大量增加或減少、勞工的工作表現、勞工本身的或家庭的或基於性別因素的身體狀況予以排除，而是一律予以容納計算。亦即其僅係單純平均工資的計算，並不肩負企業經營風險、勞工無法工作、性別平等或家庭照顧等政策目的。因此，勞基法施行細則第2條第2款～第7款規定，其合法性實有再檢討的必要。

　　首先，其係基於傷病期間的扣除。以第2款「因職業災害尚在醫療中者」而言，勞工在醫療期間本可依勞基法第59條第2款請求按其原領工資數額之補償及依勞保條例第34條、第36條請領職業災害給付，雖然補償或給付並非工資性質，而是工資的替代，但雇主已盡到職災補償責任，故似不宜扣除醫療補償期間。另外，第5款「依勞工請假規則請普通傷病假者」，勞工「普通傷病假一年內未超過三十日部分，工資折半發給，其領有勞工保險普通傷病給付未達工資半數者，由雇主補足之。」（勞工請假規則第4條第3項參照）雇主亦已發給折半的工資或補足未達半數之工資，不宜扣除普通傷病假期間。

　　其次，其為與性別平等或家庭政策有關者，為第3款及第6款規定。依據第3款「依本法第五十條第二項減半發給工資者」及第6款「依性別工作平等法請生理假、產假、家庭照顧假或安胎休養，致減少工資者」，此已經適當考量勞雇雙方之利益，亦不宜扣除該期間[137]。另外，第6款僅有「生理假、產假、家庭照顧假或安胎休養」，不及於性平法第15條第4項的產檢假及第5項之陪產假，立法者似乎無意予以扣除。

　　三者，其係基於企業經營風險者。依據第4款「雇主因天災、事變或其他不可抗力而不能繼續其事業，致勞工未能工作者」，在颱風、洪水、地震、戰爭等期間或雇主因颱風、洪水、地震、戰爭等原因所造成廠房、原料無法生產之期間，勞雇雙方均無可歸責事由，且各自遭受損失，依據中央勞政機關所發布之「天然災害發生事業單位勞工出勤管理及工資給付要點」[138]第7點，雇主並無須給付工資。為免加重雇主之責任，並不宜扣除該期間。

　　四者，第7款則是與留職停薪有關者。此一扣除期日或期間之規定，尤有釐清之必要。一、此一留職停薪的意義為何？是否僅針對勞雇雙方合意留職停

---

[137] 不同見解，行政院勞工委員會92年1月8日勞動2字第0920001321號令，「女性受僱者依兩性工作平等法第14條規定請生理假，或因妊娠未滿三個月流產，依同法第15條規定請產假者，於依勞動基準法第2條第4項規定計算平均工資時，上開期間之工資及日數均不列入計算。」

[138] 行政院勞工委員會98年6月19日勞動2字第0980130513號函參照。

薪？或者包括所有各種留職停薪的態樣？即普通傷病、職業傷病、育嬰留職、服兵役？其理由爲何？對此，本書採取後者的見解。亦即一般之留職停薪係指勞雇雙方合意留職停薪而言，故此一部分應屬無疑。至於因普通傷病或職業傷病而留職停薪，此雖在勞保條例第9條第3款有所規定，但其係指勞雇雙方先行合意留職停薪、之後向保險人自願加保而言。故亦屬之。至於勞工依據性別工作平等法第1項申請育嬰留職停薪，解釋上亦應在內。同理，勞工因服兵役而離職，僅爲勞動關係中止的性質，爲法定的留職停薪，故亦可將之納入。二、相異於第1款～第6款勞工仍然在職之情形，勞工留職停薪期間勞動關係已暫時停止。而且停止期間長短不一（或許有延長之情形）。勞工平均工資計算保障的必要性，似乎也不若前面幾款規定之情形。三、留職停薪之政策目的，均在於保留工作位置給勞工，在特定事由結束後，勞工應回復原職工作。因此，勞工固不宜在留職停薪期間或到期後、回復原職前終止契約離去，亦不宜短暫回職即終止契約，否則，令其承受平均工資計算之不利，難謂有違公平合理。故不宜扣除留職停薪期間。

　　綜上，本書以爲勞基法第2條第4款之平均工資計算期間，已考慮企業經營中的各種風險及勞工無法工作的狀況，希冀以六個月長的期間緩和工資的暴漲暴落。因此，勞基法施行細則第2條第2款～第7款的規定實無需要，而且也與勞基法第2條第4款有所牴觸。況且，勞動關係中企業無法經營或勞工無法實際提供勞務的狀況，並不以勞基法施行細則第2條第1款～第7款之情形爲限，例如「防疫隔離假」、「防疫照顧假」及「疫苗接種假」期間[139]、勞工無薪假（減班休息）期間[140]、勞資爭議或爭議行爲期間、或者（與第7款留職停薪有關）雇主對於勞工所施行之懲戒性的留職停薪[141]、甚至事假期間，是否亦應將之修正納入勞基法施行細則第2條而適用？恐亦會引發質疑。

---

[139] 依據勞動部109年3月30日勞動條2字第1090130209號令：「核釋勞動基準法第2條第4款所定平均工資之計算，下列期間之工資及日數不列入計算：一、勞工依嚴重特殊傳染性肺炎防治及紓困振興特別條例第3條規定請防疫隔離假。二、勞工依嚴重特殊傳染性肺炎中央流行疫情指揮中心所爲之應變措施，請防疫照顧假。本解釋令自中華109年1月15日生效。」

[140] 依據「因應景氣影響勞雇雙方協商減少工時應行注意事項」第7項規定，「勞雇雙方終止勞動契約者，實施減少工時及工資之日數，於計算平均工資時，依法應予扣除。」勞動部109年7月1日勞動條3字第1090130635號函參照。

[141] 行政院勞工委員會76年5月28日（76）台內勞字第500276號函參照。

第一項 受領遲延的繼續給薪

受領遲延

　　依據民法第234條，「債權人對於已提出之給付，拒絕受領或不能受領者，自提出時起，負遲延責任。」又，第235條規定，「債務人非依債務本旨實行提出給付者，不生提出之效力。但債權人預示拒絕受領之意思，或給付兼需債權人之行為者，債務人得以準備給付之事情，通知債權人，以代提出。」此一受領遲延之規定，亦適用於勞動契約中，雇主為受領勞務之債權人之情形，即雇主拒絕受領勞務。其中，第234條為實際提出給付，而第235條則為口頭提出給付。後者之「……。但債權人預示拒絕受領之意思，或給付兼需債權人之行為者，債務人得以準備給付之事情，通知債權人，以代提出。」並非以「勞動契約終止無效」為前提，而是勞動關係繼續存續中。至於雇主受領遲延之法律效果，依據民法第487條規定，「僱用人受領勞務遲延者，受僱人無補服勞務之義務，仍得請求報酬。但受僱人因不服勞務所減省之費用，或轉向他處服勞務所取得，或故意怠於取得之利益，僱用人得由報酬額內扣除之。」此處，雇主的受領遲延，係指雇主無意僱傭勞工之情形，並不問其是否有故意或過失，亦即採無過失責任主義。其法律後果，採取類似於民法第226條第1項之做法。既採無過失責任主義，所以也不問雇主所為的解僱意思表示是否有過失。

　　又，民法第487條並非賦予勞工一特有的報酬請求權，而是指勞工得依民法第482條主張權利。故勞工在行使其報酬請求權時，理應同時引用第482條及第487條作為請求權依據[142]。而且，如果是進行訴訟，則勞工必須提起給付工資之訴，雇主始須給付工資，單純地提起確認僱傭關係存在之訴，雇主並無須給付工資。至於此處的報酬，也及於實物的給付。另外，除了固定工資之外，也包括變動工資（variable Vergütung），後者，又區分為以績效為準及單純以工作為準的工資。如果是以績效為準的工資，則勞工已有的績效並不會因非法解僱而喪失，勞工並得在受領勞務遲延工資中主張之。惟如果是以工作至特定日為準的工資，則在勞工被非法解僱後，由於尚未至特定日期，勞工將會喪失此一部分的工資。

---

[142] BAG v. 27.5.2020, NZA 2020, 1116 Rn. 39.

　　從比較法來看，德國聯邦勞工法院（BAG）認為民法有關受領遲延之規定，同樣亦適用於勞動契約。亦即：在勞動關係得履行時，雇主對於勞工所提供的勞務未受領者，為受領遲延（§ 293 BGB）。在未具爭議的勞動關係中，勞工必須事實上提供勞務（§ 294 BGB）。雇主如宣稱拒絕受領勞務或無義務僱用實際上超出勞動契約範圍的勞務時，勞工得以言詞提供勞務的方式為之（§ 295 BGB）[143]。依據德國聯邦勞工法院的見解，只有在由雇主發動之終止勞動契約無效時，通常依據德國民法第296條（§ 296 BGB）即無須（實際或口頭）提供勞務[144]。另外，如雇主堅決拒絕受領勞務在外觀上明顯可徵時，勞工例外地亦無須口頭提供勞務[145]，例如雇主對勞工進行調職且不再要求提供原來契約所約定之勞務時，即屬之。德國民法第296條之規定，與台灣民法第235條「……。但債權人預示拒絕受領之意思，或給付兼需債權人之行為者，債務人得以準備給付之事情，通知債權人，以代提出。」並無「勞動契約終止無效」之要求者，尚有不同。可以說，我國民法並無類似規定。也就是說，勞工仍須為口頭提供勞務的表示，不得單純的靜默。

　　上述雇主之受領遲延，係以勞工依據勞動關係提供勞務為前提（wie sie zu beweirken ist）[146]。如果勞工在留職停薪或傷病期間，當無提供勞務的可能（反面言之，在雇主遲延中，一旦勞工發生傷病，受領勞務遲延的狀態即告結束）。緣雇主對於勞工的提供勞務，負有準備符合滿足勞工完成工作的協力義務（包括提供工作的位置、提供必要的器具、以及指派工作[147]等）。此處之「勞務」，本係指勞動契約約定從事之工作。因此，並不及於勞工於待命時間、候傳時間之靜待指派工作之行為。惟勞雇雙方如已約定勞工應提供待命時間（Bereitschaftsdienst）或候傳時間勞務（Rufbereitschaftsdienst），勞工不得無故拒絕否則即屬違反勞動契約者，則其本質上較近於延長工時工作，即為此處之勞務。在此，勞工並得依據契約的約定，要求指派提供待命時間勞務或候傳時間勞務（即指派工作）[148]。

---

[143]　BAG v. 25.2.2015, BAGE 151, 35, 45 = NZA 2015, 442 Rn. 41, 494 Rn. 41.

[144]　BAG v. 15.5.2013, NZA 2013, 1076 Rn. 22 = AP BGB § 615 Nr. 131 Rn. 22 mwN.; BAG v. 19.9.2012, BAGE 143, 119 = NZA 2013, 101 Rn. 28.

[145]　Vgl. BAG v. 24.9.2014, BAGE 149, 144 = NZA 2014, 1407 Rn. 22; v. 16.4.2013, NZA 2013, 849.

[146]　BAGE 134, 296 = NZA 2010, 1119 = NJW 2010, 3112 = AP GewO § 106 Nr. 10 Rn. 14.

[147]　所以，雇主不得只給予勞工一個位置，但卻不分派工作。

[148]　BAG v. 18.9.2019, NZA 2020, 174 ff.在此，並不需考慮勞基法第32條第1項的程序問題。

在實務上，雇主受領勞務遲延，常係肇因於勞工主張雇主非法解僱或調職（動）[149]，並且實際或口頭提出勞務，惟雇主拒絕受領所致。這裡非法調職（動）所引起之受領勞務遲延，係指雇主違反勞動契約有關工作地點或工作內容之約定，而勞工並未同意（含默示同意），並按照原契約所約定之工作地點或工作內容提供勞務，但並未被雇主受領而言。這表示：即使雇主願意提供勞工非勞動契約所約定的工作機會，也不會阻卻受領遲延的成立[150]。在此，雇主往往會主張調動合法而勞工未按調動後地點或工作內容提供勞務、且達嚴重的程度（例如勞基法第12條第1項第6款之繼續曠工三日，或一個月內曠工達六日）而予以解僱。如此，乃會衍生出非法解僱之問題。至於針對非法調職（動），勞工得依據2020年1月1日施行的勞動事件法第50條採取救濟。依之，「勞工提起確認調動無效或回復原職之訴，法院認雇主調動勞工之工作，有違反勞工法令、團體協約、工作規則、勞資會議決議、勞動契約或勞動習慣之虞，且雇主依調動前原工作繼續僱用非顯有重大困難者，得經勞工之聲請，為依原工作或兩造所同意工作內容繼續僱用之定暫時狀態處分。」在此，「勞工提起確認調動無效或回復原職之訴」，解釋上也包括勞工提起停止調動的不作為之訴。值得注意者，本條與第49條規定稍有不同，即並無給付工資之定暫時狀態處分。立法理由亦未有所說明。本書以為這是因為雙方僅在爭議調動是否合法有效，而非勞動關係是否存續，故勞工之依原工作或兩造所同意工作內容繼續僱用，雇主本有「依原工作或兩造所同意工作內容」（繼續）給付工資之義務，並無須為給付工資定暫時狀態處分。

而在勞工以雇主非法解僱為由，提起確認僱傭關係存在之訴，由於已有明顯地抗議解僱之行為，即使未特別主張工資或指明工資的具體額度（即引用民法第482條），亦應將之解釋為同時有此一請求。這也是確認僱傭關係存在之訴的目的之一[151]。我國民法第487條「僱用人受領勞務遲延者，受僱人無補服勞務之義務，仍得請求報酬。」只是表示勞工既已提供勞務（實際或口頭），而雇主因可歸責於己之事由受領遲延者，基於勞務之不可儲存性，仍得請求報酬。其並未要求勞工在確認僱傭關係存在之訴中，必須明確請求工資。因此，

---

[149] 楊通軒，個別勞工法：理論與實務，第六版，2019年7月，頁368以下。如果是工會幹部，還會涉及不當勞動行為（工會法第35條參照）。

[150] BAG v. 7.2.2007, NZA 2007, 561 = BAGE 121, 133.

[151] BAG v. 10.4.1963, BAGE 14, 156 = NJW 1963, 1517; v. 19.8.2015, BAGE 152, 221 = NZA 2015, 1465 Rn. 26.

工資的消滅時效因確認僱傭關係存在之訴而中斷[152]。惟此種「確認僱傭關係存在之訴、當然含有工資請求」的解釋，已因勞動事件法第47條第1項、或第49條第1項規定，將確認僱傭關係存在之訴與給付工資（之訴）分別以觀，而受到影響。即其係保全程序的規定，希望提供勞工較及時的與較完整的保障而已。所以，勞工仍需同時或單獨提起給付工資之訴，否則雇主即無須為給付行為。同樣地，依據勞動事件審理細則第80條第1項，「本法第四十九條規定，於雇主提起確認僱傭關係不存在之訴者，亦有適用。」雇主亦無需給付勞工工資。在此，應由勞工負擔僱傭關係仍然存在的舉證責任。

　　上述受領遲延，也包括雇主短暫自行停工／業的情況，嚴重時，甚至到被宣告為事實上歇業前的階段。這是指下面所述之「雇主不能繼續其事業」中之「與雇主經營風險無關者」之情形而言。例如雇主出於個人事由（不想繼續經營事業／暫停營業、身體狀況不佳、外出旅遊等）之暫停營業、或因積欠廠商款項或員工薪資而未開門營業，甚至不知所蹤之行為。一般俗稱之雇主惡意停工、歇業或關廠，係指雇主並無停工、歇業或關廠之客觀條件，僅是出自於雇主主觀的意願而言。然而，一旦雇主進行永久性的停工（商業登記法第17條、第18條參照）、歇業或關廠，似乎仍然符合勞基法第11條第1款及大量解僱勞工保護法第2條有關歇業的條件，並且有勞基法第28條及大量解僱勞工保護法第12條之適用[153]。在此，雇主所為之停工、歇業或關廠行為，並非勞基法第14條第1項第6款之「違反勞動契約」，因其係以事業單位存續為前提。有問題的是，在雇主基於己意事實上歇業之情形，實難想像其會依據勞基法第11條第1款預告終止勞動契約，如此一來，勞工即得根據勞基法第14條第1項第6款之「違反勞工法令」不經預告終止契約，並且依同條第4項準用第17條請求雇主給付資遣費。

　　如前所述，雇主之受領遲延，係以勞工依據勞動關係提供勞務為前提。所以，在德國法上，一個根據社會法典第五部第74條（§ 74 SGB V）之重新僱用關係（Wiedereingliederungsverhältnis）所提供的勞務，並不符合此一要求。在一個案件中，原受僱勞工因疾病無工作能力休養中，其要求逐步以重新僱用的方式回到工作崗位，每日先以工作三小時的方式為之。原僱用單位拒絕之，

---

[152] BAG v. 18.9.2019, NZA 2020, 174 ff.惟反對說認為只有提起給付之訴，工資的消滅時效始會中斷，單純提起解僱保護之訴並不會中斷。BAG v. 7.11.1991, EzA § 4 TVG Ausschlussfristen Nr. 93.

[153] 楊通軒，個別勞工法：理論與實務，第六版，2019年7月，頁421以下。

並要求應先經官署醫師或足堪信賴的醫師檢驗並出具證明。原受僱勞工提出一份家庭醫師的證明。原僱用單位認為其並未證明已回復工作能力，所以並不存在重新僱用義務。經過聯邦勞工法院審理後認為：原僱主與一位（因普通傷病或職業傷病所導致之）無工作能力勞工為重新回到職場之重新僱用關係，並非勞動關係的一部分，它是獨立於勞動關係外的具有自有性格的契約關係（ein Vertragsverhältnis eigener Art, sui generis）。重新僱用關係的特徵，並不是勞務與對價的交換，而是以重／復建目的（Rehabilitationszweck）為特徵[154]，原受僱勞工的勞務是在重新回復工作能力，而非在履行契約的義務。在受僱勞工持續無工作能力中，其與原僱用單位在重新僱用關係期間，依據德國民法第275條第1項及第326條第1項第1句（§§ 275 I, 326 I 1 BGB），勞動關係的主要義務免除。原受僱勞工並未充分地提供勞務，其並無工資請求權[155]。

最後，在勞工向僱主要求給付受領勞務遲延工資時，僱主往往主張勞工有民法第487條但書之事由，而欲行使扣除權[156]。扣除權具有防止受領勞務遲延工資請求權產生的效力，且不會造成抵銷（Aufrechnung）的狀況[157]。亦即「因不服勞務所減省之費用，或轉向他處服勞務所取得，或故意怠於取得之利益」。這是基於不當得利的思想而來或者「（可謂）係損益相抵規定（民法第216條之1）之具體化，與民法第267條之規定，其趣旨相同」[158]。反面言之，勞工負有「轉向他處服勞務或不得故意怠於取得利益」之不真正義務（Obligenheit）。這是由於在確認僱傭關係存在之訴中，僱傭關係是否已遭終止，處於不明的境地，且可能因訴訟程序而為期甚久，故有此一「不真正義務」的立法者要求。否則，僱傭關係既然仍在，受僱人且可請領報酬，則他並

---

[154] 只不過，在台灣似無這個分辨，法律上亦無專為復健而僱用的設計。事實上，其本質亦較近於重建。如果是復健，則是職業災害勞工復職工作後，繼續接受的醫療行為。雖然如此，本書以為似可思考職業災害勞工在進行留職停薪後，另一方面接受重新僱用的行為。惟此應由勞雇雙方約定之。

[155] BAGE 149, 144 = NZA 2014, 1407 = AP BGB § 615 Nr. 135 Rn. 32 mwN = NZA-RR 2015, 292 Ls. BAG v. 6.11.2017, NZA 2018, 439 f.

[156] 德國民法第615條有同樣的規定。不同的是，該條在但書之後另有規定，「前面本文及但書的規定，於雇主遭遇企業風險而勞工無法工作時，準用之。」也就是說，企業風險理論也準用受領勞務遲延給付工資之規定。在台灣，因為實務界不採企業風險理論，所以，民法第487條但書自然不適用於企業風險的情形。

[157] BAG v. 2.10.2018, NZA 2018, 1544 Rn. 29 = BAGE 163, 326.

[158] 劉春堂，債編各論（中），2020年5月，頁10。王易明，勞工保險與職業災害勞工請求賠償抵充之研究，國立中正大學法律學系碩士論文，2021年1月，頁98以下。

無法律基礎為他人工作。除非他只是從事部分時間工作或微量工作（兼職）。而且，既然在一般僱傭關係中，受僱人得部分時間工作或微量工作，則舉重以明輕，確認僱傭關係存在之訴或給付受領勞務遲延工資之訴進行中當然得從事此類工作。只是，民法第487條但書之「轉向他處服勞務或不得故意怠於取得利益」，並不以部分時間工作或微量工作為限，而是包括全部時間的工作。

其中，所謂「因不服勞務所減省之費用」，係指勞工為提供勞務所支出之必要費用，屬於為自己利益所為，例如通勤費用、伙食費用、租屋費用等。至於「轉向他處服勞務所取得」，除了受僱為他人工作外，似應擴大解釋為所有有酬的勞動行為，包括受任人（例如委任經理人）、承攬人、其他為自己營利之自僱者（自營作業者）、企業經營人、甚至已經從事公職之公務員或民意代表等。倒是，有問題的是，何謂「故意怠於取得之利益」？其似非指單純贈與而言，蓋其與未服勞務並無何關聯性，故如係因服勞務而應得之報酬而故意不取得，固然屬之，即使是雇主所給付之非報酬之福利（獎金、津貼）、社會性給付等，勞工亦不得故意怠於取得。只不過，針對他人主動提供的工作機會或明顯可得的具體工作機會，即使與其原來的工作並不等值，如果勞工無任何無期待可能性之正當事由（例如社會評價大幅降低）而拒絕之，以至於未能取得報酬，解釋上亦屬於故意怠於取得[159]（至於雇主提供的其他工作機會，勞工可以拒絕之，並不屬於此處的故意怠於取得）。而在現代，由於就業保險法係採取積極的勞動市場政策，再觀其第11條第1項第1款「失業給付：被保險人……，具有工作能力及繼續工作意願，向公立就業服務機構辦理求職登記，自求職登記之日起十四日內仍無法推介就業或安排職業訓練。」及第23條第1項「申請人與原雇主間因離職事由發生勞資爭議者，仍得請領失業給付。」的立法意旨，針對就業服務機構所推介的工作，被保險人如無任何無期待可能性之正當事由而拒絕者（就業保險法第13條參照），亦應將之解釋為此處的故意怠於取得。不同的是，如果被保險人已經辦理求職登記而且也努力結束失業狀態，但仍然無法被推介就業或安排職業訓練，以至於領取失業給付者，該失業給付即非此處的「利益」可言，況且被保險人並無「故意怠於取得」，而是積

---

[159] 同說，劉春堂，前揭書，頁10。在德國，公司的委任經理人亦有德國民法第615條第2句（相當於台灣民法第487條但書）之適用。所以，公司如果提供經理人比經理人職務低的工作機會，經理人固然得拒絕之，但該工作如具有期待可能性，則仍然有扣除權之適用。這尤其是指該工作相當接近於經理人機關地位的聲望及領導功能者。Alexander Stöhr, Der Beschäftigungs- und Vergütungsanspruch des GmbH-Geschäftsführers nach Kündigung und Abberufung, NZA 2020, 1443.

極取得。所以，雇主並不得主張扣除[160]。同樣地，雖然職業訓練生活津貼具有所得替代的性質（就業保險法第19條參照），也非屬於「利益」，也無故意怠於取得可言。惟這並非表示勞工可以兼得失業給付及雇主所給付的工資，而是應依就業保險法第23條第2項規定處理。依之，「前項爭議結果，確定申請人不符失業給付請領規定時，應於確定之日起十五日內，將已領之失業給付返還。屆期未返還者，依法移送強制執行。」亦即勞工確認僱傭關係存在之訴勝訴時，即應返還失業給付；反之，如果確認僱傭關係存在之訴敗訴時，即可保有失業給付，但不得要求雇主給付工資。至於職業訓練生活津貼部分，由於並無類似就業保險法第23條第2項的規定，故勞工似有可能兼得職業訓練生活津貼及雇主所給付的工資，即確認僱傭關係存在之訴敗訴時，只能領取職業訓練生活津貼，而無工資請求權；反之，如勝訴時，勞工除得要求雇主給付工資外，並無須返還職業訓練生活津貼。

上述就業保險法第23條第2項規定的設計，也與勞動事件法第49條法院依勞工之聲請，所為之繼續僱用及給付工資之定暫時狀態處分，性質上為程序上的僱用（Prozessbeschäftigung），無所牴觸。依理而言，在繼續僱用期間，勞工即不得依就業保險法規定申請失業給付或職業訓練生活津貼。而在「法院因勞工受本案敗訴判決確定而撤銷第一項、第二項處分之裁定時，得依雇主之聲請，在撤銷範圍內，同時命勞工返還其所受領之工資，並依聲請附加自受領時起之利息。但勞工已依第一項、第二項處分提供勞務者，不在此限。」（勞動事件法第49條第3項參照）此時勞工得依不當得利之法理保有工資，且無返還失業給付或職業訓練生活津貼之問題。

承上而來者，所剩下的，是勞工非自願性離職，未向就業服務機構辦理求職登記，而只是單純地不找尋工作機會（含只是單純查看公立的或民間的機構，所提供給不特定的社會大眾公開使用的人力供需資訊，但未有進一步行動者[161]），且他人未主動提供工作或無明顯可得的具體工作機會者，即無利益可

---

[160] 與台灣不同者，在德國，依據解僱保護法第11條第3款規定，被保險人領取的失業給付金及失業給付金II，雇主得主張扣抵。依之，「Besteht nach der Entscheidung des Gerichts das Arbeitsverhältnis fort, so muß sich der Arbeitnehmer auf das Arbeitsentgelt, das ihm der Arbeitgeber für die Zeit nach der Entlassung schuldet, anrechnen lassen, ... 3.was ihm an öffentlich-rechtlichen Leistungen infolge Arbeitslosigkeit aus der Sozialversicherung, der Arbeitslosenversicherung, der Sicherung des Lebensunterhalts nach dem Zweiten Buch Sozialgesetzbuch oder der Sozialhilfe für die Zwischenzeit gezahlt worden ist. Diese Beträge hat der Arbeitgeber der Stelle zu erstatten, die sie geleistet hat.」

[161] 德國聯邦勞工法院即是採取此種見解，BAG v. 27.5.2020, NZA 2020, 1114 Rn. 14。

供故意怠於取得。

　　而在勞工提起確認僱傭關係存在之訴並要求給付工資或以受領勞務遲延為由提起給付工資之訴時，雇主得以上述事由提出異議（Einwendung）並且主張扣除權。為此，雇主負有「因不服勞務所減省之費用，轉向他處服勞務所取得，或故意怠於取得之利益」之舉證責任。雖然如此，除了「因不服勞務所減省之費用」為雇主所知外，勞工「轉向他處服勞務所取得，或故意怠於取得之利益」，雇主並無法知悉（有無從事有酬勞動以及收入多少的）實情且無可歸責事由，另外，基於個人資訊資料的保密，雇主亦無權要求或訴請第三人（包括新任職的事業機構、就業服務機構）提供相關資訊[162]，故僅能要求勞工提供之[163]，如此，始能順利行使扣除權。所以，雇主得提出異議、或單獨提起提供資訊之訴或提起反訴（民事訴訟法第260條第1項、勞動事件法第2條第2項參照）。對此，雖然民法第487條但書並無資訊請求權的規定[164]，惟解釋上勞工依據實體法的誠實信用原則（台灣民法第148條第2項、德國民法第242條參照），負有提供資訊之附隨義務，蓋其提出並無重大困難、而且不會非法地改變訴訟法上的舉證狀況、並具有期待可能性[165]。其應將就業服務機構所推介或建議的工作，亦即：哪些事業單位提供何種工作機會、工作時間、地點以及工資等，提供給原雇主知悉。一旦雇主單純提出異議，似乎即有勞動事件法第33條第1項「法院審理勞動事件，為維護當事人間實質公平，應闡明當事人提出必要之事實，並得依職權調查必要之證據。」之適用[166]。果如此，法院並得為一部（終局）判決（台灣民事訴訟法第381條、第382條、德國民事訴訟法第301條第1項第1句（§ 301 I 1 ZPO）參照）。須注意者，勞工只需提供資訊即

---

[162] 即使聘請偵探社或其他人士蒐集資料，也必須遵守個人資料保護法的界線。

[163] Alexander Stöhr, Der Beschäftigungs- und Vergütungsanspruch des GmbH-Geschätsführers nach Kündigung und Abberufung, NZA 2020, 1439, 1444.依據德國民事訴訟法（ZPO）第138條第3項規定，如果勞工毫無困難地得說明細節，所以負有輔助的／次級的舉證責任（sekundäre Darlegungslast），提供有關工資的額度及領取期間的具體資訊。

[164] 不同的是，德國商法典（HGB）第74c條第2項有資訊請求權之規定（Der Gehilfe ist verpflichtet, dem Prinzipal auf Erfordern über die Höhe seines Erwerbes Auskunft zu erteilen.），德國民法第615條第2句類推適用之。BAG v. 27.5.2020, NZA 2020, 1114 Rn. 17.

[165] Vgl. BAG v. 2.8.2017, NZA 2017, 1631 Rn. 6 = BAGE 160, 37; v. 1.12.2004, NZA 2005, 289 = BAGE 113, 55.在德國，基於民法第242條而來之資訊請求權已具有習慣法的地位。BAG v. 27.5.2020, NZA 2020, 1116 Rn. 32. BGH v. 6.5.2004, VIZ 2004, 492.

[166] 對此，德國聯邦勞工法院（BAG）也是採取職權調查主義。BAG v. 29.7.1993, NZA 1994, 116 = BAGE 74, 28.

可，至於新事業機構經由就業服務機構轉介的工作，對於勞工是否具有期待可能性及勞工是否故意怠於取得，仍應由雇主舉證證明之，這也是台灣民事訴訟法第277條[167]舉證責任之法理。

於此，本書欲就上述與勞動事件法第49條繼續僱用之定暫時狀態處分，其性質上為程序上的僱用（Prozessbeschäftigung），再做些贅言。緣勞工爭議雇主行使解僱權之合法性時，無論是勞基法第11條之預告解僱、或第12條之無預告解僱、或甚至民法第489條重大事由之終止契約，固得提起確認僱傭關係存在之訴，以落實僱傭關係存續的保障。根據第49條第1項規定，「勞工提起確認僱傭關係存在之訴，法院認勞工有勝訴之望，且雇主繼續僱用非顯有重大困難者，得依勞工之聲請，為繼續僱用及給付工資之定暫時狀態處分。」[168]可知必須先提起確認僱傭關係存在之訴，而後勞工始能聲請定暫時狀態處分，蓋法院必須根據相關的資料審查勞工是否有勝訴之望，且雇主繼續僱用非顯有重大困難之情事。所以，被解僱之勞工並不得先聲請定暫時狀態處分，而後在一定期間內提起本訴（確認僱傭關係存在之訴）（從時間上來看，勞工從被解僱到提起訴訟，可能已間隔一段時間，而到聲請定暫時狀態處分，時間可能間隔更久）。此似與民事訴訟法第538條第1項規定，「於爭執之法律關係，為防止發生重大之損害或避免急迫之危險或有其他相類之情形而有必要時，得聲請為定暫時狀態之處分。」得先聲請為定暫時狀態之處分，而後提起本案訴訟者，有所不同。另外一個問題是，如果勞工提起確認僱傭關係存在之訴，但卻未聲請繼續僱用及給付工資之定暫時狀態處分，雇主為免將來敗訴必須補給勞工工資，因此，得否主動提出聲請？對此，本書以為應持否定說，蓋勞動事件法第49條已經明定「得依勞工之聲請」，雇主並無聲請權。倒是，勞雇雙方似得合意繼續提供勞務及給付工資至終局判決時，以兼顧雙方的利益。且此並不影響確認僱傭關係存在之訴之進行。

此種經由法院所為的繼續僱用及給付工資定暫時狀態處分，乃能確保勞工理想的及實質的僱用利益。其係基於一般人格權的保障而來，使得勞工得經由工作實現自我。所謂理想的僱用利益，是指勞工可以繼續從事契約所約定的、

---

[167] 相對地，在德國，是§ 138 I und II ZPO。

[168] 在德國，程序上的僱用／一般的繼續僱用請求權（allgemein Weiterbeschäftigungsanspruch），係以解僱明顯地無效及雇主並無具有優先需要保障的利益為前提。其法律依據為德國民法第242條、第611a條、第613條（等同台灣民法第148條第2項、第487條、勞基法施行細則第7條）。BAG v. 27.2.1985, NZA 1985, 702 = BAGE 48, 122, 139.

符合其資格能力的工作。至於實質的僱用利益，是指勞工可以請求受領勞務遲延工資而言[169]。惟由於其並非係勞工在訴訟中提出請求，而後經雇主同意暫時繼續僱用或另訂一勞動關係至終局判決時，故其性質為程序上的僱用，而非實體法的繼續僱用。其差別點是，後者，在勞工確認僱傭關係存在之訴敗訴時，訴訟期間的勞動關係應以事實上勞動關係處理，即該段期間應以有效的勞動關係對待，原勞動契約的工資等勞動條件及參加社會保險繼續有效，也包括傷病期間（勞工請假規則第4條第3項參照）及國定假日（勞基法第37條參照）的薪資繼續給付[170]，惟在判決敗訴確定後，雇主得立即或以自定的日期終止契約關係，不須經過預告期間。不同的是，如果是前者，則僅是法院的裁定暫時的繼續僱用，原僱傭關係已經結束，事業單位並無繼續給付工資[171]等勞動條件及參加社會保險之義務。而在勞工確認僱傭關係存在之訴敗訴時，訴訟期間並不存在事實上勞動關係[172]，雙方應以不當得利處理其權利義務（民法第179條參照）。即勞工得向事業單位要求返還其所獲得之勞務之利益（Wertersatz）。由於並無事實上勞動關係，事業單位只需返還勞工事實上有提供勞務之利益，至於勞工因傷病及國定假日而未工作之日，即無返還利益可言[173]。

　　上述法院所為之程序上的僱用，並無法強制原雇主與已被解僱的勞工成立新的勞動關係。原雇主似乎亦得與被解僱的勞工議定（與原勞動契約）不同的工資及其他的工作條件。所以，兩者間並非存在一「次級的勞動關係Arbeitsverhältnis zweiter Klasse」，而是根本無勞動關係[174]。蓋傳統上勞工身分之取得，係以勞雇雙方訂立勞動契約為前提（所謂的「契約理論」Vertragstheorie），而非只是勞工單純編入生產組織及生產過程（所謂的「編入理論」Eingliederungstheorie）[175]即可。在此，並不存在事實上的勞動關係，因

---

[169] Alexander Stöhr, Der Beschäftigungs- und Vergütungsanspruch des GmbH-Geschätsführers nach Kündigung und Abberufung, NZA 2020, 1439, 1440.

[170] 週日或例假、休息日性質為法定的免除勞務而有薪之日，故非工資繼續給付或工資喪失原則的適用對象。

[171] BAG v. 17.1.1991, NZA 1991, 769 = BAGE 67, 88.

[172] BAG v. 10.3.1987, NZA 1987, 373 = BAGE 54, 232; v. 1.3.1990, NZA 1990, 696 = BAGE 64, 239.

[173] 德國的相關判決，BAG v. 27.5.2020, NZA 2020, 1169 ff.

[174] BAG v. 27.5.2020, NZA 2020, 1171 Rn. 26; Horst Konzen FS Hyung-BAE Kim, 1995, 63, 78. Zöllner/Loritz/Hergenröder, Atbeitsrecht, 6. Aufl., 2008, 223.

[175] 此一「編入理論」產生於納粹德國時期，惟隨著「身分法上之共同關係理論」被揚棄，此一理論也逐漸消聲匿跡。BAG v. 27.5.2020, NZA 2020, 1170 Rn. 17.有關「身分法上之共同關係理論」的說明，請參閱楊通軒，個別勞工法：理論與實務，第六版，2019年7月，頁30、44。

爲其以無效的契約基礎而提供勞務爲前提，即雙方有意思表示的合致，但卻無效或可得撤銷而言[176]。也就是說，至少雇主認知且願意受領勞工所提供的勞務。但程序上的僱用卻非如此[177]。另外，除非法律有明定，否則並無可能擬制成立勞動關係（法院及行政機關均無強行擬制的權限）。例如勞基法第17條之1第3項規定，「要派單位應自前項派遣勞工意思表示到達之日起十日內，與其協商訂定勞動契約。逾期未協商或協商不成立者，視爲雙方自期滿翌日成立勞動契約，並以派遣勞工於要派單位工作期間之勞動條件爲勞動契約內容。」即有附條件擬制的設計[178]。

第二項　勞工提供勞務障礙的繼續給薪

相異於上述之雇主受領勞務遲延，在勞動關係存續中，勞務的提供也可能發生障礙，其原因或者爲勞工（給付）不能或無法工作、或者雇主的不能繼續其事業經營，具有各種不同的具體原因[179]，則雇主是否仍負有工資繼續給付義務責任？

針對勞務提供發生障礙，如係起因於事業單位停工，則停工期間工資如何發給疑義，中央勞政機關認爲「一、……應視停工原因依具體個案認定之：（一）停工原因如係可歸責於雇主，……停工期間之工資應由雇主照給。另停工原因如屬雇主經營之風險者，爲可歸責於雇主之事由。（二）停工原因如係不可歸責於雇主，而係歸責於勞工，雇主可不發給工資。（三）停工原因不可歸責於勞雇任何一方者，勞工不必補服勞務，雇主亦不必發給工資。但勞雇雙方如另有約定者，從其約定。二、準此，歸責於雇主之停工，工資自不得低於基本工資。……不可歸責於勞雇任何一方之停工，勞工不必補服勞務，雇主亦可不發給工資，但勞雇雙方另有約定者，從其約定，不受基本工資之限

---

[176] BAG v. 3.11.2004, NZA 2005, 1409 = BAGE 112, 299.

[177] BAG v. 27.2.1985 – GS 1/84, NZA 1985, 702 [zu C II 3 b] = BAGE 48, 122.

[178] 同樣地，2014年2月派遣勞工保護法草案第8條第1項規定，「派遣勞工於同一要派單位工作滿一年，並繼續爲該要派單位提供勞務者，得以書面向要派單位提出訂定勞動契約之意思表示，要派單位未於收到通知之日起十日內以書面表示反對者，該派遣勞工與要派單位成立勞動契約。」也是採取附條件擬制的設計。

[179] 在雇主無法繼續其事業時，通常勞工即無法工作；相反地，勞工不能工作時，通常與雇主之能否繼續事業無關。

制。」[180]

　　觀察上述函釋，「停工」可能起因於不同的原因，因此，停工實際上是結果。其也可能出自於勞工特定的原因，導致雇主停工，如此，實較近於勞工（給付）不能或無法工作的情形。須注意者，上述函釋所指之「停工」，似乎是指暫時性地停止運作（例如幾日），即暫停營業，而非永久性地關廠、歇業或破產。但也可能因天然災害，所造成廠房或機器設備的損害，需要一段時間的修復或重新購置，而有經年累月的情形。果然如此，雇主即有可能歇業、清算或宣告破產，並且依積欠工資墊償基金辦理。另外，此一暫時性的停止運作，也可能只是廠場的一部分而已，例如勞工行使職業安全衛生法第18條的退避權。

　　需注意者，此一三分法的風險分配，是否均可歸入勞工提供勞務障礙的範疇？以下將加以說明。惟先一言者，此處之勞工提供勞務障礙，並不包括勞工基於法令而來的各種假期，例如勞基法中之例假、休息日、國定假日、特別休假、謀職假（勞基法第16條第2項參照），勞工請假規則中之各種假別，以及性別工作平等法中之各種假別，且不問其是否有雇主不能繼續其事業薪或無薪。另外，勞雇雙方合意免除勞務之情形，除非法令另有規定（例如無薪休假／減班休息），亦不屬之。舉例而言，勞動契約雙方當事人可以約定在一定期間內，勞動關係繼續存續，但勞工得以免除勞務，例如於預告終止勞動契約至期間屆至前（勞基法第16條第1項規定），勞工無需提供勞務。至於雇主是否亦同時免除報酬給付義務，除了法令另有規定（例如勞基法第16條第3項之情形）外，完全視雙方之約定而定。

一、雇主不能繼續其事業

　　依據上述函釋，可知雇主不能繼續其事業或生產活動，可區分為可歸責於雇主、不可歸責於雇主，以及不可歸責於勞雇雙方當事人等原因。此處的可歸責或不可歸責，大多並非指故意過失，而是指歸屬於或起因於雇主的領域而言。根據不同的原因，衍生出雇主應繼續給付薪資或免除薪資義務。惟無論是哪一種原因，由於都未達勞動關係暫時中止／休止的狀況，因此，工作年資應

繼續計算至勞動契約終止日[181]。

　　以可歸責於雇主而言，又可分類為「與雇主經營風險無關者」及「屬雇主經營之風險者」兩部分。後者，應係指與生產活動或銷售活動有關者，例如生產材/原料短缺、無訂單或訂單不足、產品未能銷售或庫存太多、資金欠缺等。這些都是屬於雇主的經濟風險，與天災事變等不可抗力、停電或停水、或突發事件（火災、機器設備障礙）、購買的機器設備未到或未裝置好、甚至因法令規定或行政機關命令等屬於一般所稱的企業風險者，尚有不同。倒是，依據勞基法施行細則第2條第4款「雇主因天災、事變或其他不可抗力而不能繼續其事業，致勞工未能工作者。」計算平均工資時，其期日或期間均不計入。立法者似無意將「天災、事變或其他不可抗力」作為企業風險理論的事由，而是依據民法第266條第1項「因不可歸責於雙方當事人之事由，致一方之給付全部不能者，他方免為對待給付之義務；⋯⋯。」處理。其或許是基於「天災、事變或其他不可抗力」對於企業影響重大，甚至已危及企業的生存的理由而來。至於停電或停水[182]、突發事件、因法令規定或行政機關命令等，則視個案是否可歸責於雇主，而分別依民法第225條第1項「因不可歸責於債務人之事由，致給付不能者，債務人免給付義務。」或第226條第1項「因可歸責於債務人之事由，致給付不能者，債權人得請求賠償損害。」處理。在此，勞雇雙方應可自由約定不受民法第225條、第226條、第266條規定之適用。其與傳統企業風險理論，重在於其係發生在企業範圍之內、且不問雇主有無故意或過失者[183]，尚有不同。只不過，經濟風險雖然法無明定，但實應將之歸由雇主承擔，並不免除工資給付義務（這表示雇主不得隨意砍班）[184]。至於前者（指「與雇主經營風險無關者」），係指雇主違反相關法令，所做的主動地或被迫停止生產活動者。例如（一）雇主惡意停工、歇業或關廠；或者（二）違反環境保護法令，

---

[181] 內政部75年4月16日（75）台內勞字第399864號函：事業單位因故停工，勞動契約如未終止，年資應繼續計算至勞動契約終止日。至於計算平均工資時，該停工期間之工資及日數均不列入計算。

[182] 在台灣，雇主因停電或停水而無法營運，係以不可歸責於雙方當事人事由處理，雇主免付工資。

[183] 在德國，對於勞工通勤途中可能遭遇各種狀況（包括沙塵暴、公共運輸車輛事故、道路交通壅塞等），以至於未能準時到班的通勤風險（Wegerisiko），學者殆皆認為其風險應歸由勞工承擔，即該段時間勞工無工資請求權。Hanau/Adomeit, Arbeitsrecht, 13. Aufl., 2005, S. 244 Rn. 817, Söllner, Grundriß des Arbeitsrechts, 9. Aufl., 1987, S. 268 Fn. 15.

[184] 例外地，針對事業單位受景氣因素影響，勞雇雙方得協商減少工時，並且按比例減少工資。請參照勞動部「因應景氣影響勞雇雙方協商減少工時應行注意事項」。

被目的事業主管機關處以停工或停業制裁[185]。在此，（一）實際上爲前述之雇主受領勞務遲延，而（二）則與雇主拒絕受領勞務或拒絕給付工資，即使勞工爲數眾多，仍然尚有不同。

至於不可歸責於雇主，係指出自於勞工方面的原因，以至於雇主不能繼續其事業之情形，其並不以達到關廠、歇業的程度爲要。最主要的例子爲勞工從事集體的爭議行爲，尤其是罷工、集體休假等（不問合法或非法），但也包括非法的圍堵及糾察線。至於基於政治運動或社會運動（例如2019年6月「守護香港反送中」大遊行、2021年2月緬甸軍事政變）所造成的生產或服務停頓，亦屬之。如果雇主對於罷工、集體休假採取防禦性鎖廠，由於是肇因於對抗勞工及工會的行動而起，似應將之歸類爲不可歸責於雇主的停止營運，雇主即免除工資給付義務。附帶一言者，就如罷工般，鎖廠也可以僅是對於廠場或企業的一部爲之，在此時，雇主在有法律依據時（例如團體協約約定或勞資會議決議）得要求進行縮短工時的工作（Kurzarbeit）（即無薪休假／減班休息）。

在實務上屢屢出現、且爲各界熱烈討論的，毋寧是不可歸責於勞雇雙方當事人之停止營運期間，雇主是否應繼續給薪？這主要是指天然災害及事變而言，但也包括公用事業之停止提供水、電等服務。甚至，勞雇雙方合意無薪休假期間也被等同不可抗力處理。依據勞基法第11條第3款「不可抗力暫停工作在一個月以上時」，雇主得預告終止勞動契約。勞基法施行細則第2條第4款則規定，「雇主因天災、事變或其他不可抗力而不能繼續其事業，致勞工未能工作者。」其期日或期間不計入本法第2條第4款計算平均工資之六個月期間。後者，似可間接推出勞工並無工資請求權。這似乎係依據民法第225條及第266條規定而來，即採取民法「未工作，無報酬」（No Work, No Pay; Ohne Arbeit, kein Lohn）的理論。須注意者，在此，此一「雇主因天災、事變或其他不可抗力」並不以有行政機關的公告爲前提，而是以事實上已有此等不可抗力事件爲足。換言之，即使未有權責機關（構）的公告或通報，並無礙於此一「未工作，無報酬」理論的適用。「天然災害發生事業單位勞工出勤管理及工資給付要點」第6點（二）即是規定，「勞工工作所在地未經轄區首長依作業辦法規定通報停止辦公，惟勞工確因颱風、洪水、地震等因素阻塞交通致延遲到工或未能出勤時。」至於勞雇雙方的權利義務，似亦應回歸勞動契約的規定或理論

---

[185] 行政院勞工委員會102年1月22日勞檢1字第1020150046號函參照。如以非法的動物（尤其是狗、貓）繁殖場而言，即可能面臨目的事業主管機關以違反動物保護法爲由而予以停工或停業制裁。

處理（第9點參照）。

　　晚近，發生在2019年底、2020年初的武漢肺炎（新冠肺炎）（COVID-19, Pandemie），中央政府似乎亦係將之比照不可抗力處理。對於此種不可歸責於勞僱雙方當事人之停止營運期間，勞工有無工資請求權？是否應區隔染疫者或單純隔離者而做不同的對待？勞基法及其施行細則並無明文規定[186]。雖然如此，對於法定傳染病或重大疫情所造成停止營運及停工之情形，是否宜將之等同不可抗力處理，並非無疑。因為疫情所造成的影響並不相同，不僅有被宣告停止營運的區域或事業單位（shut down or lock down）與未被宣告者的不同，也有被染疫者及單純被隔離者是否應給予不同對待的差異，不宜不分青紅皂白地一視同仁。以被宣告停止營運的區域或事業單位而言，雖然是出自衛生主管機關的命令，惟似可與天然災害所造成的停工等同處理，雇主得依據民法第266條主張免除工資之給付。只是，從防治傳染病的角度，中央政府或主管機關應可發與勞工補助／貼。目前，「嚴重特殊傳染性肺炎防治及紓困振興特別條例」第3條及第4條並未排除事業單位或部分地區被宣告停止營業之情形。話又說回來，如果疫情已經達到難以控制或相當嚴重的程度，即使官方未宣告停止營業，雇主應得自行採取停工之行為，並且停止給付工資，但勞工恐不得向主管機關申請補助／貼。

　　在此，尤其應釐清的是，如果主管機關對於染疫者或被隔離者給予補償時，則補償與工資間的競合關係為何？即補償是否取代工資（所謂的「優先理論」Vorrangtheorie）？或者勞工仍應先向雇主請求工資（所謂的「輔助理論」Subsidärtheorie）？對此，我國主要係規定在「嚴重特殊傳染性肺炎防治及紓困振興特別條例」第3條及第4條，惟其似乎以被防疫隔離者及照顧被隔離者之家屬為對象，而未及於被染疫者（其實被染疫者係以職業災害或普通傷病處理）。針對被防疫隔離者，依據第3條第1項但書規定，「但有支領薪資或依其他法令規定性質相同之補助者，不得重複領取。」而針對被防疫隔離者及照顧被隔離者之家屬，依據第4條第1項規定，「機關（構）、事業單位、學校、法人、團體給付員工依前條第三項規定請假期間之薪資，得就該薪資金額之百分

---

[186] 在德國，學術界及實務界的多數見解，也認為醫療院所配合政府機關為對抗新冠肺炎所做的關閉醫醫療院所行為，屬於受僱者應該承擔的一般生活風險（allgemeines Lebensrisiko），與企業風險（Betriebsrisiko）不同，並無工資請求權。Fischinger/Hengstberger, Lohnanspruch bei pandemiebedingten behördlichen Betriebsschließungen? NZA 2020, 559 ff.依本書所見，其他勞工也受到一般生活風險的適用。

之二百，自申報當年度所得稅之所得額中減除。其給付員工依中央流行疫情指揮中心指揮官所爲應變處置指示而得請假期間之薪資，亦同。」其似乎課雇主繼續給付工資之義務。果然如此，本書以爲針對補償與工資間的競合關係，「嚴重特殊傳染性肺炎防治及紓困振興特別條例」似乎係採取「輔助理論」，即被防疫隔離者及照顧被隔離者之家屬，應代理勞工先向雇主請求工資，如無工資請求權，則再向國家機關請求補償／助（防疫補償）[187]。畢竟，補償僅是出於公平的考量，希望提供被禁止工作者實質上的幫助而已。

　　雖然如此，本書以爲對於被防疫隔離者（受隔離者或受檢疫者），只是被懷疑染疫者或者帶菌者，固然基於勞動契約之保障同事健康的附隨義務（勞基法第14條第1項第4款參照）而不得到廠，惟勞雇雙方應得約定在家工作／家庭辦公室工作（Homeoffice），以取代到廠／到公司上班，並給付原定的工資[188]。至於染疫發病者或接受治療的勞工，應視其是否因職務上關係而染病，而分別依勞工請假規則第4條第3項或勞保條例第33條以下給予工資或補償。

　　目前，我國不可歸責於勞雇雙方當事人之停止營運期間，雇主應否繼續給薪，係分散在不同的規定。最主要的，是中央勞政機關於2009年6月19日公布施行、性質屬於行政指導的「天然災害發生事業單位勞工出勤管理及工資給付要點」，明定天然災害發生時（後），雇主不得視爲曠工、遲到或強迫勞工以事假或其他假別處理，且不得強迫勞工補行工作、扣發全勤獎金（反面言之，似可扣發未上班日的伙食津貼、交通補助）、解僱或爲其他不利之處分（第6點）；勞工在無法出勤工作時，雇主宜不扣發工資。但應雇主之要求而出勤，雇主除當日工資照給外，宜加給勞工工資，並提供交通工具、交通津貼或其他必要之協助（第7點）；事業單位或雇主未參照本要點辦理，致有違反勞動法令情事者，依各該違反之法令予以處罰（第9點）。之後，中央勞政機關再度表示：「基上，天然災害發生時（後），有本要點第6點各款所定情形之一者，勞工因而延遲到工或未能出勤時，雇主如視爲曠工、遲到或強迫勞工以事假處理，並據以扣發勞工全勤獎金，致工資未全額直接給付勞工，可認雇主違反勞動基準法第22條；勞工未能出勤時，雇主如以事假處理，即未符勞工請假規則規定，可認違反該法第43條規定；雇主如強迫勞工以其他假別處理，例

---

[187] 依據嚴重特殊傳染性肺炎隔離及檢疫期間防疫補償辦法第4條規定，「前條第一項防疫補償，每人按日發給新臺幣一千元。」

[188] Ulrich Preis/Daniel Mazurek/Matthias Schmid, Rechtsfragen der Entgeltfortzahlung in der Pandemie, NZA 2020, 1137 ff.

如：強迫勞工排定特別休假，可認違反該法第38條規定。」[189]這樣看來，這似乎是一具有獨特類型的「天災假」或「颱風假」。

其實，吾人觀「天然災害發生事業單位勞工出勤管理及工資給付要點」的名稱，可知其規定重點係在（公、民營）事業單位因天然災害所致之勞工的出勤（工作）與工資給付的問題，這與該要點第6點通報停止辦公所依據之「天然災害停止上班及上課作業辦法」，其適用的對象為「各級機關及公、私立學校」者，尚有不同。在法規的性質上，「天然災害停止上班及上課作業辦法」為命令，而「天然災害發生事業單位勞工出勤管理及工資給付要點」為行政指導，兩者也有差異。

依據第6點規定，「天然災害發生時（後），經轄區首長通報雇主停止辦公，勞工因而未出勤。」顯然，中央勞政機關認為勞工未能出勤，係跟隨著各級機關及公、私立學校的停止上班上課而來，或者兩者間具有直接的關係。這應該是指當地風災、水災等已達一定基準以上，事實上導致交通、水電供應中斷或供應困難，影響通行、上班上課安全或有致災之虞者（天然災害停止上班及上課作業辦法第3條〜第5條參照）。至於事業單位是否也停止上班，則非所問。該作業辦法也並未強制事業單位停止上班。其實，也只有事業單位繼續營運，才會發生勞工被視為曠工、遲到或被強迫以事假或其他假別處理的情事。

只不過，「天然災害發生事業單位勞工出勤管理及工資給付要點」所規定之「天然災害發生時（後）」，並不必然與轄區首長依據「天然災害停止上班及上課作業辦法」通報停止辦公同時發動。吾人觀「天然災害發生事業單位勞工出勤管理及工資給付要點」第3點〜第5點，即是不以通報機關、學校停止辦公、上課為前提，而是在通報停止辦公之前已經進行或完成約定、同意。

惟，該要點第6點卻將「天然災害發生時（後）」與轄區首長依據「天然災害停止上班及上課作業辦法」通報停止辦公作為同一時間發動。此是否有問題？蓋我國地方主管機關多年來提早（前一晚或前半／一天）通報停止上班或上課的做法（天然災害停止上班及上課作業辦法第10條參照），並非當然對於事業單位的繼續營運及勞工之出勤有拘束力。也因此，天然災害停止上班及上課作業辦法第18條第2項規定，「民間企業之停止上班，依照勞動基準法或其他法令規定，由勞資雙方協商處理。」只是，多年來中央勞政機關似乎未曾根據此一規定依法行政，而是不斷宣示該要點第6點、第7點等規定，要求雇主不

---

[189] 行政院勞工委員會98年9月14日勞動2字第0980083610號函參照。

得違反之[190]。果若要具有規範效力，似應直接修改該辦法第18條第2項規定，始可得之。

再一言者。該要點第6點「天然災害發生時（後）」，解釋上為以天然災害發生時（後）為條件，即事實上已發生或正在持續中，而非完全根據官方氣象預報而提前通報停止辦公而定。依理而言，發布停止辦公的時間點應與「天然災害即將發生」即為接近，始具有天然災害的迫切性與徵顯性，我國地方主管機關多年來提早（前一晚或前半／一天）即通報停止上班或上課的做法，似乎與「天然災害發生時（後）」仍然有點距離。如果允許如此提早的通報，即應允許事後的更新或撤回，始能避免放未達颱風等級的颱風假。同樣地，即使地方主管機關前一晚或前一天未通報停止上班或上課，但第二日卻達到颱風等級，當然可以補通報停止上班或上課，因為此正符合「天然災害發生時（後）」的條件。

而因應轄區首長通報停止辦公（營運），勞工可能正處於下班中上班前，但也可能正在上班途中或正在上班中（開始上班到下班前）或正在下班途中。經由中央勞政機關依據「天然災害發生事業單位勞工出勤管理及工資給付要點」命令雇主不得要求勞工上班，事實上已被認定為具有「颱風假」的效力。惟，如上所述，此誠有問題。如果置此不論，則雖然勞工同樣受到免除勞務且不受不利待遇的保護，但是，理論上，面對不同階段的天災，雇主與勞工所應該採取的應對手段及所產生的權利義務應該會有些微差異。例如在下班中上班前接獲通報（隔日或當日）停止上班，則在天災持續至上班時間，不問風雨是否達到停班／課的標準，勞工將因中央勞政機關的行政要求而免除勞務，即勞工得拒絕上班，而雇主也有權拒絕勞工前來上班（拒絕受領勞務）。雙方並無給付遲延或受領遲延的情事。惟雙方亦得合意改為在家上班。

至於上班途中獲悉停止辦公（營運）的通報，在中央勞政機關依據「天然災害發生事業單位勞工出勤管理及工資給付要點」申明雇主不得要求勞工上班後，不問天然災害的實際狀況或颱風的強度如何，勞工即免除勞務，雇主亦無需前往事業單位開門營業。此時，勞工既已有通勤的事實，則相關的權利及保障即隨之產生，例如通勤津貼或交通補助、通勤災害的保障及限縮解釋通勤風險等。解釋上，該要點第7點但書「並提供交通工具、交通津貼或其他必要之

---

[190] 更早，內政部也宣示「關於天然災害發生，經政府有關機關宣布停止工作期間，勞工工資應否由雇主照給，宜由勞雇雙方協商決定或於工作規則中明定。」內政部76年3月20日台內勞字第487138號函參照。

協助」，亦應適用及之。

又，天然災害如果係在勞工上班／工作中發生（包括正常工作日、休息日、休假日工作），不問轄區首長有無通報停止辦公，對於勞工已工作的時數，雇主本應給付工資。如勞工係在休息日出勤工作，遇有天災、事變或突發事件之工資，中央勞政機關認為「（復）因天然災害之發生不可歸責於勞工，勞工已於休息日出勤工作者，勞雇任一方如基於安全考量停止繼續工作，已出勤時段之工資及工時，仍應依本法第24條第2項及第36條第3項本文規定辦理。」[191]

而且，基於保護照顧義務，「工作場所因天然災害發生致勞工繼續工作有發生危險之虞時，雇主或工作場所負責人應即採取足以保障勞工安全之必要措施」，亦即必須採取安全防護措施，以保障勞工繼續工作時生命身體的安全，如不足，即停止工作。在此，工作場所僅是「有發生危險之虞」，與職業安全衛生法第18條「立即發生危險之虞」，其嚴重性與急迫性尚有不同。再者，職業安全衛生法第18條規定之目的，主要是在避免發生職業災害，所以，參照該法第2條第5款職業災害的起因，係限於廠房、機器設備或原料等因素，與天然災害或事變尚無關聯[192]。然而，中央勞政機關顯然係將職業安全衛生法第18條適用於颱風，以保障勞工於颱風天強風大雨外勤作業之安全衛生[193]，其似乎係將颱風天工作視為有「立即發生危險之虞」。

又，針對勞工上班中發生天然災害，雖然該要點第6點（一）規定「……，勞工因而未出勤時。」但解釋上應包括已經出勤之情形。同樣地，第7點但書「但應雇主之要求而出勤，雇主除當日工資照給外」，應將之擴充解釋為包括勞工已在上班之情形，所以，「宜加給勞工工資，並提供交通工具、交通津貼或其他必要之協助。」亦應有其適用。

值得注意的是，上述三種不同階段的天災通報及中央勞政機關根據「天然災害發生事業單位勞工出勤管理及工資給付要點」所做的停止上班的要求，似乎只是給予勞雇雙方拒絕工作或受領勞務的決定權而已，並未強制勞雇雙方

---

[191] 勞動部107年3月14日勞動條2字第1070130380號函參照。

[192] 其實，勞工保險被保險人因執行職務而致傷病審查準則第13條本文即規定，「被保險人於執行職務時，因天然災害直接發生事故導致之傷害，不得視為職業傷害。」所以，颱風吹垮廠房、設備而壓傷勞工，似不得以職業災害處理。

[193] 勞動部106年3月3日勞動條2字第1060130136號函參照。勞動部職業安全衛生署並且於2020年8月28日修正「颱風天外勤安全指引」供事業單位參考。

必定停止勞務活動。所以，事業單位仍然得照常營運（業），並得受領自由前去工作勞工的勞務。如上所言，勞雇雙方並得約定改為在家工作。甚且，依據「天然災害發生事業單位勞工出勤管理及工資給付要點」第7點但書，「但應雇主之要求而出勤，雇主除當日工資照給外，宜加給勞工工資，並提供交通工具、交通津貼或其他必要之協助。」雇主仍得要求勞工出勤，勞工並得同意工作。對於出勤工作的勞工，雇主「宜加給勞工工資，並提供交通工具、交通津貼或其他必要之協助。」即任意性地加給工資、提供交通工具、交通津貼或其他必要之協助。解釋上，所謂「加給勞工工資」，並不以加給一倍為限，而是可以較低的水準，例如加給四分之一。至於「交通工具、交通津貼或其他必要之協助」，都是確保通勤的安全，由雙方約定提供交通工具、或給予交通津貼、或其他必要之協助。其中，「交通工具、交通津貼或其他必要之協助」只要擇一即可，並無須全部提供。以「交通工具」「交通津貼」而論，如果雇主平常已有提供交通津貼或補助，則即無須再次給與。依本書所見，對於自由前去工作的勞工、雇主並且受領其勞務者，該要點第7點但書亦應適用及之。

整體而言，吾人觀上述要點，已較採取「未工作，無報酬」之理論改善，也明確化雙方的權利義務，只不過，一者，該要點僅係行政指導，並無行政命令的效力，所以，不得與勞基法或其他勞工法令相抵觸。為明確勞工是否出勤、是否指定特定勞工出勤及相關工資給付事項，應事前透過勞資會議協商約定或於工作規則中訂定，避免衍生相關爭議[194]。二者，因為天然災害無法工作「有無工資請求權」之問題，並未在該要點中予以解決，因為要點的規定為「雇主宜不扣發工資」，並未具有強制力。三者，該要點只適用於天然災害，而不及於事變與突發事件。所以，在事變及突發事件期間有關工資請求權的問題，似乎仍係以民法第225條及第266條為處理依據。因此，雖然天然災害期間如果有扣發全勤獎金等事由，則應回歸勞基法相關規定予以制裁，此一部分應屬正確。惟，面對事變與突發事件是否亦應做相同的處理？

附帶一言者，基於自然界或物理力所產生的影響，必須達到人力一般無法對抗或採取對策的程度，始符合颱風、洪水、地震及其他經目的事業主管機關認定之天然災害。雖然目的事業主管機關是否有認定天然災害之類型不明，但中央勞政機關卻有認為「如大氣環境霾害嚴重，轄區首長已通告各機關停止上班，勞工可不出勤；又停課但未停班，勞工可請家庭照顧假或事假或特別休

---

[194] 勞動部106年3月3日勞動條2字第1060130136號函參照。

假，以照顧家中學童；……。」即「霾害嚴重」爲天然災害[195]。至於天然災害停止上班及上課作業辦法第3條第4款之「土石流災害」，雖未見之於「天然災害發生事業單位勞工出勤管理及工資給付要點」第2點，但如果其嚴重性已危及、甚至造成人命財產的損失，亦應將之作爲天然災害對待。相對地，如果只是一般天氣的變化，或者下大雨、或者颳大風，雖然會造成勞工工作的不便或艱辛（尤其是戶外工作的勞工、農業勞工），雇主卻不得以天然災害無法執行職務爲由而拒絕給付工資。所以，勞動契約不得約定因雨停止工作期間之工資不計[196]。

　　至於國際性的或區域性的或全國性的金融或經濟風暴，其嚴重性已近於不可抗力；流行性的法定傳染病，尤其是發生在2019年底、2020年初的武漢肺炎（新冠肺炎），屬於特殊的事件，性質上本非天災、事變等不可抗力，並不當然會導致企業停止營運或勞工無法工作。本可以個案加以處理（例如勞基法第14條第1項第4款參照）。如果經中央政府公告或指定暫停營運或勞工隔離、檢疫者，其有關工資及其他勞動條件的保障，亦應按照國家處理傳染病的規定，其或者以補貼／助的方式、或者以就業保險法令的規定處理[197]。只是，中央政府係將之比照不可抗力處理（嚴重特殊傳染性肺炎防治及紓困振興特別條例第3條第3項參照）[198]，此似非正確解決之道。在德國，雇主因新冠肺炎而停止營業，勞工原則上不得依據民法第615條第1句請求繼續給付工資[199]。而爲了對抗武漢肺炎（新冠肺炎），聯邦政府並且發布「新冠肺炎工作時間命令COVID-19-Arbeitszeitverordnung, COVID-19-ArbZV」[200]，暫時性地延長正常工作日的工作時間、縮短休息與下班時間、擴大允許例休假日工作。並且，

---

[195] 勞動部103年10月29日勞動條3字第1030132334號函參照。

[196] 內政部75年4月3日（75）台內勞字第387464號函參照。

[197] 如上所述，在德國，學術界及實務界的多數見解，也認爲醫療院所配合政府機關爲對抗新冠肺炎所做的關閉醫療院所行爲，屬於受僱者應該承擔的一般生活風險（allgemeines Lebensrisiko），並無工資請求權。Fischinger/Hengstberger, Lohnanspruch bei pandemiebedingten behördlichen Betriebsbeschließungen? NZA 2020, 559 ff.

[198] 依據該特別條例第3條第3項規定，「接受居家隔離、居家檢疫、集中隔離或集中檢疫者，於隔離、檢疫期間，其任職之機關（構）、事業單位、學校、法人、團體應給予防疫隔離假，且不得視爲曠職、強迫以事假或其他假別處理，亦不得扣發全勤獎金、解僱或爲其他不利之處分。家屬爲照顧生活不能自理之受隔離者、檢疫者而請假者，亦同。」

[199] Hohenstatt/Krois, Lohnrisiko und Entgeltfortzahlung während der Corona-Pandemie, NZA 2020, 413, 416.

[200] Vgl. Begr. BAnz-AT vom 9.4.2020 – V2.

要求雇主必須給予勞工補休[201]。另外，雇主依據聯邦休假法第7條第1項第1句規定，得單方要求勞工行使特別休假，假設勞工沒有立即行使「拒絕接受權Annahmeverweigerungsrecht」，即表示勞工會按時休假[202]。只不過，在台灣，即使面對武漢肺炎（新冠肺炎），中央政府並無依據「嚴重特殊傳染性肺炎防治及紓困振興特別條例」的規定（主要是第7條）或授權，而針對勞基法第38條第2條加以修正。所以，雇主並無單方命令勞工行使特別休假的權利。更不用說，中央政府並無發布特別命令或措施，以暫時性的凍結或修正工時或工資的規定。

同樣與上述天然災害或不可抗力性質不同的是：針對事業單位因台電停止供電服務，致使雇主宣布停工休息，也導致勞工雖已赴事業單位，但卻無工可做，中央勞政機關認為「該日停工因不可歸責於勞資雙方，故工資如何發給，可由勞資雙方協商。」[203]這是指整日停工之情形，如係半日或幾小時停工，當然對於有工作的時數有工資請求權。其法律依據為民法第266條第1項，「因不可歸責於雙方當事人之事由，致一方之給付全部不能者，他方免為對待給付之義務；如僅一部不能者，應按其比例減少對待給付。」解釋上，既已停工且無工資請求權，性質上等同於下班時間，勞工即得自由離開事業單位，雇主並得要求勞工離開。在此，雇主不得強迫勞工以事假或其他假別處理，且不得扣發全勤獎金或為其他不利之處分。另外，上述「天然災害發生事業單位勞工出勤管理及工資給付要點」第7點但書之「並提供交通工具、交通津貼或其他必要之協助」，應有類推適用的餘地。

最後，性質上為經濟風險、但亦被等同不可抗力事由處理者，為「因應景氣影響勞雇雙方協商減少工時應行注意事項」（以下或稱「注意事項」）[204]中無薪休假／減班休息。根據中央勞政機關的看法，「查『無薪休假』（或行政假）並非法律名詞，更非雇主得以恣為之權利。因景氣因素所造成之停工，屬可歸責於雇主之事由，工資本應依約照付。……為避免大量解僱勞工，可與勞工協商並經同意後，暫時縮減工作時間及依比例減少工資，以共度難關，惟對

---

[201] Schliemann, COVID-Arbeitszeitrecht – eine Hilfe? NZA 2020, 565 ff.

[202] Frank Bayreuther, Einseitige Urlaubsgewährung durch den Arbeitgeber und Urlaub während der Kurzarbeit, NZA 2020, 1057 ff.

[203] 行政院勞工委員會80年6月27日（80）台勞動2字第15716號函參照。

[204] 行政院勞工委員會100年12月1日勞動2字第1000133284號函參照。

支領月薪資者，仍不得低於基本工資，以及逕自排定所謂『無薪休假』。」[205]
其所謂「為避免大量解僱勞工」，與該「注意事項」第2點「為避免資遣勞
工」，人數上似有不同。前者以大量解僱勞工保護法第2條的人數為準，後者
則是以勞基法第11條的人數為準（即無人數的要求）。依本書所見，應以前者
為正確，即事業單位必須提出大量勞工可能因停工或減產而被解僱，始得協商
減少工作時間。此一行政指導、相關的函釋，以及「勞雇雙方協商減少工時協
議書（範例）」，其政策意涵固然具有正當性，惟其法律效力、工時縮減所引
起的工資及其他勞動條件問題、以及可能引起勞動契約內容變動的問題，均值
得加以探討，以下即說明之。惟在說明之前，似應先就「注意事項」與就業
保險促進就業實施辦法第二章僱用安定措施（第5條～第17條）之關係加以介
紹。

（一）「注意事項」與僱用安定措施之關係

在「因應景氣影響勞雇雙方協商減少工時應行注意事項」及「勞雇雙方
協商減少工時協議書（範例）」中，除了勞雇雙方協商減少工時及工資的規定
外，並且要求雇主在勞工自由參加勞工行政主管機關推動之短期訓練計畫或就
業協助措施時，應提供必要之協助（「注意事項」第11點、「勞雇雙方協商減
少工時協議書（範例）」六1參照）。這與2019年4月16日修正施行的「就業保
險促進就業實施辦法」（以下簡稱實施辦法）第5條～第17條之僱用安定措施
有其類似之處，但仍有不同[206]。

1. 法律性質

如前所述，「注意事項」為行政指導，而「實施辦法」則是依就業保險法
第12條第4項規定所訂定的法規命令（「實施辦法」第1條參照），具有強制施
行的效力。由於「注意事項」為行政指導，所以勞工得自願參加勞工行政主管
機關所推動之短期訓練計畫或就業協助措施，並且由雇主提供必要的協助。雖
然如此，勞工行政機關仍得因勞工參加短期訓練計畫而提供訓練津貼。

無論如何，就業保險促進就業實施辦法第5條以下之僱用安定措施、「注
意事項」及勞雇雙方協商減少工時協議書（範例），均未規定或要求雇主行使

---

[205] 行政院勞工委員會98年4月24日勞動2字第0980070071號函參照。

[206] 有關僱用安定津貼的相關說明，請參閱楊通軒，就業安全法：理論與實務，第三版，2020年
9月，頁244以下。

資遣權之前，必須先採行縮短工時／無薪休假的措施。而只是鼓勵雇主爲避免資遣或裁減員工，「得擬定僱用安定計畫，並報請公立就業服務機構核定」（「實施辦法」第7條第1項參照）或「經勞雇雙方協商同意」（「注意事項」第2點參照），推動縮短工時／無薪休假措施而已。至於雇主根據勞基法第11條以下的資遣相關規定及「解僱最後手段原則」是否應先採取縮短工時／無薪休假措施？本書持否定見解，因縮短工時／無薪休假難謂爲一較溫和的手段。

　　倒是，依據本書所見，無論是「注意事項」或「實施辦法」，雇主在施行無薪休假之前，應先窮盡其他的措施，例如令勞工先休特別假[207]。或者，可以經由廠場中所訂定的、法所允許的「工作時間變動調整Arbeitszeitschwankungen」措施[208]避免之。

2. 適用事由及對象

　　在適用事由部分，依據「注意事項」第2點爲「事業單位受景氣因素影響致停工或減產，爲避免資遣勞工」，而「實施辦法」第7條第1項則規定「雇主因經濟不景氣致虧損或業務緊縮，爲避免裁減員工」。兩者均係肇因於經濟不景氣因素，只是，前者爲已致「停工或減產」，後者則是已致「虧損或業務緊縮」。後者係根據勞基法第11條第2款的規定而來，似乎較爲具體明確。

　　在適用對象上，由於「實施辦法」係依就業保險法第12條第4項所訂定的法規命令，該辦法所定雇主，爲就業保險投保單位之民營事業單位、團體或私立學校（「實施辦法」第2條第1項參照）。因此，勞工必須爲參加就業保險之被保險人。並且，僱用安定計畫經公立就業服務機構核定後，雇主得代被保險人向公立就業服務機構申請核發薪資補貼（「實施辦法」第7條第2項參照）。至於「注意事項」的適用對象則無限制，既不以參加就業保險者爲限，也不要求係受到勞基法適用的勞工。解釋上，只要是就業服務法適用的受僱員工即可。

3. 適用時機及程序

　　所謂適用時機，係指發動措施的時機而言。此在「注意事項」中並無明定，「實施辦法」第5條第1項則是規定「每月領取失業給付人數占該人數加上

---

[207] BT-Drucks. V/2291, 70 f.有關我國無薪休假相關法律問題之探討，請參閱韋文梵，臺灣企業實施無薪休假之研究，國立中正大學勞工關係學系碩士論文，2013年7月。

[208] 這是指時間戶頭（Arbeitszeitkonto）而言。

每月底被保險人人數之比率，連續三個月達百分之一以上」，則中央主管機關經邀集勞工、雇主、政府機關之代表及學者專家，召開僱用安定措施啟動諮詢會議後，得辦理僱用安定措施。這似乎是將「實施辦法」定位在緊急性的非常措施，與「注意事項」逐漸成為常態性的措施者不同。此種制度上不同的設計，將難免產生一個施行上的現象，亦即：「注意事項」先行、而「實施辦法」後行。蓋「實施辦法」的啟動較為嚴格所致。畢竟，要達到台灣就業保險促進就業實施辦法第5條規定之失業率，時空環境要很特殊、險峻。

一旦中央主管機關公告辦理僱用安定措施，並非謂因經濟不景氣致虧損或業務緊縮之雇主即當然受到適用，而是得在自由意願下，擬定僱用安定計畫，並報請公立就業服務機構核定後，適用之。並且，僱用安定計畫也必須獲得勞資會議同意（「實施辦法」第8條第1項參照），始能施行。

在適用程序上，「注意事項」除要求經勞雇雙方協商同意外，「該事業單位有工會組織者，宜先與該工會協商，並經與個別勞工協商合意。」即工會的協商並無強制性。至於「實施辦法」第8條第1項則規定，「前條規定之僱用安定計畫，涉及雇主與被保險人約定縮減工時及依其比例減少薪資者，應經勞資會議同意，……。」亦即必須經過勞資會議同意始可生效。只是，不清楚者，究竟是個別勞工與雇主的協商同意先行？或者勞資會議同意先行？另外，如果經勞資會議同意，個別勞工得否表示不同意？本書以為個別勞工與雇主的協商同意應該先行，而後再送請勞資會議進行同意程序。而一旦勞資會議不同意，雇主即不得實施該僱用安定計畫。

4. 實施期間

在實施期間方面，依據「注意事項」第8點前段規定，「事業單位實施減少工時及工資之期間，以不超過三個月為原則。如有延長期間之必要，應重行徵得勞工同意。」即只要景氣因素影響致停工或減產的情況持續，勞雇雙方即可一再地協商同意延長實施期間。至於「實施辦法」第6條第1項、第2項則規定，「中央主管機關公告辦理前條僱用安定措施之期間，最長為六個月。前項期間屆滿當月，仍有前條第一項規定之失業狀況時，中央主管機關得公告延長之。但合計最長一年。」即法定最長合理期間為一年。

5. 有無補助／貼

「注意事項」與「實施辦法」的差異，尚存在於有無補助／貼。前者，

「注意事項」第11點及「勞雇雙方協商減少工時協議書（範例）」六1並未規定。雖然如此，勞工行政機關仍得因勞工參加短期訓練計畫而提供訓練津貼。只是，此一無薪休假期間所給予勞工的訓練津貼，性質上並非薪資補貼或並非替代損失的工資[209]。

　　後者，在「實施辦法」第7條第2項、第9條、第12條～第17條均有薪資補貼的規定[210]。依據第9條規定，「僱用安定計畫之被保險人領取薪資補貼，應符合下列資格：一、於僱用安定計畫實施前，就業保險投保年資累計達一年以上。二、於約定縮減工時前三個月，係依按月計酬者，且平均每週正常工時達三十五小時以上。」再依據第7條第2項規定，「前項僱用安定計畫經公立就業服務機構核定後，雇主得代被保險人向公立就業服務機構申請核發薪資補貼。」可知薪資補貼是由勞工領取。需注意者，依據第12條第1項規定，在縮短工時期間，勞工必須在正常工作時間接受職業訓練。如觀其第2項規定，「雇主應檢附由訓練單位開立之參訓期間及時數證明文件」，僱用安定計畫仍然必須內含進修訓練或繼續訓練（所謂以「訓練」替代「裁員」），可知「僱用安定薪資補貼」並非單純的薪資補貼。

（二）適用事由及對象

　　所謂「無薪休假」（或行政假）並非法律名詞，其係指勞雇雙方為因應景氣因素，所為暫時性停止勞務提供之協議。即勞雇雙方約定（部分或全部）免除勞務、並且（部分）免付工資之意。所以是採狹義工資（勞務的對價）的概念。這是在企業經營中，事業單位因景氣因素面臨訂單衰退、原物料短缺、或電力供應不足，為避免資遣勞工，與個別勞工共同合意所採取的短時性的措施。惟亦可先經由（準）勞工團體協商（一般協商、勞資會議討論或團體協商）合意（一般協議、勞資會議決議或團體協約）約定之。

　　在此，必須起因於景氣因素，即限於總體經濟環境的改變，而非個別雇主營運的良窳，也不包括政治環境因素（不穩定、甚至動亂、戰爭）所引起的生產衰退或停頓。且事實上已導致停工或減產，雇主為避免資遣勞工，始得與勞

---

[209] 有關僱用安定津貼的相關說明，請參閱楊通軒，就業安全法：理論與實務，第三版，2020年9月，頁248。

[210] 在德國，有關縮短工時津貼，可參閱Christian Zieglmeier/Stephan Rittweger, Corona-Kurzarbeitergeld: Aktuelle Hindernisse und typische Kontrollfelder nach der Krise, NZA 2020, 685 ff。

工協商合意，暫時性地縮減工作時間及減少工資[211]。所謂「停工或減產」，必須對於公司產能、營業額造成一定之影響，其有可能造成業務緊縮[212]，但卻不以虧損（勞基法第11條第2款參照）為前提，而且也不得處於歇業或關廠、破產的狀態。此處的停工或減產，並無一定期間的限制，雖然該注意事項第2點規定「暫時」，但其意為「非不定期」或「非長期」。而第8點也僅規定「以不超過三個月為原則」，並無最低期限的規定（例如一個月）。只不過，停工或減產如果只有數日或短暫期間，實難以造成公司產能、營業額相當的影響，也難以滿足「受景氣因素影響」的條件，因此而實施縮減工作時間及減少工資也無任何意義。所以，雇主理應提出事實資料，以證明因景氣因素，公司產能、營業額已受到明顯的或相當嚴重程度不利影響，且會持續一定長度的相當期間，所以必須以減少工時方式因應。

至於無薪休假的適用對象，由於係為避免資遣勞工，且「勞工因雇主有違反勞動契約致有損害其權益之虞者，可依勞動基準法第十四條規定終止勞動契約，並依法請求資遣費。」（該注意事項第3點參照）可知為受僱勞工，委任經理人並不在其內。惟限於按月計酬全時勞工（該注意事項第6點參照），包括定期契約勞工，但不包括按件計酬勞工或部分工時勞工。而且，其適用對象可以只是一部分的勞工，況且減少的工時及工資可以各有不同。雇主也可以輪流選擇勞工，作為適用的對象。對於未被納入適用的勞工，或者按照原有契約運作、或者被依勞基法第11條事由資遣、或者（經勞雇協商後）轉變為部分工時勞工。所以，學習型勞工，包括建教生、技術生等，並不在減少工時之列，事業單位仍須依原來契約所定時數進行訓練或者按照契約終止訓練。

有問題的是，對於符合勞基法或勞退條例退休條件的勞工，是否亦可為適用對象？對此，按照「勞雇雙方協商減少工時協議書（範例）」一2「實施期間勞工得隨時終止勞動契約，此時，雇主仍應比照勞動基準法、勞工退休金條例規定給付資遣費，但符合退休資格者，應給付退休金。」的反面解釋，似為肯定。惟本書以為似有再斟酌之處，即對於較短期間的減少工時，將之納入固無何不妥，但如果是較長期間的縮短工時，由於減少工資對其不利，加上其既已符合退休條件，相較於年輕勞工，保護必要性較低，似應促成勞雇雙方以退休方式處理。

---

[211] 「因應景氣影響勞雇雙方協商減少工時應行注意事項」第2點參照。
[212] 行政院勞工委員會98年3月23日勞動2字第0980130137號函參照。

（三）適用原則

1. 協商合意原則

　　如上所述，無薪休假必須限於總體經濟環境的影響，而且工時縮短的範圍及施行時間的長短，影響勞工權益（工資及福利）甚大，況且，究竟事業單位受到的影響有多大？也必須依據當時的環境而定。因此，必須經由變更勞動契約的途徑爲之，雇主並無權單方片面減少工時及工資。而且，此並無法在勞動契約中事先約定（同意或不同意）、更不得（空白）授權雇主單方決定。勞基法施行細則第7條第2款規定的諸款事項，解釋上也不包括縮減工時（無薪休假）。此處勞雇雙方的縮短工時的合意，雖然該「注意事項」第4點下半句規定「如仍有與勞工協商減少工時及工資之必要時，該事業單位有工會組織者，宜先與該工會協商，並經與個別勞工協商合意。」即採取雙重協商同意，但是，即使未與工會協商，亦不影響其效力。且「經與個別勞工協商合意」，似乎亦不限於明示的合意，只是，在發生勞工是否有默示同意或只是單純沉默的爭議時，雇主應負舉證責任。倒是，「雇主未經勞工同意，逕自排定所謂『無薪休假』，自屬無效之變更，勞工縱未於所謂『無薪休假』當日出勤，因係雇主逕自免除勞工出勤義務，勞工無補服勞務之義務，雇主仍應依原約定給付報酬。所生未全額給付勞工工資情事，主管機關可限期雇主給付工資，並依相關規定裁罰。」[213]

　　至於「注意事項」第4點上半句規定「事業單位如確因受景氣因素影響致停工或減產，應優先考量採取減少公司負責人、董事、監察人、總經理及高階經理人之福利、分紅等措施。」對於雇主並無拘束力。蓋這是企業法制所規範的事項，並不受（性質屬行政指導的）「注意事項」的限制。只是，爲何此處未將公司負責人、董事、監察人、總經理及高階經理人之報酬，列爲優先減少之項目？

　　而在勞雇協商無薪休假時，首先應就施行期間的長短達成合意。對此，依據「注意事項」第8點規定，「事業單位實施減少工時及工資之期間，以不超過三個月爲原則。如有延長期間之必要，應重行徵得勞工同意。事業單位營運如已恢復正常或勞資雙方合意之實施期間屆滿，應即恢復勞工原有勞動條

---

[213] 行政院勞工委員會98年2月13日勞動2字第0980130085號函參照。其並謂「另查所謂『無薪休假』，事涉個別勞工勞動條件之變更，故除勞工委託工會代爲協商並決定者外，尚不得以產業工會理事、監事會議已同意，即謂業經勞資雙方之合意。」

件。」其僅有最長期限「以不超過三個月為原則」，而無最短期限的規定。只是，如果只是數日或相對短暫的期間，實無施行無薪休假的必要。應該回歸一般的經濟風險理論處理即可。至於最長期限方面，如果確有受到景氣影響的具體事證，且有相當的嚴重性及明顯性，則勞雇雙方當得約定超過三個月的施行期間。無論如何，即使雙方先約定的期間超過三個月，仍得事後約定縮短之。而且，雖在雙方合意之實施期間內，而事業單位營運已經恢復正常，勞工即得以無薪休假事實不存在為由，請求回復原有的勞動契約（尤其是原有的工作時間）及勞動條件，雇主不得拒絕之。

另外，對於實施方式，雙方也須達成合意。惟何謂「實施方式」？對此，吾人如對照勞雇雙方協商減少工時協議書（範例）一1，似為約定每月幾天、每週幾日、以及每日幾小時。即為下面所述之「工作日不固定原則」，故請參閱該處之說明。

對於勞雇雙方所合意的實施期間及方式，是否應通報相關主管機關？注意事項第10點似乎未直接予以明定。蓋其第1項僅規定，「事業單位與勞工協商減少工時及工資者，應依『地方勞工行政主管機關因應事業單位實施勞雇雙方協商減少工時通報及處理注意事項』，確實通報勞工勞務提供地之下列機關：（一）地方勞工行政主管機關。（二）勞動部勞動力發展署所屬分署。」反而在第2項規定，「事業單位縮減工作時間之實施期間或方式有變更者，仍應依前項規定辦理通報。」雖然如此，解釋上應為肯定見解。「事業單位未依前二項規定辦理通報，勞工得逕向地方勞工行政主管機關反映或申訴；地方勞工行政主管機關知悉轄內事業單位有實施減班休息情事，應即進行瞭解，並依法處理。」（第10點第3項參照）

2. 衡平原則與誠信原則

無薪休假係為因應經濟景氣因素影響，避免大量解僱勞工及便於保留優質勞工，並且有助於勞動市場及社會的安定。惟實施時，有關減少工時的範圍／幅度、按比例減少的工資，以及對象選擇與實施方式，應注意衡平原則（「注意事項」第5點參照）。依本書所見，其他勞動條件（例如特別休假）的調整，也應遵守衡平原則。

另外，「勞雇雙方如同意實施減少工時及工資，應參考『勞雇雙方協商減少工時協議書（範例）』，本誠信原則，以書面約定之，並應確實依約定辦理。」（「注意事項」第9點參照）如果減少工時協議書「約定事項如有未盡

事宜，雙方同意本誠信原則另行協商。」（勞雇雙方協商減少工時協議書（範例）九參照）

3. 工作日不固定原則

　　有關無薪休假的實施方式，雙方應約定每月幾天、每週幾日、以及每日幾小時（勞雇雙方協商減少工時協議書（範例）一1參照），亦即以月薪制的工作時間，作為調整工作時間的框架，要求每月、每週均須有工作日，而被選定為工作日的每日，必須約定工作的時數。這樣看來，如以約定三個月的實施期間為例，勞雇雙方即不得將工作時間（工作日）只集中在一個月或二個月，而是每個月都有工作日。惟是否每個月的工作日數應相同？從協議書應先約定「每月幾天」觀之，似乎難得出肯定的答案。亦即得按照事業單位生產的需要，而做不同工作日數的安排。同樣地，每週的工作日數也可以不同。而被選定為工作日的每日，工作時數也可以不同。

　　較為重要的是，只須約定每週工作幾日即可，似乎無須約定每週哪幾日出勤工作，也就是說，無須約定「排定免出勤之日」，或者說，勞雇雙方得機動排定出勤之日（反面為免出勤之日）。此種方式，同於部分時間工作中「傳喚式工作」的類型（僱用部分時間工作勞工應行注意事項肆二參照）。只不過，無薪休假（縮短工時工作）與部分時間工作的本質有異，為使勞工對於每週工作日具有可預見性及對於非工作日具有可支配性（尤其是從事兼職工作），似不應採取「傳喚式工作」的工作方式。同樣地，對於被選擇為無薪休假的勞工，似乎亦無法採取「工作分享」的部分工時工作的模式，將工作予以整合，而由兩位或多位勞工分攤一個工作（僱用部分時間工作勞工應行注意事項肆三參照）。這是因為無薪休假具有一定的實施期間，到期即回復原來全時的工作。且實施期間勞工得隨時終止勞動契約（勞雇雙方協商減少工時協議書（範例）一2參照）。現在如果採取工作分享的做法，則其中之一人終止契約，恐將導致其他勞工的勞動契約同時終止的後果。

（四）適用阻礙事由

　　所謂適用阻礙事由，係指勞工在勞動關係存續中之權利，並不因實施無薪休假，而受到不利影響。這主要是涉及產假、安胎休養請假、產檢假或陪產假、傷病假及其他假別而言。

1. 產假

根據中央勞政機關的見解，「所謂『無薪休假』係勞雇雙方爲因應景氣因素，所爲暫時性停止勞務提供之協議，縱使勞工前已同意實施所謂『無薪休假』，惟產假期間，雇主依法本應停止其工作，該期間自無得實施所謂『無薪休假』，並應依無薪休假前之原勞動契約所約定工資數額給付。」[214]依其見解，勞工正在產假期間，而事業單位實施無薪休假者，產假期間並不會受到影響。本書以爲：參酌勞基法第50條及性別工作平等法第15條規定，基於母性保護的精神，應以勞工「分娩」之事實爲準，而不問其係發生在正常經營期間或無薪休假期間，均有產假期間工資請求權。

2. 安胎休養請假、產檢假或陪產假

中央勞政機關並且認爲，「……，縱使受僱者前已同意實施所謂『無薪休假』，惟基於母性保護之意旨，若受僱者提出安胎休養請假、產檢假或陪產假申請，雇主應依法給假不得拒絕。產檢假或陪產假期間，並應依『無薪休假』前原勞動契約所約定之工資數額給付；安胎休養請假期間薪資，則依相關法令之規定辦理。」[215]這表示：在實施無薪休假時，勞工僅有懷孕之事實而已，但其得主張安胎休養請假、產檢假。若是配偶（先生）之事業單位實施無薪休假，而女性勞工生產時，其配偶亦得主張陪產假。這些都是基於母性保護的意旨而來。

3. 傷病假及其他假別？

有問題的是，除了上述母性保護的假別外，尚有基於女性保護（生理假）、家庭政策（家庭照顧假）、國家政策或社會公益（公假）、勞工保護（傷病假、休息日、例假、特別休假）、以及民俗傳統（婚假、喪假）等假別，勞工是否亦不受無薪休假的影響、而繼續行使？這些假別係跟隨勞動關係而生，即使部分工時勞工亦有此等權利，因此，似乎應以肯定說爲妥。

（五）適用的勞動條件

1. 工資

本來，勞雇雙方爲因應景氣因素約定暫時免除勞務，工資將會按比例減

---

[214] 行政院勞工委員會98年3月17日勞動3字第0980130196號函參照。

[215] 勞動部105年2月3日勞動條4字第1050130153號函參照。

少。但為確保勞工基本生活的來源，「勞雇雙方協商減少工時及工資者，對於按月計酬全時勞工，其每月工資仍不得低於基本工資。」（「注意事項」第6點參照）惟此只在要求工資不得低於基本工資而已。且只適用於「按月計酬全時勞工」，即月薪制的勞工，而不及於按件計酬或部分工時勞工。也就是說，其並不受到「注意事項」的適用或保障。至於工時減少的幅度，是否已經超過（經換算而得的）為獲取基本工資所應該工作的時數，則非所問。換言之，如果僅少量減少工時或減少的幅度未達到基本工資的界線，則仍然以高於基本工資的市場工資為準。相反地，如果已經大幅度減少工時，跨越基本工資所應工作的時數，甚至縮減工時到幾近於零或免除全部的工時，則雇主仍應按基本工資給付。在此一部分，即無所謂「按比例減少工資」可言。可以說，中央勞政機關所重視者，為「減少的工資」，而非「減少的工時」（「注意事項」第3點參照）。

又，依據「注意事項」第7點，「勞雇雙方終止勞動契約者，實施減少工時及工資之日數，於計算平均工資時，依法應予扣除。」由其規定觀之，似不區分減少工時的幅度及工資是否已減至基本工資，一律不納入。而且，也不問該段期間勞工有無應雇主的請求回廠工作而支薪、甚至有延長工時工作而有加班費。此似有修正的必要。

2. 其他勞動條件

相應於工資的減少，除非法令、該注意事項、或勞雇雙方協商減少工時協議書（範例）另有規定，否則，與工資連動的給付或計算基礎，亦將會減少或暫停給付。例如「勞雇雙方協商減少工時協議書（範例）三」固然規定，「雇主應按勞工原領薪資為勞工提繳勞工退休金。」即勞工退休金提繳的薪資額度並不會降低。惟勞工保險投保薪資的計算並無類似的規定，故似會受到影響。同樣地，職工福利金的繳交、工會會費的繳納，亦應降低繳付的金錢額度。此在「注意事項」第8點下半句之「應即恢復勞工原有勞動條件」，其反面解釋即為肯定見解。

只不過，「勞雇雙方協商減少工時協議書（範例）五」已經明定，「勞雇雙方原約定之勞動條件，除前述事項外，其餘仍依原約定之勞動條件為之，雇主不得作任何變更。」所以，上述的投保薪資等，似乎仍應按無薪休假前的工資計算。如此一來，究竟應以「注意事項」第8點下半句或「勞雇雙方協商減少工時協議書（範例）五」為準？本書以為除非法令加以明定，否則，似應以

前者爲準。倒是，至於福利部分，本書以爲仍應本於自願給付原則，由雇主調整給付、或甚至取消給付。

　　另外，與工資給付無關、而是繫之於勞動關係者，則不會受到影響，例如工作年資的計算、例假、休息日、國定假日、特別休假等。這一部分，亦可歸入前述之「適用阻礙事由」。同樣地，勞工在職業災害醫療期間（勞基法第59條第2款參照），雇主仍應按其原領工資數額予以補償。

3. 無薪休假期間的獎金或紅利考量

　　除了原先的工資、其他勞動條件外，爲了適度彌補勞工的損失，「注意事項」第12點規定，「事業單位於營業年度終了結算，如有盈餘，除繳納稅捐及提列股息、公積金外，對於配合事業單位實施減少工時及工資之勞工，於給予獎金或分配紅利時，宜予特別之考量。」其立法方式近於勞基法第29條，惟法律強度似有不及之處，蓋前者用語爲「應給與」獎金或分配紅利，而此處僅是「宜予特別之考量」而已。雖然，兩者並無法律的強制力，雇主未遵守之，亦無何不利之處，勞工並無請求權基礎。如欲達到此一效力，則似應課雇主具有工資性質的（一次的或多次的）特別給付，例如忠誠或業勤津貼。

　　至於其適用對象之「配合事業單位實施減少工時及工資之勞工」，本是指全體適用無薪休假的勞工，惟雇主似可訂定給予獎金或分配紅利的標準，例如工作無過失者，以爲合理的差別待遇。

（六）適用期間對於勞動契約之影響

1. 調動

　　首先，雇主在無薪休假進行前、後，可能發動調動（職）的行爲，影響到勞動契約的工作地點或工作內容。故應先釐清：有無調動先行原則之適用？這就有如解僱最後手段原則，雇主應先採行調動之行爲。對此，「注意事項」及勞雇雙方協商減少工時協議書（範例）並無規定。故似應將考量的重點，置於「無薪休假」與「調動」何者對於勞工的影響較大？本書以爲：雖然「無薪休假」具有基本工資的保障，但因爲其他勞動條件會受到降低的不利影響，而調動／職則有不利益變更禁止的規範（勞基法第10條之1參照），因此，似乎較爲有利，雇主應先採行調動／職之行爲。

　　其次，同樣與調動有關者，爲：對於具有重大違反法律或勞動契約之行爲，例如侵害第三人死亡或重傷、或者勞基法第12條第1項之行爲，雇主得否

如懲戒性的停／休職般，也行使「懲戒性的無薪休假／縮短工時工作」？這就有如得否「懲戒性的部分時間工作」？對此，本書持否定的立場，即此種變更勞動契約之行為，必須由雙方協商議定之，不得作為單方懲戒的手段。

再者，應探討的是，在無薪休假之中，雇主得否為調動之行為？此在「注意事項」及勞雇雙方協商減少工時協議書（範例）中，同樣並無規定。對此，本書以為同樣應持否定的立場，以免法律關係更為模糊或對勞工權益更為不保。其實，正確而言：一旦雇主進行基於企業經營必要的調動，應將之解釋為其係以原來勞動關係的工資及其他勞動條件作為基礎，並應遵守勞基法第10條之1規定，則無薪休假關係事實上已告終結。

2. 兼職行為

在勞雇關係存續中，除非勞動契約有約定或基於勞務行為的特殊性質使然，否則，勞工得從事兼職行為。惟無薪休假既是事業單位因受到景氣因素影響，而要求協商減少工時及工資，其本質上為經濟風險理論，故本不應將不利益歸之於勞工。因此，除了基本工資及其他勞動條件的保障外，在勞工無工作日的時間，似應任由勞工從事兼職行為，以賺取生活所需。此在勞雇雙方協商減少工時協議書（範例）二，即是規定「勞工於實施期間，在不影響原有勞動契約及在職教育訓練執行之前提下，可另行兼職，不受原契約禁止兼職之限制，但仍應保守企業之機密。」

需注意者，勞工的兼職行為，不得有與事業單位競爭業務之行為，即不得從事相同或類似的工作，且此是在職中的禁止競爭業務行為，屬於勞工的忠實義務，與勞基法第9條之1之離職後禁止競業行為尚有不同。勞雇雙方協商減少工時協議書（範例）二，「勞工於實施期間，在不影響原有勞動契約……。」即是在禁止在職中的競業行為。

只不過，既謂「在不影響原有勞動契約及在職教育訓練執行之前提下，……。」則勞工的兼職行為，是否即有可能因為違反之而被禁止？在此，所謂的「在職教育訓練」，似乎不以勞工行政主管機關所推動之短期訓練計畫為限（注意事項第11點參照），而是包括雇主本身所舉辦之被等同為工作時間的職業教育訓練。只是，似應在一定合理期間前讓勞工知悉，以便對兼職行為做相應的安排或調整。

至於「在不影響原有勞動契約……之前提下，……。」這主要是指雇主在無薪休假期間，要求勞工回事業單位工作、甚至加班（延長工時工作）、停止

休假等，而與兼職行為的時間相衝突所致。對此，勞雇雙方協商減少工時協議書（範例）四規定，「實施期間無須出勤日雇主如須勞工出勤工作，應經勞工方同意，並另給付工資。」顯然，勞工得以兼職為由，而拒絕同意，此並無影響原有勞動契約。

3. 延長工作時間

承上，勞雇雙方協商減少工時協議書（範例）四規定，「實施期間無須出勤日雇主如須勞工出勤工作，應經勞工方同意，並另給付工資。」這似乎是指當日工資而言。而且，「當日若有延長勞工工作時間者，其延長工作時間之工資，應依勞動基準法第24條規定辦理。」亦即雇主應給付延長工時工資[216]。只不過，依本書所見，即使是在無薪休假期間的加班，其仍需按照勞基法第32條第1項所要求之程序為之，尤其是要有加班的「必要性」及經過工會或勞資會議同意。並且，依據2018年1月10日增訂的勞基法第32條之1第1項，「雇主依第三十二條第一項及第二項規定使勞工延長工作時間，或使勞工於第三十六條所定休息日工作後，依勞工意願選擇補休並經雇主同意者，應依勞工工作之時數計算補休時數。」

4. 終止勞動契約

針對無薪休假，無論是部分或全部免除勞務，代表工作時間及工資、甚至福利的減少。如為求勞資關係和諧，勞雇雙方得透過工會或勞資會議，就應否採行所謂「無薪休假」及其幅度進行協商，惟前開協議，因涉及個別勞工勞動條件之變更，仍應徵得勞工個人之同意[217]。在此，從「注意事項」第4點用語觀之，工會所代表者，似非以會員為限，工會與雇主所做成的協議，也並非團體協約。此與團體協約法所訂定之團體協約，以參加工會的會員為限者，尚有不同。也是因為如此，所以，（準）勞工團體的意見並不得取代個別勞工的主張。此種做法的合法性及正當性，係建立在國家避免失業的公共政策上，而非在雇主人事政策或薪資政策的考量，所以，其運用必須經公權力的介入管制。

從法理面來看，我國勞基法第11條以下的資遣相關規定及就業保險促進就業實施辦法第5條以下之僱用安定措施，並未規定雇主行使資遣權之前，必須先採行縮短工時的措施。「注意事項」及勞雇雙方協商減少工時協議書（範

---

[216] 行政院勞工委員會98年4月8日勞動2字第0980130255號函參照。

[217] 行政院勞工委員會98年4月24日勞動2字第0980070071號函參照。

例）也無此要求，畢竟，對於勞工而言，縮短工時是否較資遣有利，並不容易判斷，尤其是長時間地或重複性地縮短工時，對於勞工及社會經濟的不利影響尤其明顯。也就是說，相對於資遣，縮短工時工作並非較為溫和的手段[218]，難謂基於解僱最後手段原則，雇主應先採行無薪休假措施。

有問題的是，一旦雙方合意實施無薪休假，即使雇主仍處於停工、減產或業務緊縮的境地，得否再回頭主張行使勞基法第11條之資遣權？如果經營情況更惡化呢？此似應採否定見解，蓋雇主已拋棄在無薪休假期間的資遣權利。「但有勞動基準法第12條或第13條但書或第54條規定情形時，不在此限。」（勞雇雙方協商減少工時協議書（範例）一4參照）所以，雇主如欲資遣勞工，似應與勞工合意提前結束無薪休假，回復正常勞動關係，而後再發動勞基法第11條之資遣權。

相對地，「實施期間勞工得隨時終止勞動契約，此時，雇主仍應比照勞動基準法、勞工退休金條例規定給付資遣費，但符合退休資格者，應給付退休金。」（勞雇雙方協商減少工時協議書（範例）一2參照）也就是說，在雇主具有停工、減產或業務緊縮事由時，即使雙方合意無薪休假，期間勞工仍得隨時自行辭職離去，惟雇主仍應「比照」資遣或退休給予資遣費或退休金。此處的「勞工得隨時終止勞動契約」，解釋上包括勞工在無薪休假期間已受僱於其他事業單位而未在無薪休假單位提供勞務之情形。即其默示地終止契約。既謂「隨時終止勞動契約」，是否表示勞工無須依據勞基法第15條第2項進行預告行為？對此，本書持否定見解。

對於上述勞雇雙方協商減少工時協議書（範例）一2所採取從寬終止契約的規定，本書以為牴觸「注意事項」第8點的期間約定及第9點的誠信原則。並且也與通報勞務提供地機關的目的不合（「注意事項」第10點參照）。依本書所見，勞工仍應受到無薪休假實施期間的拘束，除非雙方合意縮短或提前結束無薪休假期間。相對於此種應遵守期間拘束的要求，「實施期間雇主營運（如公司產能、營業額）如恢復正常，雇主應立即回復雙方原約定之勞動條件，不得藉故拖延。」（勞雇雙方協商減少工時協議書（範例）一5）遂具有其正當性。

---

[218] 反對說，最高行政法院101年度判字第1036號行政判決。

5. 其他勞動契約之影響

(1)最低服務年限適用問題

有問題的是，勞雇雙方所約定之最低服務年限條款，是否因施行無薪休假而受到影響？也就是說，或者照常施行？或者停止適用？此在「注意事項」及勞雇雙方協商減少工時協議書（範例）中並無規定。因此，解釋上，最低服務年限條款仍然照常適用至期限屆滿時，既不提前終止、也不（因無薪休假期間工作日減少而按比例順勢）延後終止。

至於勞基法第15條之1第4項規定，「勞動契約因不可歸責於勞工之事由而於最低服務年限屆滿前終止者，勞工不負違反最低服務年限約定或返還訓練費用之責任。」解釋上，此一規定亦適用於無薪休假期間的勞動關係。再依據勞雇雙方協商減少工時協議書（範例）一2「實施期間勞工得隨時終止勞動契約」，如此一來，最低服務年限條款即無適用之餘地，而且，雇主當不得要求勞工部分返還訓練費用。

(2)合意變更為部分時間勞動契約

另一個問題是，在無薪休假進行期間，勞雇雙方得否合意將勞動契約變更為部分時間勞動契約？這主要是考量無薪休假與部分時間工作，外表或實施方式類似，惟權益保障仍然有所不同所致。對此，由於無薪休假僅係暫時性作為，且勞工有基本工資的保障，況且勞工得參加勞工行政主管機關推動之短期訓練計畫或就業協助措施，雇主並應提供必要之協助（注意事項第11點參照）。此均是較部分時間工作有利者。因此，為避免對於勞工造成雙重的不利，實應採取否定說。

二、勞工（給付）不能或無法工作

勞工提供勞務的障礙，指勞工（給付）不能或無法工作[219]、以及不完全給付／不良給付（Schlechtleistung）之情形而言，其並非僅限於勞工違反勞動義務者，通常也不會導致事業單位停工的結果。至於其原因／事由，或者不可歸責於勞工、或者可歸責於勞工。

以不可歸責於勞工之給付不能或無法工作而言，在實務上，針對勞工搭乘

---

[219] 另外，尚有勞工基於良心自由而給付拒絕之情形，例如基於宗教信仰、反對戰爭之理由，而拒絕販賣特定藥品或印刷頌揚戰爭的刊物。請參閱楊通軒，個別勞工法：理論與實務，第六版，2019年7月，頁131。

火車、汽車[220]、甚至自備交通工具[221]而肇因於各種原因（例如暴風雨、大霧、車禍、修築馬路、車輛故障或塞車等）以致上班遲到之情形，此種通勤風險（Wegerisiko），中央勞政機關將之視爲不可歸責於勞工之事由，並認爲雇主得按工時比例減少工資[222]。似乎將之比照事假看待，或者說發生在勞工身上的「突發事件」。惟本書以爲火車、汽車、甚至高鐵、飛機、輪船等爲大衆運輸工具，其遲到影響者爲多數乘客，個別乘客難以僞造，且遲到的原因具有正當理由、且易於查證，故較無問題。相反地，自備交通工具上班遲到是否可歸類爲不可歸責於勞工之事由？則非無疑，主要係勞工的主張及其舉證的可信度問題，至少應視個案而定，以免過於寬濫。至於勞工請假規則中之各種假別與性別工作平等法中之各種假別，如上所述，本書以爲並不在勞工提供勞務障礙之內。蓋立法者已經以其具有正當理由（傷病、因公、私事、家庭照顧等）而免除勞務之義務。即使勞工在三十日內的普通傷病假、公假具有工資請求權，也無需以不可歸責於勞工之給付不能或無法工作爲由而免除勞務。附帶一言者，由於勞工請假規則係依勞基法第43條規定訂定之（第1條參照），因此，勞工的定義應依照勞基法第2條第1款的規定，其並不及於以學習爲主的學習型勞工（技術生、建教合作生、實習生等）。惟依據勞基法第69條第1項，技術生準用第四章工作時間、休息、休假規定，因此，自可準用勞工請假規則。依據勞基法第64條第2項，養成工、見習生、建教合作班之學生及其他與技術生性質相類之人，準用技術生之規定。

至於可歸責於勞工之給付不能或無法工作、以及不完全給付／不良給付，則包括勞工必須親自處理之事由、人身上事由（長期傷病）及行爲上事由。這是勞工提供勞務障礙的主要情況，而勞工請假規則第7條（事假）、勞基法第11條第5款之勞工確不能勝任工作及第12條第1項之第4款～第6款規定，則爲主要規定所在。惟勞工必須親自處理之事由、部分人身上的事由，例如傷病，已爲勞工請假規則所規範，屬於給付障礙的典型例子。實務上較難認定者，係其他勞工必須親自處理的事故有哪些？而且，勞工親自處理事故時是否尚須遵守

---

[220] 內政部74年10月28日（74）台內勞字第351447號函參照。

[221] 行政院勞工委員會86年6月5日（86）台勞動2字第022700號函參照。

[222] 在德國，通說認爲民法第616條基於個人事由之勞務給付障礙，並不包括通勤風險，所以，勞工並不得依據民法第616條請求給付工資。換言之，德國民法第616條係採取「基於個人事由之勞務給付障礙、有工資」的立法，此與台灣勞工請假規則第7條採取「勞工因有事故必須親自處理者，得請事假、無工資」的立法，並不相同。

其他條件？此在德國民法第616條即規定，「勞工無可歸責之基於個人事由、且比例上非過長期間之勞務給付障礙，仍得行使工資請求權。」即勞工必須無可歸責事由，且勞務障礙期間不可過長。此在台灣勞工請假規則第7條「勞工因有事故必須親自處理者」，則並無明文規定。惟解釋上似應相同，並以勞工無重大過失為前提，一旦勞工因重大過失或故意，即會喪失工資請求權。如此，始符合「有事故必須親自處理」的原意，且不影響企業的營運。蓋勞工實應致力於以其他方式避免工作無人做的情形發生[223]。故如勞工參加兒女的婚禮[224]、提前勘查結婚場地、大氣環境霾害嚴重請事假照顧家中學童[225]、照顧生病的配偶或孩子、參與法院的訴訟（原、被告或輔佐人、證人、鑑定人）、參加親朋好友的葬禮等，應屬之，但不包括出外旅遊之情形[226]。雖然如此，我國法院裁判及中央勞政機關有關事假的爭議，大多集中在請假的手續是否符合勞工請假規則第10條的請假手續及公司的規定，即程序的要件[227]，這也體現出勞資雙方並不重視立法原意之「有事故必須親自處理」的實質要件。果如此，勞工請假規則之各種假別或至少部分假別可能都淪入勞資雙方可自由約定增減或以金錢換算的任意規定矣，此是否合法？此在公傷病假、公假（例如選舉投票）固為否定，但對於勞資雙方約定不休婚假、喪假而雇主代以金錢給付（即當日上班而給予加倍工資或按比例加給），似乎即有持肯定見解者。本書以為仍以否定見解為宜，蓋婚假、喪假具有特殊的紀念價值與意義，故立法者強制規定之，實不容當事人自由處分。

在此，應注意者，勞工的普通傷病應以其無重大過失為前提，一旦勞工因重大過失或故意而致傷病，即會喪失工資請求權。如此，始能與職業災害採無過失責任主義者，有所區別。只是，一旦發生傷病事由，不問是普通傷病或職業災害，勞工負有立即告知雇主不能工作及（醫院或醫師出具的）預計傷病治療期間的附隨義務，且在預定期間屆至時尚未痊癒而需繼續治療時，再次立即告知的義務。勞工違反此一義務，即為行為上的事由，嚴重時，雇主得以無法

---

[223] BAG AP Nr. 49, 50 zu § 616 BGB; BAG AP Nr. 35 zu § 63 HGB mit Anm. Herschel.

[224] 台灣台北地方法院91年度勞訴字第82號民事判決參照。在德國，勞工參加父母的金婚紀念日，亦屬民法第616條基於個人事由之勞務給付障礙。BAG AP Nr. 43 zu § 616 BGB.

[225] 勞動部103年10月29日勞動3字第1030132334號函參照。

[226] 台灣彰化地方法院108年度勞訴字第17號民事判決參照。

[227] 例如勞動部104年5月4日勞動3字第1040130742號函。惟對於未依規定請假者，解釋上勞工只是暫時地被拒絕而已，並非永久喪失請假權，所以，一旦補正相關的手續，其事假權即已恢復。

繼續期待勞工長久無礙地提供勞務而終止契約[228]。另外，在第三人造成勞工普通傷病之情形，雇主或勞工保險局依勞工請假規則給付工資半數時，是否取得代位勞工向第三人請求損害賠償之權[229]？對此，首應注意者，第三人並不得主張勞工既已由勞工保險局及雇主獲得半數工資的給付，而減免損害賠償責任。這是因為勞工請假規則第4條第3項規定的目的，並不在於免除第三人的責任。其次，勞工請假規則第4條第3項雖未規定代位求償，但本書以為由於普通傷病與職業傷病起因上的不同，雇主所應盡到的照顧義務也有所差異，所以，只要雇主或勞工保險局給與法定比例的工資給付或補償責任（勞保條例第35條參照），即應有代位求償權。而其金額，僅為工資的半數，逾此之金額仍歸勞工所有。須知者，依據勞工請假規則第4條第3項，勞工在普通傷病時只能請求工資的半數，且期間一年內至多三十日，其金額大多有限，而且，也可能不及於第三人所為的損害賠償金額。但是，依據勞保條例第35條，勞工保險局按被保險人平均月投保薪資半數發給之補償費，期間可能長達六個月或一年。補償費的總額很有可能已高於第三人所為的損害賠償金額。

根據最高法院的見解，所謂「不能勝任工作」，「非但指能力不能完成工作，即怠忽所擔任之工作，致不能完成，或違反勞工應忠誠履行勞務給付之義務亦屬之。」[230]「不僅指勞工在客觀上之學識、品行、能力、身心狀況，不能勝任工作者而言，即勞工主觀上『能為而不為』，『可以做而無意願做』，違反勞工應忠誠履行勞務給付之義務者亦屬之。」[231]即兼採客觀說（能力不能完成工作）與主觀說（能為而不為）。其中，「能力不能完成工作」除了勞工長期（普通或職業）傷病屬於人身上事由外[232]，還包括勞工所為的不完全給付

---

[228] BAG v. 7.5.2020, NZA 2020, 1022 ff.

[229] 如果是職業災害，通說認為勞基法第59條本文但書之規定，並不適用於第三人應負損害賠償之情形。亦即勞工可以兼得職業災害補償及第三人所為的損害賠償。

[230] 最高法院86年度台上字第688號民事判決參照。

[231] 最高法院86年度台上字第82號民事判決參照。之後，最高法院95年度台上字第1866號民事判決、最高法院96年度台上字第2630號民事判決、最高法院100年度台上字第800號民事判決等，見解均同。

[232] 解釋上，勞基法第11條第5款之「工作確不能勝任」，與第59條第2款之「不能工作」，均是指不能完成勞動契約所約定之工作而言。只是，兩條文之規範目的不同。所以，如果勞工獲得工資補償後，如因喪失原有工作能力，再由雇主取得四十個月的工資終結補償，在未達到失能程度時，仍得主張受到勞基法第11條第5款之適用。

／不良給付（瑕疵給付、加害給付），屬於行為上的事由[233]。須注意者，勞工因普通傷病之不能工作，必須以勞工無重大過失為前提（惟此應由雇主負舉證責任），至於是否有重大過失，又常以是否違反法規或理性的人為本身利益著想是否會採取的行為來做考量，例如乘車未繫安全帶[234]、騎車未戴安全帽、嚴重違反交通法規、因酒醉摔傷[235]等。惟對於自殺獲救者，一般並不課以重大過失之責[236]。在此，有問題的是，對於有兩份以上工作的勞工，由於是發生於下班時間的普通傷病，則應歸由哪一雇主負責？或者連帶負責？即使勞工有一專職（全職工作），似乎亦不宜謂專職的雇主即應負給付工資之責。又，問題最大者，主要是勞工所採取之危險的運動，所導致的傷亡，是否即屬違反重大過失？例如高山滑雪、騎乘大型重機或滑翔翼、高空彈跳（Bungee-Jumping）、自由搏擊（Kick-Boxen）等[237]。對此，原則上應採否定的見解，例外地，勞工在這些活動中，又加入特殊危險的舉動時，始應認定其為重大過失行為，例如嚴重欠缺安全防護設備、或與其他車輛高速競速或單輪騎乘等行為。

又，在普通傷病時，勞工請假規則第4條第3項之工資半數請求權，係以單純起因於普通傷病為條件（單一因果關係原則Grundsatz der Monokausalität），不得參雜其他的原因，例如發生在公司的停工中，即無工資請求權。至於其事由（傷病原因）並不以一個為限，而是包括多個原因的情況。此與德國工資續付法（EFZG）第3條第1項第1句之「障礙事由一致性原則Grundsatz der Einheit des Verhinderungsfalls」[238]尚有不同。後者，係指在第一個導致勞工無工作能力的傷病期間出現第二個同樣會導致勞工無工作能力的傷病時，在第一個傷病期間視為單一事件處理。

在此，尤其是不提供勞務／拒絕給付是最常見的給付障礙。因可歸責於勞工之事由而未遵守工作時間，即為給付不能（民法第226條第1項），

---

[233] 有關人身上事由及行為上事由的說明，請參閱楊通軒，個別勞工法：理論與實務，第六版，2019年7月，頁133，尤其是註腳30謂：「『能為而不為』、『可以做而無意願做』解釋上並不包含故意地瑕疵給付」。

[234] BAG v. 7.10.1981, EzA § 1 LohnFG Nr. 61.

[235] 只是，在德國，對於已有酒癮的勞工，並不認為有具有重大過失。BAG v. 7.10.1981, EzA § 1 LohnFG Nr. 120.惟在台灣似應承認其具有重大過失。至於藥癮，則應視係吸食毒品或其他合法的藥品，以致成癮，而分別認定。

[236] BAG v. 28.2.1979, EzA § 1 LohnFG Nr. 55; BAG v. 1.6.1983, EzA § 1 LohnFG Nr. 69.

[237] Hanau/Adomeit, Arbeitsrecht, 13. Aufl., S. 250 f. Rn. 837 f.

[238] BAG v. 11.12.2019, NZA 2020, 446 ff.

包括遲到、早退、曠工（勞基法第12條第1項第6款參照），甚至怠工（Arbeitsbummelei）亦屬之，這是因為提供勞務係一絕對的確定期限的義務（民法第229條第1項）、且應依交易上應有注意義務履行義務，勞工因此喪失報酬請求權而且需負損害賠償責任[239]。此同時適用於按時計酬及按件計酬的契約。如果勞工無預警地不來上班（不告而別），雇主因此所受之業務上損害及其為尋找一代替其工作之人力所花費之費用，得對之請求賠償[240]。只不過，針對勞工遲到、早退、曠工等情形，雖然中央勞政機關認為雇主僅能扣除未工作時間的工資。但本書以為此一見解實有再斟酌的必要，蓋依據民法第226條第1項可歸責於債務人原因的給付不能，原來的債之關係即轉變為「債務不履行之債」。而且，其損害賠償範圍並非是「信賴利益」（當事人相信法律行為有效成立，而因某種事實之發生，該法律行為（尤其是契約）不成立或無效而生之損失）；而是「履行利益」，即「法律行為（尤其是契約）有效成立，但因債務不履行而生之損失。」所以，雇主不僅無須給付所未工作時間的工資，尚且得請求積極的損害賠償。現在中央勞政機關將之限縮在「所未工作時間的工資」，似乎與法律規定不合。無論如何，雇主仍得依民法第489條「重大事由」終止契約（有關債權人針對民法第226條情形之解除契約，規定於民法第256條。但是，依據民法第263條規定，當事人依法律規定終止契約時，並不準用第256條規定），且於勞工有過失時對之請求損害賠償。如此觀之，勞工有勞基法第12條第1項第6款的曠工行為時，雇主除終止契約外，在勞工有過失時尚得請求損害賠償。民法第489條與勞基法第26條規定尚有不同，後者，雇主並未終止契約，而只是扣發工資作為賠償費用而已[241]。

　　有問題的是，針對勞工不告而別受僱於第三人的行為，雇主得否提起給付勞務之訴、並且強制執行？對此，雖然民事訴訟法及勞動事件法均未明定，但似應持肯定見解。進而，雇主所提起之勞工繼續提供勞務之訴或禁止向第三雇主提供勞務之訴，如果也聲請定暫時狀態處分，依據民事訴訟法第538條似亦應予以允許。只是，2020年1月1日施行的勞動事件法第四章（第46條～第50

---

[239] 少數說認為此僅為給付遲延而已，參閱Söllner, Grundriß des Arbeitsrechts, 11. Aufl., 1994, 256 Fn. 4。倒是，理論上雇主可以與勞工約定後來補服勞務，以取代給付不能。或者雙方可以約定在一定時間內之一浮動的工時戶頭（Gleitzeitkonten），讓工作時間彈性化運用。惟時間屆滿仍然會發生給付不能的後果。

[240] Söllner, a.a.O., 256.

[241] 參閱楊通軒，個別勞工法：理論與實務，第六版，2019年7月，頁349以下。

條）保全程序，僅針對勞工對於雇主所提起的數項訴訟有假處分或定暫時狀態處分的規定，至於雇主能否聲請假處分或定暫時狀態處分則付之闕如。本書以為，勞動事件法有關定暫時狀態處分的規定，僅是例示規定，所以雇主應可依勞動事件法向勞動法庭聲請定暫時狀態處分。否則，勞工必須依民事訴訟法向民事法庭聲請定暫時狀態處分，形成雙軌制的現象，既不合理、也易生定暫時狀態處分見解不一的情形。至於特定的勞動事件應仍有假處分的必要，勞工似乎僅能向民事法庭請求救濟矣。

　　至於不完全給付／不良給付（瑕疵給付、加害給付），係指勞工並未按照交易上所應有的注意義務正常履行義務而言。本來，對於勞工有瑕疵之勞務提供，雇主原則上並無單方減少報酬之權利。相異於買賣契約（民法第354條以下）、租賃契約（民法第435條）、承攬契約（民法第492條以下）及旅遊契約（民法第514條之7），僱傭契約及勞動契約並無瑕疵擔保之規定。傳統上，對於按件計酬之契約，在報酬給付方面倒是可約定劣等品不予計入[242]。雖然如此，勞務雙方應可自由約定按時計酬之契約，適用瑕疵擔保減少報酬之規定（但雇主應負瑕疵的舉證責任）。而且，對於重覆出現的或嚴重的不完全給付，雇主有權對勞工懲戒（處）或予以解僱（例如勞基法第12條第1項第5款參照[243]）。如果勞工因提供勞務造成損害，於其可歸責時，對於雇主負有積極侵害債權（positive Vertragsverletzung）之責任（民法第227條、第184條第1項）。解釋上，在勞工工資可扣押的三分之一範圍（強制執行法第115條之1第2項參照）內，雇主應可主張以其可請求的損害賠償，行使抵銷權。而勞工不完全給付責任之成立，必須有其歸責事由。為了避免勞工因一時之疏忽，而終身負損害賠償責任，似可經由民法第217條與有過失的解釋、或採取德國聯邦勞工法院所發展出的具損害性工作理論，給予勞工責任優遇[244]。

　　值得一提的是，勞工之給付障礙如係起因於合法的集體爭議行為（尤其是罷工），則屬於可歸責於勞工之事由，勞工並無工資請求權。此亦符合爭議風險理論。一般而言，也僅在此種集體地停止勞務提供之行為，始會導致雇主停工之後果。

---

[242] 依據1936年12月25日勞動契約法第19條規定，「件工勞動者，如勞動之成績減少時，其減少部分不得請求報酬。但其減少係由雇方不指示或指示錯誤者，應給與當地普通工資之報酬。雇方及勞動者均無過失時，應給與當地普通工資半數之報酬。」

[243] 包括洩露營業秘密、損壞機器或服裝等情形。

[244] 楊通軒，個別勞工法：理論與實務，第六版，2019年7月，頁339以下。

　　有關勞工的拒絕給付，在實務上較具爭議性的，有傷病勞工醫療後的回復工作及育嬰留職停薪後的拒絕復職。以下即分述之：

（一）傷病勞工醫療後的回復工作

　　所謂傷病勞工醫療後的回復工作，包括勞工普通傷病及職業傷病醫療後之回復工作而言。如上所述，由於勞工請假規則已經有所規範，故在傷病期間即無須再以給付障礙處理。在實務上常生爭議者，為勞工職業災害是否已經痊癒回復原有工作能力之問題。惟先就普通傷病一言者，依據勞工請假規則第5條規定，「勞工普通傷病假超過前條第一項規定之期限，經以事假或特別休假抵充後仍未痊癒者，得予留職停薪。但留職停薪期間以一年為限。」解釋上仍有可能發生「痊癒」與否的爭議，解決之道，似應類推適用勞基法第59條第2款但書「經指定之醫院診斷，審定為喪失原有工作能力」。亦即：如醫院診斷尚未痊癒，且未達喪失原有工作能力的程度，則雇主得予最長一年期間的留職停薪。反之，如醫院診斷尚未痊癒，且已達喪失原有工作能力的程度，則雇主得依勞基法第11條第5款予以資遣。

　　而在勞工職業災害是否痊癒的部分，觀察勞基法第59條規定，雖然都圍繞著不能工作或喪失原有工作能力，但似可將之區分為醫療中／醫療期間、未治癒（含治療終止）、及治癒三種情形。其中，除了治癒（痊癒）係指傷病治療復原且回復原有工作能力外，醫療中／醫療期間、未治癒（含治療終止）則是指傷病正在治療或經治療無法復原，而職業災害勞工或者喪失原有工作能力、或者尚未回復原有工作能力、或者仍然具有工作能力。完全視個案而定。只是，實務上的用語紛亂不一，也常將醫療中／醫療期間、未治癒（含治療終止）的職災勞工等同喪失原有工作能力，此似有待釐清。

1. 醫療中／醫療期間

　　依據勞基法第59條第2款本文規定，「勞工在醫療中不能工作時，雇主應按其原領工資數額予以補償。」此係針對受僱勞工之工資補償規定，不及於自然承攬人（欠缺人格上及經濟上從屬性）[245]。至於事業單位在勞工發生職業災害時尚未受到勞基法適用，惟在納入適用時，勞工尚在醫療中或醫療期間屆滿二年前、或在治療終止前、或死亡事實是在勞基法第59條第2款或第3款為準的

---

[245] 最高法院103年度台上字第2465號民事判決參照。

時間點，即有其適用[246]。此一「醫療中」，實與同款但書「醫療期間」同義。也與勞基法第13條本文之勞工在第59條規定之「醫療期間」意義相同，均是指「醫治」與「療養」而言，即包括積極性的治療與消極性的治療（休養）。其中，療養主要是指復健而言。有問題的是，在實務上，除了醫療中／醫療期間外，在治療終止後、甚至治癒（痊癒）後，勞工均有可能繼續或斷續接受復建的行為，其是否均應一視同仁而課雇主勞基法第59條第2款責任？蓋勞工在治療終止或治癒後可能復職，而後可能延續多年的復健行為，或者僅是偶而請假回醫院門診，或者要經常性的或長期性的住院復健，除了醫療費用（第59條第1款）外，似不宜不加區分地課雇主負擔工資補償責任。

　　針對勞基法第59條第2款本文，「勞工在醫療中不能工作時，雇主應按其原領工資數額予以補償。」一般稱為雇主的工資補償責任，意即雇主並非繼續給付工資（勞基法施行細則第10條第7款參照），而是負擔補償責任。所謂的「按其原領工資數額予以補償」，係指勞工因遭遇職業災害而致傷病，在醫療中不能工作時，雇主可免發給工資[247]，為保障受職業災害勞工之生計，勞基法第59條第2款前段規定，雇主應按勞工原領工資數額予以補償[248]。其所謂「原領工資」，「係指該勞工遭遇職業災害前一日正常工作時間所得之工資。其為計月者，以遭遇職業災害前最近一個月正常工作時間所得之工資除以三十所得之金額，為其一日之工資。」（勞基法施行細則第31條第1項參照）又，「雇主依本法第五十九條第二款補償勞工之工資，應於發給工資之日給與。」（勞基法施行細則第30條參照）[249]另外，勞基法第61條第2項規定，「受領補償之權利，不因勞工之離職而受影響，且不得讓與、抵銷、扣押或供擔保。」第4項規定，「前項專戶內之存款，不得作為抵銷、扣押、供擔保或強制執行之標的。」此等為補償保全的規定。

　　附帶一言者，針對同一事故，職業災害補償得與「依勞工保險條例或其他法令規定，已由雇主支付費用補償者」抵充（勞基法第59條本文）；或者勞基

---

[246] 行政院勞工委員會88年5月18日（88）台勞動3字第022049號函參照。

[247] 惟，另一方面，依據勞工請假規則第6條規定，「勞工因職業災害而致失能、傷害或疾病者，其治療、休養期間，給予公傷病假。」

[248] 最高法院87年度台上字第1629號民事判決參照。

[249] 至於最低服務年限的補償，勞基法第15條之1並未規定發給日，所以，解釋上勞雇雙方得約定於發給工資之日給與、或者其他日期發給，其並得按月發給或者按季發給，甚至約定每年只在年底發給一次。

法第59條之「補償金額，得抵充就同一事故所生損害之賠償金額。」（勞基法第60條）這是為避免不當得利或過度保障而為。在法院實務上，不乏職災勞工只請求民法上的損害賠償，而法院卻引用勞基法第59條判決者，並且依據第60條予以抵充者[250]，此是否毫無疑慮？即有無訴外裁判？蓋所謂的抵充，應是在職災勞工併同請求時，始有適用。如果勞工只請求民法上的損害賠償，則法院僅得根據民法侵權行為及債務不履行的規定及法理裁判而已。至於勞動事件法第33條第1項「法院審理勞動事件，為維護當事人間實質公平，應闡明當事人提出必要之事實，並得依職權調查必要之證據。」是否適用於此？即法院闡明當事人提出勞基法職業災害補償的主張？本書亦持否定說，蓋此已涉及不同訴之主張，而非原訴訟標的的必要事實而已。

(1) 醫療中／醫療期間與不能工作之關係

惟，雇主之工資補償責任，實繫於「勞工在醫療中不能工作」之前提。對此，多數學術界及實務界的見解認為勞基法第59條第2款本文「不能工作」與同條款但書「喪失原有工作能力」，同係指不能從事勞動契約所約定之工作而言[251]。惟此是否確無疑義之處？蓋「勞工在醫療中不能工作」，重點是在傷病治療，而非不能工作。因勞工發生職業災害後如立即接受醫治行為（積極性治療），自然無法照舊提供勞務，故其所謂「不能工作」，是泛指短暫失去工作能力，即無適任工作之能力[252]而言，在醫治期間並不以不能做原有工作為限或為重點、或者說並無區分的實益或必要。所以，此一醫治期間的不能工作，實較近於不能從事任何工作（喪失全部工作能力），而非指不能從事勞動契約之工作（喪失原有工作能力）。而勞工保險局（簡稱勞保局）依據勞保條例第34條「不能工作」所為之職業傷病補償，也是以經醫院診斷審定不能從事任何工作為對象[253]。一旦勞工在醫療期間有工作之事實，即使非勞動契約所約定之工作，勞保局即可據為拒絕傷病補償給付的理由。解釋上，雇主似亦可拒絕給付工資補償。在此，影響最大者，為從事二份以上工作之勞工，於職災醫療期間

---

[250] 最高法院97年度台上字第871號民事判決參照。

[251] 行政院勞工委員會85年1月25日（85）台勞動3字第100018號函、最高法院95年度台上字第323號民事判決、最高法院101年度台上字第1919號民事判決參照。

[252] 不同說，最高法院101年度台上字第1919號民事判決及最高法院104年度台上字第84號民事判決均認為是「適任原有工作之能力」。

[253] 行政院勞工委員會89年6月9日（89）台勞保3字第0022720號函、行政院勞工委員會100年4月6日勞保3字第1000008646號函參照。

有工作事實者，核與不能工作的規定不符，不得請領職業災害傷病給付[254]。同樣地，勞工亦不得請求勞基法第59條第2款的工資補償。

只不過，上述職業災害勞工在醫療期間有工作之事實，實際上只會發生在遭遇職業災害的勞工無立即而明顯的傷害或者已經接受一段期間醫療之情形。此類勞工，即使在醫療期間仍然「能工作」，或者為勞動契約之工作、或者為非勞動契約之工作。甚至也有職災勞工繼續從事原來工作後一段時日，而後病發不能工作，然後接受醫療行為者[255]。問題的關鍵，係在於應由醫院診斷審定是否不能工作。如果能工作，不問是勞動契約工作或非勞動契約之工作，似乎即不符合勞基法第59條第2款本文「勞工在醫療中不能工作」之條件（其反面解釋為：不醫療即應照常工作，否則勞工即有行為上事由，雇主得終止契約）。而對於職災勞工繼續工作，而後始因病發接受醫療行為者，雇主的工資補償責任也是從勞工接受醫療行為後開始。此處的由醫院診斷審定是否不能工作，與由醫院診斷審定是否已經「治／痊癒」，意義並不相同，後者將於以下說明之。

以勞基法第59條第2款本文「在醫療中」而言，並不問是門診或住院，而且並無期間的限制[256]。也就是說，即使醫療期間屆滿二年仍未能痊癒，而未經指定之醫院診斷，審定為喪失原有工作能力者或勞工經治療終止後，經指定之醫院診斷，審定其遺存障害者[257]，即仍在醫療中。在此，雇主擁有工資終結補償的選擇權，如其不行使第59條第2款但書的選擇權，而繼續給付工資補償，即使對其經濟造成不利，勞工亦無權主張雇主應行使工資終結補償[258]。依本書的見解，工資終結補償包含對於勞動力減損損失（民法第193條參照）及精神慰撫金的賠償（民法第195條參照），雇主得依據勞基法第59條本文主張抵

---

[254] 行政院勞工委員會100年5月16日勞保3字第1000013407號函參照。

[255] 最高法院89年度台上字第1783號民事判決參照。

[256] 最高法院93年度台上字第170號民事判決參照。

[257] 最高法院100年度台上字第1180號民事判決參照。

[258] 反對說，最高法院93年度台上字第170號民事判決、最高法院96年度台上字第492號民事判決、最高法院100年度台上字第1180號民事判決參照。依之，「按勞動基準法第59條第2款規定，除為保障勞工，加強勞雇關係及促進社會經濟發展之立法目的外，同款後段乃為避免雇主負無限期之補償責任，故特別規定，於一定條件下得一次給付特定之金額，以免除雇主應繼續負擔之工資補償責任，屬工資終結補償，為雇主權利之一種，雖應認選擇權係在雇主；然若勞工於醫療期間尚未屆滿二年之前，即可確定已喪失原有工作能力，提前依同條款但書之規定，一次請求四十個月之補償給付，以免除雇主繼續應負之同條款前段之補償責任，對雇主而言，並無不利益，自應認與該條文規範之意旨無違。」

充。這是從法律規範的目的角度，採取個別項目金額抵充的做法，而非全部金額抵充的做法。只不過，無論是中央勞政機關的函釋或各級法院的裁判[259]，均未對此有所表示。甚且有較傾向第59條第2款本文工資補償得與勞動力減損損失及精神慰撫金的賠償抵充的看法[260]。

　　此處的「在醫療中」，也包括職業災害勞工已經獲得雇主工資終結補償（勞基法第59條第2款但書），而後復職工作繼續接受醫療者。這是指職災勞工「未治癒」之情形。此尤其會發生在復健期間而言。蓋醫療包括「醫治」與「療養」，其中，療養主要是指復健而言。惟對於喪失原有工作能力的復健中勞工，雇主得因勞工確不能勝任工作而予以資遣（勞基法第11條第5款）或不堪勝任工作強制退休（勞基法第54條第1項第2款或職業災害勞工保護法第25條第2項擇一行使）[261]。否則，若勞工已能工作，僅需定期前往醫院復健，則復健時間雇主應續給公傷病假。雇主若對勞工請假事由有所質疑時，可依勞工請假規則第10條規定，要求勞工提出有關證明文件[262]。而對於需要住院或長期復健的勞工，中央勞政機關亦認為「『有繼續醫療之必要』得由醫師認定或由勞雇雙方約定（明示或默示之意思表示合致）定之。」[263]所以，勞工負有立即告知雇主預計傷病治療期間的附隨義務，且在預定期間屆至時尚未痊癒而需繼續治療時，再次立即告知的義務。勞工違反此一義務，嚴重時，雇主得以無法繼續期待勞工長久無礙地提供勞務而終止契約[264]。

　　承上，職業災害勞工在醫療期間有工作之事實，即係指勞工回復工作能力而言。惟醫療中也有尚未回復原有工作能力或已喪失原有工作能力者。實務上並且有部分喪失原有工作能力（一部回復原有工作能力）[265]及喪失原有工作能力與「其他工作能力」的變項者。其所引起之法律效果各有不同。即除了復

---

[259] 相關判決可參閱最高法院86年度台上字第283號民事判決、最高法院87年度台上字第1629號民事判決、最高法院98年度台上字第2377號民事判決。

[260] 最高法院100年度台上字第1180號民事判決參照。詳細論述，請參閱柏仙妮，勞動基準法第六十條抵充之實務問題研究，國立政治大學勞工研究所碩士論文，2020年12月，頁115以下、141。

[261] 最高法院103年度台上字第2695號民事判決參照。

[262] 行政院勞工委員會87年3月31日（87）台勞動2字第009919號函參照。

[263] 行政院勞工委員會84年5月10日（84）台勞動3字第115057號函參照。

[264] BAG v. 7.5.2020, NZA 2020, 1022 ff.

[265] 例如原來需從事搬運貨物之司機，在遭遇職災後之醫療期間，只能從事駕駛工作，而喪失搬運的能力者。最高法院97年度台上字第871號民事判決參照。

職外，尚包括從事其他工作（調職／動）、終止勞動關係（資遣）、以及退休等。而在醫療期間，依據勞基法第13條規定，「雇主不得終止契約」，其是否不問勞工已回復工作能力、尚未回復原有工作能力或已喪失原有工作能力而一體適用？以及其所謂「雇主不得終止契約」是否包括自請退休及強制退休？亦應加以釐清。

就醫療期間回復工作能力而言，實務見解似乎不以仍在勞基法第59條第2款但書二年期間為限，而且也包括勞工治療終止（失能）的狀況。前者，「勞工因遭遇職業災害留有後遺症，必須再行治療，且經證明確係同一傷病事故引起具有相當因果關係者，是段工作期間自屬職業災害之醫療期間。與是否自行復工或是否再有任何公傷病假紀錄無關。」[266]這是指勞工已復職工作之情形。後者，「勞動基準法對於所謂治療終止雖未有定義之規定，但參考勞工保險條例第34條第1項、第54條第1項及勞工保險條例施行細則第77條之規定，勞工因遭遇職業災害而受傷，雖在醫療中，但仍能從事原有工作，或於醫療中不能工作，如經治療終止，經指定之醫院診斷審定其身體雖遺存殘廢，但仍能從事原有工作者，勞工應即本於勞動契約對雇主提供勞務給付，僅勞工就其有再接受治療必要之期間，得請求雇主給予公傷病假，並補償其因此減損原領工資之差額。」[267]「上訴人於95年9月1日恢復原有工作能力，縱仍繼續接受醫療，亦不符合勞動基準法第59條第2款前段所定在醫療中不能工作之要件。」[268]

其次，就醫療期間喪失原有工作能力而言，這是指勞基法第59條第2款但書「但醫療期間屆滿二年仍未能痊癒，經指定之醫院診斷，審定為喪失原有工作能力」之情形。在此，實務上存在不少案例為喪失原有工作能力與「其他工作能力」或者終身喪失原有工作能力者，雖較喪失原有工作能力嚴重，但並不必然達到失能的程度，故似可納入此類處理。例如針對化學物質合成研究開發工作者，勞工「對過去所學之專門技術而言，將有所限制，已無合成之工作能力，一般之工作能力以其大學研究所畢業學歷，應可從事一般相關之職業，……。除不能從事原NAPHTHOL AS類之合成工作外，依其染病後之身體狀況，已不宜再從事與化學物質有關之工作，且因其工作環境條件之限制，

---

[266] 行政院勞工委員會82年12月18日（82）台勞動3字第75757號函參照。

[267] 台灣高等法院台中分院96年度勞上字第11號民事判決參照。本判決為最高法院98年度台上字第2377號民事判決的前審判決。

[268] 最高法院98年度台上字第2377號民事判決參照。本判決的前審判決為台灣高等法院台中分院96年度勞上字第11號民事判決。

其就業之機率，遠低於一般大學研究所畢業者，……。」[269]又，針對從事電焊工作者，「不宜擔任粗重出力及長期站立之工作。」[270]另外，對於因鉛中毒職業災害，「發生神經及其他器官各項病變，無法再從事靠體力勞動之工作，又礙於國小學歷限制，及病變之影響，亦無法從事依賴腦力之工作，生活困難，……。」[271]

　　惟解釋上，醫療期間是否須一律屆滿二年？並非無疑，蓋職業災害勞工如在短暫醫療後、即明顯地可認定為喪失原有工作能力者，似乎即無等待屆滿二年的必要，雇主應可在屆滿二年之前請求醫院診斷審定。所以，屆滿二年僅是醫療的最長期間，其主要是針對有痊癒之望者而為[272]。採取如此的解釋，始可與同條第3款「經治療終止後，經指定之醫院診斷，審定其遺存障害者」，其「治療」並無期間的要求，獲得邏輯上的一致性。惟對於喪失原有工作能力的勞工，如其對於勞動契約所約定之工作已達確不能勝任工作之程度者，即可為資遣的意思表示（勞基法第11條第5款參照）[273]。至於勞工如已達喪失全部工作能力或失能之程度者，則其必須按照「治療終止後，經指定之醫院診斷，審定其遺存障害者」處理，即雇主得依勞基法第54條第1項第2款或職業災害勞工保護法第25條第2項擇一行使強制退休權。在此，原本在醫療中／期間的勞工，雇主必須在其症狀固定，再醫療亦無法改善時，給予失能補償。有問題的是，假設雇主依據勞基法第59條第2款但書給予勞工工資終結補償，而勞工卻未達確不能勝任工作或終身無法工作之程度者，則雇主究竟向能採取何種作為？對此，本書以為①者，或可類推適用勞工請假規則第5條規定，由勞雇雙方約定以事假或特別休假抵充，仍未痊癒者，得合意一年以上之留職停薪。不然，②者，勞工復職工作，並且請病假接受醫療行為。在此一階段，雙方並得合意調整職務或工作地點。

　　至於勞基法第13條本文規定，「勞工在第五十九條之醫療期間，雇主不得終止契約」，應係針對勞基法第11條第5款外之情形，此從其但書「但雇主

---

[269] 最高法院86年度台上字第283號民事判決、最高法院87年度台上字第1629號民事判決參照。

[270] 最高法院89年度台上字第1783號民事判決參照。

[271] 最高法院91年度台上字第2466號民事判決參照。

[272] 最高法院96年度台上字第492號民事判決參照。

[273] 惟針對非喪失原有工作能力的勞工，事業單位亦有引用勞基法第11條第5款確不能勝任工作予以解僱者。其似乎係以勞工主觀上無工作意願作為理由。最高法院106年度台上字第301號民事判決參照。

因天災、事變或其他不可抗力致事業不能繼續，經報主管機關核定者，不在此限。」亦可推知其係以勞基法第11條第1款～第4款為對象。至於勞工自行離職或勞資雙方協議終止勞動契約，均不在其內[274]。所以，如上所述，對於喪失原有工作能力的勞工，仍然有勞基法第11條第5款之適用。反面言之，如勞工已回復工作能力或尚未回復原有工作能力，仍然應遵守勞基法第13條本文規定。而且，勞工如有勞基法第12條第1項各款之事由者，由於嚴重違反勞動契約，解釋上雇主仍得行使立即解僱權[275]，惟職業災害勞工的受領補償權並不因其離職而受影響（勞基法第61條第2項參照）。另外，自請退休或強制退休雖為勞動關係的結束，但本質上與勞動契約的終止有異，故不在勞基法第13條本文適用對象之列。

三者，就醫療期間尚未回復原有工作能力而言，此類勞工不問是否在復健中或請假回醫院門診，往往仍有部分工作能力，故除了由醫院診斷審定或勞工保險機關（勞動部勞工保險局）或法院認定是否痊癒或有工作能力外，還常會涉及調整勞工職務的爭議，這主要是雇主欲提供簡易輕便之工作，而勞工拒絕之情形。對此，中央勞政機關認為「勞工因職業災害喪失原有工作能力，由雇主指派其他工作，工資因而減少，該職業災害若係可歸責於雇主之事由，勞工因而遭受之損失，尚得向雇主求償。」[276]這是指雇主以指派而非協商的方式，令勞工從事其他工作，而勞工默示同意之情形。至於「工資因而減少，該職業災害若係可歸責於雇主之事由，勞工因而遭受之損失，尚得向雇主求償。」應是指勞工在默示同意調職前之工資損失（勞基法第59條第2款參照），並不因調職而受影響。

一般而言，針對勞工於職災醫療期間不能從事勞動契約中所約定之工作，

---

[274] 行政院勞工委員會89年8月24日（89）台勞資2字第0034199號函參照。惟中央勞政機關認為「惟個別勞工是經濟上之弱勢，常在資訊閉塞的情況下，為雇主所誘導或非出於自願的終止契約，基此，勞資雙方協議終止勞動契約，仍必須探求該協議勞方之真意，方不致有違誠信原則，以免爭議之發生。」

根據最高法院81年度台上字第2727號民事判決，職災勞工非醫療期間屆滿二年前即自行辭職，核與勞基法第59條第2款所規定之情形不符，其請求雇主給付四十個月工資之災害補償金，自乏依據。

[275] 不同意見說，行政院勞工委員會80年6月12日（80）台勞動3字第14427號函暨行政院勞工委員會89年4月25日（89）台勞動3字第0015888號函。惟此兩號函釋已被勞動部104年1月13日勞動福3字第1030136648號函所停止適用。

[276] 行政院勞工委員會85年6月7日（85）台勞動3字第118127號函參照。

雇主如欲使勞工從事其他非勞動契約所約定之工作，應與勞工協商[277]。雇主之調整職務，並應遵守勞基法第10條之1及職業災害勞工保護法第27條規定。惟於醫療期間內勞工所為之惡意行為，應不在該勞基法第13條保護範圍之內[278]。所以，「勞工於職災復健期間，雇主以醫囑『勞工可從事簡易之行政工作』為由，『書面』通知勞工復職乙節，雇主宜事先與勞工協商，如逕以勞工構成曠職予以解僱，則其終止契約無效。惟案內該『簡易之行政工作』如客觀上為勞工所能勝任，雇主通知勞工進行協商，而勞工拒絕協商，則應探究勞工拒絕協商之真意是否有終止勞動契約之意思。」[279]如依中央勞政機關的見解「雇主宜事先與勞工協商」，似乎並無排除默示同意的適用。惟雇主應舉證所提供之工作，客觀上為勞工所能勝任。而在勞工拒絕協商時，雇主應詢問勞工的真意是否在終止勞動契約。如果勞工並非意在終止契約，則其應接受調職之處分或雇主得以其違反提供勞務之義務而對之進行懲戒。法院實務則有認為職災勞工顯有終止契約之意者[280]。

　　法院實務上也有認為職災勞工醫療中，如經醫院認定具有部分工作能力（例如原來從事搬運電池、充電盤、推車等須彎腰提重物之工作者，後來無法再從事彎腰搬運重物、攀爬樓梯等動作，或不適合返回職場等），勞雇雙方得合意變更勞動契約所約定之工作，使勞工從事較輕鬆之工作者（例如束／綁橡皮筋）。惟，有問題的是，勞工得否以變更工作前之喪失原有工作能力，請求工資補償？對此，有持否定說者[281]，其認為「此期間尚在醫療中，無法從事原勞動契約所約定之工作，被上訴人使之從事較輕便之文書或監視性質工作，是否曾與上訴人協商？若未與之協商，能否謂上訴人已同意變更原勞動契約之條件，而不得向被上訴人請求其原領工資數額，扣除從事非原有工作獲得報酬之工資差額為補償？即非無疑。」反面解釋，如勞雇雙方協商變更工作內容及工作條件，勞工即不得請求工資差額補償。但也有持肯定見解者[282]，其認為「至職業災害發生後變更勞動契約所約定之工作，則係勞工能否拒絕從事該工作，

[277] 行政院勞工委員會85年1月25日（85）台勞動3字第100018號函參照。

[278] 行政院勞工委員會78年8月11日（78）台勞動3字第12424號函參照。

[279] 行政院勞工委員會90年6月12日（90）台勞資2字第0021799號函參照。

[280] 最高法院89年度台上字第1783號民事判決參照。

[281] 最高法院95年度台上字第323號民事判決參照。

[282] 最高法院101年度台上字第1919號民事判決、最高法院104年度台上字第84號民事判決參照。

依上開條款請求雇主補償工資之問題，與其是否喪失原有工作能力無涉。」[283]本書以為後說為是，即雇主提出經過醫院診斷或公正的職業災害鑑定機構認定的證明，審定勞工已喪失原有工作能力，但仍可從事其他工作，故雙方得合意變更勞動契約，即雙方可合意調整職務，必要時也可以調動工作地點（因職務調整所不得不變動的工作地點）。此後，即應依新的工作內容履約，惟勞基法第59條第2款但書的四十個月工資補償仍得請求[284]。在此，變更勞動契約的工作內容，必須符合職災勞工保護法第27條規定的要求。

另有問題的是，對於具有部分工作能力者，如其不同意變更勞動契約從事其他工作，也不理會雇主協商變更工作內容之要求者，雇主得否以勞工怠惰拒絕工作為由，而終止契約？例如，雇主以存證信函請求職災勞工在一定日期之前銷假上班，而勞工拒絕復職，法院認為其有惡意違約行為，不受勞基法第13條規定之保護，雇主依勞基法第12條第1項第6款規定終止系爭僱傭契約，並無因違反同法第13條前段規定而無效之情事[285]。或者，在雇主催告上班後，之後再度發函勞工表示願意調整勞工之職務為室內辦公職員並要求在函達五日內銷假上班，惟仍遭勞工置之不理者，法院即認為「被上訴人在上訴人公司調整被上訴人工作性質後仍拒絕返回上訴人公司工作，即非屬『勞工在醫療中不能工作』，則被上訴人拒絕返回上訴人公司工作顯有終止其與上訴人勞動契約之意。」勞動契約已於存證信函到達後第六日終止[286]。

雖然如此，法院實務上有關雇主對於職災勞工怠惰拒絕工作之主張，大多因雇主未能證明勞工已回復部分工作能力，而為法院所不採[287]。

(2)復健的特殊性

再就復健一言者。本來，復健為消極性的治療，且其不以醫治（積極性治療）為前提，換言之，也有職業災害勞工未進行醫治行為（含門診），而直接進行復健行為者。在此，需分辨者：復健與重建不同，後者的目的在回復工作能力，前者的目的則是在傷病治療，但是，實務上與學者間多有將復健誤解為回復工作能力者，例如中央勞政機關即認為「一般所稱『復健』係屬後續之

---

[283] 本書作者資質駑鈍，無法了解法院的意思為何。

[284] 根據最高法院86年度台上字第283號民事判決，勞工「於發病伊始，不知為職業災害而請求留職『停薪』，自不生拋棄工資補償之效力。」

[285] 最高法院98年度台上字第2377號民事判決參照。

[286] 最高法院89年度台上字第1783號民事判決參照。

[287] 最高法院86年度台上字第283號民事判決、最高法院87年度台上字第1629號民事判決參照。

醫治行為，但應至其工作能力恢復之期間為限。」[288]相異於醫治，復健的特殊性，在於勞工一方面進行復健行為，但另一方面卻往往已具有工作能力而能從事契約所約定的工作或非契約的工作。與此相關者為：職業災害勞工保護法第10條係勞動力重建（回復工作能力）的規範所在。法院實務有認為「按勞動基準法第59條係為保障勞工及其家屬之生存權，並保存或重建個人及社會勞動力之特別規定，……。」[289]似有誤解。

　　復健確實可能期間很長，但仍然應該受到勞基法第59條第2款但書二年期間的限制。惟這可能只適用於勞基法第59條第2款本文「在醫療中」之情形。即復健既屬醫療行為之一，其即是在勞工發生職業災害後，在勞工尚未回復原有工作能力[290]或喪失原有工作能力[291]時所為。

　　然而，不只如此，即使勞工已回復原有工作能力，只要尚未治癒，仍然有復健的必要（反面言之，傷病如已治癒，身體已復原且原有工作能力已恢復，當即無復健的必要）。在此，勞基法第59條第2款但書「但醫療期間屆滿二年仍未能痊癒，經指定之醫院診斷，審定為喪失原有工作能力」，解釋上也包括治（痊）癒與否的認定，故應由醫院診斷審定勞工尚未治癒，而後始有復健的問題[292]。有問題的是，勞工經治療終止後，經指定之醫院診斷，審定其遺存障害者，是否仍有復建的必要？對此，勞工在經醫院診斷審定遺存障害而治療終止之前，即使已達失能的程度（勞工當然已喪失原有工作能力），當能開始進行復健行為，並請求工資補償。此一醫療（含復健）期間並不受勞基法第59條第2款但書二年最長期間的限制，即可能長於二年，但也可能短於二年。其在醫療期間短於二年的情形，勞工只能獲得失能補償，而不得請求工資終結補償。這是依據勞基法第59條第2款但書「且不合第三款之失能給付標準者，雇主得一次給付四十個月之平均工資後，免除此項工資補償責任。」的解釋而來，即採取失能補償優先於工資終結補償的理論[293]。至於醫療期間長於二年的

---

[288] 行政院勞工委員會78年8月11日（78）台勞動3字第12424號函、勞動部103年5月2日勞動條2字第1030130770號函參照。

[289] 最高法院87年度台上字第1629號民事判決參照。

[290] 行政院勞工委員會90年6月12日（90）台勞資2字第0021799號函參照。

[291] 台灣高等法院花蓮分院97年度重上字第15號民事判決參照。

[292] 最高法院98年度台上字第1335號民事判決參照。

[293] 最高法院96年度台上字第492號民事判決、最高法院100年度台上字第1180號民事判決、最高法院103年度台上字第2695號民事判決參照。惟最高法院96年度台上字第492號民事判決之前審之台灣高等法院高雄分院92年度勞上字第13號民事判決卻是依據勞基法第59條第2款但書的工資終結補償判決，其見解似有待斟酌。

情形，醫院診斷審定遺存障害已經超過勞基法第59條第2款但書二年期間的限制，對此，勞工固能請求失能補償，惟鑑於失能補償優先於工資終結補償的理論的立法意旨，解釋上勞工應返還或扣抵四十個月的工資終結補償。

惟經醫院診斷審定遺存障害而治療終止後，勞工之受災情況已經固定，再經治療也無法改善，似乎亦無復健的需求。

2. 未治癒（含治療終止）

勞工遭遇職業災害後，經過一段期間的醫療，仍然有未治癒者，即身心狀況未回復到發生職業災害前的狀況或留有後遺症。其中，甚且有部分經治療終止，而被醫院診斷審定其遺存障害者。所以，未治癒的範圍大於治療終止。實務上偶有將治癒與治療終止混淆者，例如中央勞政機關認為「勞工因職業災害治癒後，遺存殘障，致無法繼續擔任原來工作時，如適於勞動基準法第54條規定者，自可依勞動基準法第54條、第55條規定辦理強制退休。」[294]其所謂「治癒」，實際上是治療終止之意。蓋「治癒」表示身心狀況復原、且回復原有工作能力，不會遺存障礙。

至於醫療期間，雖然勞基法第59條第2款但書「（但）醫療期間屆滿二年仍未能痊癒」，惟此並非謂一定需要二年期間，而是可以較短或較長（例如需要長期的復健）[295]，完全以勞工之實際需要醫療期間[296]或合理治療期間（含復健）[297]而定。尤其是治療終止之認定遺存障害，完全以症狀固定再經治療亦無法改善，作為醫療期間的結束，並不受二年期間的拘束。換言之，勞工在醫療期間可獲得工資補償，惟可能在未達二年期間之前即經治療終止而審定遺存障害（失能），如此，雇主即應按勞基法第59條第3款給予失能補償。但亦有可能「醫療期間屆滿二年仍未能痊癒，經指定之醫院診斷，審定為喪失原有工作能力，且不合第三款之失能給付標準者，雇主得一次給付四十個月之平均工資後，免除此項工資補償責任。」吾人觀勞基法第59條第2款但書規

---

[294] 內政部75年1月21日（75）台內勞字第374797號函參照。

[295] 例如最高法院96年度台上字第492民事號判決參照。

[296] 行政院勞工委員會98年7月27日勞動3字第0980078535號函：「雇主若對勞工請假事由有所質疑時，可依同規則第10條規定，要求勞工提出有關證明文件。又，上開證明文件應足顯勞工之實際需要醫療期間。」只是，本書懷疑有可能先預測時間嗎？這是要醫院（師）出具特定傷病按照醫理所需要的醫療期間？

[297] 行政院勞工委員會100年4月6日勞保3字第1000008646號函參照。

定，可知同條第3款之失能補償優先於第2款但書的工資終結補償而受適用[298]。法院間即有認為「又依該條款規定，須不合同條第3款殘廢給付之規定，始得請求四十個月之平均工資，究竟上訴人醫療期間為何？是否符合該第3款之殘廢給付標準？該款之殘廢給付是否較第2款之薪資補償高？」[299]只不過，在法院實務上，不乏勞工已符合不堪勝任工作／終身無工作能力之情況，但並未經勞基法第59條第3款「勞工經治療終止後，經指定之醫院診斷，審定其遺存障害者，……。」之程序，故仍繼續適用同條第2款本文或但書者[300]，此誠有疑義。對此，雇主如欲結束此種狀態，似可要求勞工自行選擇其他經中央衛生主管機關評鑑核定之醫學中心或區域醫院診斷審定是否遺存障害及其等級[301]。

　　未治癒（含治療終止）的重點，係在勞工無法回復到發生職業災害前的身心狀況，而非喪失原有工作能力。雖然，治療終止而被認定失能者，多有喪失全部工作能力（終身不能工作）者。惟如前所述，即使在醫療中／期間，勞工也有可能回復工作能力，或者從事勞動契約所約定工作之能力、或者從事其他工作之能力。此在未治癒的情況，甚至勞工治療終止被認定失能的情況，也可能存在，即其仍然具有工作能力[302]（例如電腦工程師失去一條腿，但仍然具有原來的工作能力）。果如此，即應按照其回復原有工作能力或其他工作能力，而使勞工復職工作或調職工作。在此，在勞工具有從事其他工作之能力的情況，表示其已喪失原有工作能力，則應視其是否已達不能勝任工作之程度，而決定有無勞基法第11條第5款之適用[303]。甚且，在治療終止而遺存障害之情況，則應視其是否已達終身不能工作（喪失全部工作能力）之程度，而適用職業災害勞工保護法第25條第2項規定[304]，即「職業災害勞工經醫療終止後，經

---

[298] 最高法院96年度台上字第492號民事判決、最高法院100年度台上字第1180號民事判決、最高法院103年度台上字第2695號民事判決參照。

[299] 最高法院96年度台上字第492號民事判決參照。

[300] 最高法院86年度台上字第283號民事判決、最高法院87年度台上字第1629號民事判決、最高法院93年度台上字第170號民事判決、最高法院97年度台上字第871號民事判決參照。

[301] 行政院勞工委員會81年12月23日（81）台勞動3字第46887號函參照。

[302] 最高法院98年度台上字第2377號民事判決參照。

[303] 行政院勞工委員會79年3月16日（79）台勞動3字第05747號函參照。

[304] 依據職業災害勞工保護法第25條第2項規定，「雇主依第二十三條第二款……規定終止勞動契約者，雇主應依勞動基準法之規定，發給勞工退休金。」再依據第23條第2款規定，「職業災害勞工經醫療終止後，經公立醫療機構認定身心障礙不堪勝任工作。」雇主即得預告終止與職業災害勞工之勞動契約。

公立醫療機構認定身心障礙不堪勝任工作。」雇主始得預告終止與職業災害勞工之勞動契約（職業災害勞工保護法第23條第2款參照）。在此，雇主如係因職災勞工治療終止並且有提出經醫院診斷審定之不堪勝任工作之證明者，其選擇適用勞基法第54條第1項第2款勞工因「身心障礙不堪勝任工作者」（即終身不能工作／喪失全部工作能力而言）而予以強制退休，應無不可[305]。惟如果職災勞工尚在醫療中，雇主即不得選擇適用勞基法第54條第1項第2款[306]。需注意者，勞基法第13條本文係規定，「勞工在……第五十九條規定之醫療期間，雇主不得終止契約。」之適用[307]，其係在限制醫療期間終止契約，而非勞工自請退休或雇主強制退休之權利。

3. 治癒

所謂治癒（痊癒），係指身心所受到的傷病治療復原且原有工作能力回復而言。亦即勞工痊癒後，並無喪失原有工作能力或遺存障礙之情形（更不會有遭遇職業傷害或罹患職業病而死亡）。一般遭遇職業災害勞工經過一段期間醫療後都能治癒，且大多無須二年的醫療期間。勞工既然治癒，其即有權且有義務回復原職。惟解釋上雙方亦得合意調職。

治癒雖是大多數的情況，但實務卻常常發生勞雇雙方對於治癒與否的紛爭。對此，吾人以為勞基法第59條第2款但書「但醫療期間屆滿二年仍未能痊癒，經指定之醫院診斷，審定為喪失原有工作能力」，解釋上包括應由醫院診斷審定勞工是否已經痊癒。

其實，吾人觀實務上有關治癒與否的爭議，大多集中在醫療期間未滿二年或已逾二年，醫院診斷審定勞工具有部分工作能力，或者可以從事勞動契約之工作[308]、或者可從事其他工作，惟勞工卻主張尚須繼續接受治療並無工作能力。中央勞政機關認為「勞工職業災害醫療後，雇主對於痊癒與否如有疑義，雖不得強制要求勞工至其指定之醫療機構診斷審定，但要求勞工自行選擇其他

---

[305] 對此，本人在拙著「個別勞工法：理論與實務」第六版，2019年7月，頁472、474採取「不能勝任本業工作」的見解，並不正確，理應予以修正。至於此一強制退休權，在2020年12月4日施行的中高齡者及高齡者就業促進法，並未有所更易。

[306] 其實，勞基法第54條第1項第2款之「身心障礙不堪勝任工作者」，並不考慮是否起因於執行職務而來。請參閱拙著「個別勞工法：理論與實務」第六版，頁471註腳89。

[307] 惟行政院勞工委員會89年4月25日（89）台勞動3字第0015888號函卻將契約終止解釋包括強制退休，只不過，該號解釋已被勞動部104年1月13日勞動福3字第1030136648號函所停止適用。另請參閱勞動部103年10月17日勞動條2字第1030132247號函。

[308] 最高法院98年度台上字第1335號民事判決、最高法院106年度台上字第301號民事判決參照。

經中央衛生主管機關評鑑核定之醫學中心或區域醫院診斷審定，應無不可，惟勞工因前往就診所生之費用，應由雇主負擔。」[309]吾人以爲此一見解可採。一旦勞工拒絕遵行或遲未接受診斷者，應已違反附隨義務，雇主應可要求其前往所指定之醫療機構診斷審定。

　　至於「勞工於職災復健期間，雇主以醫囑『勞工可從事簡易之行政工作』爲由，『書面』通知勞工復職乙節，雇主宜事先與勞工協商，如逕以勞工構成曠職予以解僱，則其終止契約無效。惟案內該『簡易之行政工作』如客觀上爲勞工所能勝任，雇主通知勞工進行協商，而勞工拒絕協商，則應探究勞工拒絕協商之眞意是否有終止勞動契約之意思。」[310]在此，於醫療期間內勞工所爲之惡意行爲，應不在該勞基法第13條不得終止契約的保護範圍之內[311]。

　　最後，對於勞基法第13條規定，勞工在第59條規定之醫療期間，雇主不得終止契約。「前開規定應僅限於職業災害因素所致傷病之醫治與療養時間，且係指因『同一職業災害事故』病發所需之醫療時間，勞工所受傷病如本有復原之可能，惟因私人惡意行爲，例如未遵醫囑休養或繼續復健，甚至擅自從事將加劇原有傷病之活動，致未能痊癒或延長醫療期間者，應屬『另一事故』，該段經故意拖延之醫療期間，難謂屬本法第13條及第59條之保護範圍。」[312]這表示勞工有善意醫療行爲之義務，可解爲附隨義務之內涵。

（二）育嬰留職停薪後的拒絕復職

　　依據性別工作平等法（簡稱性平法）第16條第1項上半句規定，「受僱者[313]任職滿六個月後，於每一子女滿三歲前，得申請育嬰留職停薪，期間至該子女滿三歲止，但不得逾二年。」此係基於母性保護觀念而來[314]，並且以幼兒的出生起至「滿3歲前」，作爲行使育嬰留職停薪的期間。一旦受僱者提出申請，雇主並不得拒絕，惟雙方得就育嬰留職停薪的起迄日合意確定之。具體而言，依據育嬰留職停薪實施辦法第2條規定，受僱者申請育嬰留職停薪，應

---

[309] 行政院勞工委員會81年12月23日（81）台勞動3字第46887號函參照。

[310] 行政院勞工委員會90年6月12日（90）台勞資2字第0021799號函參照。

[311] 行政院勞工委員會78年8月11日（78）台勞動3字第12424號函參照。

[312] 勞動部103年5月2日勞動條2字第1030130770號函參照。

[313] 依據性平法第3條第1款定義：「受僱者：指受雇主僱用從事工作獲致薪資者。」

[314] 惟此並非謂僅有女性勞工始得申請育嬰留職停薪，這是因爲第16條第1項「受僱者」得申請育嬰留職停薪，並不區分性別。

於十日前以書面向雇主提出（第1項）。書面並應記載留職停薪期間之起迄日等事項（第2項）。至於育嬰留職停薪期間，每次以不少於六個月為原則（第3項）。這表示：受僱者之行使育嬰留職停薪，其最長期間為二年。至於行使的次數並不以一次為限，而是得分次（段）行使[315]。原先，雙方並得合意少於六個月的期間，只要在幼兒「滿3歲前」行使完畢即可。因此，行使育嬰留職停薪的次數可能有多次，果如此，斷續性的過多次數的育嬰留職停薪可能不利於培養與新生嬰兒的互動，以至於有違育嬰留職停薪的目的。畢竟，除了母性保護的觀念外，育嬰留職停薪還在於確保嬰幼兒受到父母親親自照顧的自然權利。所以，2021年7月1日修正施行的育嬰留職停薪實施辦法第2條第3項但書，將之限制為二次，應屬可採。另一個問題是，受僱者究竟應在預定開始育嬰留職停薪，之前多久期限提出書面的申請？此在性平法第16條並未有所規定，此也可能造成雇主審閱期間的不足而致事業單位人事排置上的困擾。為免出現此種現象，雇主當得在工作規則規定合理的期限，或在勞動契約中加以明定。還好育嬰留職停薪實施辦法第2條第1項規定「十日」前提出。

　　如上所述，基於母性保護及嬰幼兒自然權利保障的目的，乃課立法者育嬰留職停薪（及津貼[316]）的規範義務。故育嬰留職停薪係法定的勞動關係的暫時中止，一旦雙方約定的育嬰留職停薪期間屆滿，勞動關係即應自動回復。除非有特殊的情況或勞雇另行約定，否則任何一方均不得託詞任何理由拒絕履行原勞動契約之義務。此應係勞動契約的主要義務，蓋牽涉到勞動關係本體的存續。而這也是勞動關係暫時中止與永久終止的差別。至於所謂勞雇另行約定，依照育嬰留職停薪實施辦法第3條規定，「受僱者於申請育嬰留職停薪期間，得與雇主協商提前或延後復職。」此處的「協商提前或延後復職」，意味著原來留職停薪期間起迄日的變動及將來育嬰留職停薪次數的增加或減少，當然也會影響參加社會保險的強制性或任意性。

　　雖然隨著育嬰留職停薪期間屆滿，勞動關係即應自動回復，勞工即應按照「屆滿日」的次日至事業單位提供勞務（復職），而雇主也必須受領勞務。惟，一方面為確保勞工的依約復職，另一方面則是使雇主提前知悉勞工的即將復職、並預做人事的安排，故勞工應在育嬰留職停薪期滿前[317]，提出復職的申

---

[315] 例如與勞工的特別休假搭配運用。

[316] 請參照就業保險法第10條第1項第4款、第11條第1項第4款、第19條之2。

[317] 性平法第17條第1項本文規定，「前條受僱者於育嬰留職停薪期滿『後』，申請復職時，……。」本書以為似乎有誤。

請。此處的「申請」，實爲知會或通知之意。原則上，雇主並不得拒絕勞工復職的申請。有問題的是，性平法第17條及育嬰留職停薪實施辦法中並未規定，育嬰留職停薪期滿前「多久期限」應提出復職的申請。此或會造成雇主人事安排上的困擾。所以，雇主當得在工作規則加以規定合理的期限，或在勞動契約中加以明定。否則，基於權利義務對等原則，雇主應得主張類推適用性平法第17條第2項「應於三十日前通知之」規定。

實務上爭議較多者，爲雇主拒絕勞工復職之申請或拒絕勞工回復原有工作。依據性平法第17條規定，「前條受僱者於育嬰留職停薪期滿後，申請復職時，除有下列情形之一，並經主管機關同意者外，雇主不得拒絕：一、歇業、虧損或業務緊縮者。二、雇主依法變更組織、解散或轉讓者。三、不可抗力暫停工作在一個月以上者。四、業務性質變更，有減少受僱者之必要，又無適當工作可供安置者（第1項）。雇主因前項各款原因未能使受僱者復職時，應於三十日前通知之，並應依法定標準發給資遣費或退休金（第2項）。」也就是說，除非有法定的事由、並且經主管機關同意外，雇主並不得拒絕勞工復職。而且，係以回復原有工作爲原則及不得降低原有勞動條件爲前提。此係復職的當然解釋，與「勞工育嬰留職停薪期間，雇主得僱用替代人力，執行受僱者之原有工作。」並無必然的關係。換言之，即使雇主未僱用替代人力，執行受僱者之原有工作（例如將受僱者的原有工作轉給其他受僱者完成），受僱者仍然得要求回復原有工作[318]。又例如雇主並非僱用替代人力，而是僱用不定期契約工永久地取代受僱者的原有工作，受僱者仍然得要求回復原有工作。

上述性平法第17條第2項之「應於三十日前通知之」，雖名爲「通知」，但應爲預告性質，爲特殊的預告期間，不須再經勞基法第16條第1項之預告期間。只不過，假設「雇主未依法於三十日前通知者，於適用勞動基準法之事業單位，仍應依法發給預告期間工資；於不適用勞動基準法之事業單位，該期間工資之發給，則依民法相關規定處理。」[319]

問題較大者，係雇主並無性平法第17條第1項所列之四種事由之一，而雇主拒絕勞工復職之申請或拒絕勞工回復原有工作。以前者而言，雇主即會違反主要義務，而陷入受領遲延（民法第487條參照）。對此，受僱者似得依勞動事件法第49條提起確認僱傭關係存在之訴，並聲請爲繼續僱用及給付工資之定

---

[318] 不同意見説，行政院勞工委員會95年8月3日勞動3字第0950035573號函。

[319] 行政院勞工委員會98年2月11日勞動3字第0980130099號函參照。

暫時狀態處分。

　　倒是，如果雇主同意勞工復職之申請，但卻拒絕勞工回復原有工作時，即應視有無合法調職而異其法律效果。如未經合法調職時，勞工即得提起確認調動無效或回復原職之訴，並且，依據勞動事件法第50條「聲請為依原工作或兩造所同意工作內容繼續僱用之定暫時狀態處分。」惟法院必須認雇主調動勞工之工作，有違反勞工法令、團體協約、工作規則、勞資會議決議、勞動契約或勞動習慣之虞，且雇主依調動前原工作繼續僱用非顯有重大困難者，始得允許勞工之聲請。在2020年1月1日勞動事件法施行前，對於非法的調職，由於勞工之拒絕調動，常會遭致雇主的解僱，因此，當時勞工應係提起確認僱傭關係存在之訴。

　　至於合法的調動，係指受僱者於育嬰留職停薪期滿「前」，申請復職時，勞雇雙方合意調整從事其他工作而言。對於行使育嬰留職停薪勞工的調動，性平法及育嬰留職停薪實施辦法並無特別的規定。因此，勞基法第10條之1調動的規定，對之亦有適用[320]。也就是說，對於行使育嬰留職停薪勞工的同意調動，除了在期滿「前」，勞工申請復職時，雙方合意外，也可以在勞動契約中事先加以約定，只要符合勞基法第10條之1規定之五點要求即可。在此，行使育嬰留職停薪勞工的同意調動，解釋上也包括默示同意在內。

　　有問題者，雖然育嬰留職停薪期間屆滿，勞動關係即自動回復，受僱者依法必須在育嬰留職停薪期滿「前」，申請復職，以便在「屆滿日」的次日復職。然而，實務上仍然不乏受僱者未申請復職者，此究應如何處理？對此，如上所述，受僱者未復職提供勞務，實乃違反其主要義務，應課以債務不履行之責。只不過，育嬰留職停薪實施辦法第5條卻規定，「育嬰留職停薪期間，受僱者欲終止勞動契約者，應依各相關法令之規定辦理。」亦即受僱勞工得依勞基法第15條第2項「（應）準用第十六條第一項規定期間預告雇主」。換言之，行使育嬰留職停薪勞工並無依約回復原職之義務。中央勞政機關並且認為「受僱者育嬰留職停薪期滿，如有可歸責於受僱者之事由，而自請離職時，查依勞動基準法第18條規定略以，……依第15條規定終止勞動契約者，勞工不得向雇主請求加發預告期間工資及資遣費。」[321]

　　只是，上述育嬰留職停薪實施辦法第5條及中央勞政機關的見解，實在令

---

[320] 行政院勞工委員會99年7月14日勞動3字第0990130965號函參照。

[321] 行政院勞工委員會99年7月14日勞動3字第0990130965號函參照。

人難以理解。蓋如謂雇主應同意勞工的育嬰留職停薪及其復職的申請，並且給予社會保險法上的優遇（含繼續加保及育嬰留職停薪津貼），卻不加以復職的義務，此實難謂合乎事理之平，且不符合母性保護及嬰幼兒自然權利保障的本旨，此恐將不利於育嬰留職停薪的推動，或者導致雇主迅速以不定期勞力取代育嬰留職停薪勞工的工作，而在其申請復職時以調職的方式予以搪塞。解決之道，或可將育嬰留職停薪實施辦法第5條規定之「育嬰留職停薪期間，受僱者欲終止勞動契約者，應依各相關法令之規定辦理。」嚴格解釋為「期間」，而非「期滿」，故行使育嬰留職停薪勞工在育嬰留職停薪期「滿」時，即負有復職之義務，否則即應負違約之責。

第三項　各種假期的繼續給薪

基於「工資喪失原則」（Entgeltausfallprinzip）或參考方法（Referenzmethode），勞工得要求雇主繼續給薪（工資續付原則）。

一、例、休假日

針對例、休假日之工資請求權，德國工資繼續給付法（Entgeltfortzahlungsgesetz, EFZG）[322]第2條第1項規定「例休假日工資繼續給付不可更易原則」。亦即，例、休假日如為勞工在當日無法工作的單一原因（單一因果關係monokausale Zusammenhang）時，雇主應繼續給付工資[323]。此一給付的性質，或者為補償、或者為社會給付，要在於其並非勞務的對價。假設勞工在當日本無須工作，例如勞動關係中止[324]或該日未排班[325]或無薪休假日[326]，則與例、休假日免除勞務的本質不符，即無權請求工資續付。在此，應注意

---

[322] 相應於此一聯邦法律，各邦也有類似的法律，例如以Sachsen邦而言，也有制定Sachsen自由邦星期日國定假日法（das Gesetz über Sonn- und Feiertage im Freistaat Sachsen vom 10.11.1992）。SächsSFG; SächsGVBl S. 536.

[323] 惟，此並非謂勞工在星期日或國定假日絕對不得工作。而是，依據德國工作時間法（ArbZG）第10條第1項第8款規定，雇主原則上得使勞工在星期日及國定假日工作。BT-Drs. 12/6990, 13 f., 43.

[324] Vgl. BAG v. 26.11.2016, BAGE 157, 97 = NZA 2017, 123 Rn. 15.

[325] BAG v. 24.9.2015, BAGE 152, 378 = NZA-RR 2016, 45 Rn. 17.

[326] 行政院勞工委員會91年4月29日（91）台勞動2字第0910020730號函：當日原非屬工作日之勞工或無投票權者，除勞僱雙方另有約定外，尚不得援引上開規定請求給假及照給工資。

者，爲了落實例、休假日的立法目的，雇主並不得以排班表的方式安排空班，以達到迴避給薪的法律規定[327]。

在實務上，如報社與派報生在勞動契約中約定：派報生負有週一至週六每日送報之義務，其工作日以送報地區當日有實際投遞爲限。此一約定即違反爲落實社會國原則（Art. 20 I GG）之工資繼續給付法（EFZG）第2條第1項及第12條的「例休假日工資繼續給付不可更易原則Grundsatz der Unabdingbarkeit des gesetzlichen Anspruchs auf Entgeltzahlung an Feiertagen」而部分無效（§ 139 BGB；台灣民法第111條參照）。因爲依該約定，國定例假如落在週一至週六的上班日，即無工資請求權[328]。不同的是，台灣勞基法第39條「工資應由雇主照給」，由於適用於例假、休息日、國定假日、及特別休假，除了例假及國定假日外，似乎難謂休息日及特別休假之繼續給薪亦是此一原則的表現。只不過，至於雇主所給付的「工資」，性質同樣或爲補償、或爲社會給付。

依據工資繼續給付法（EFZG）第12條之「例休假日工資繼續給付」，不得做不利於勞工的變更約定。惟其只是禁止不利變更而已，與團體協約法第4條第3項不同的是，其並未要求與法律不同的約定必須有利於勞工。所以，只要團體協約有關例休假日工資繼續給付的規定相較於法律的規定是模糊的（ambivalent）或中立的（neutral），即爲有效。也就是說，與工資繼續給付法（EFZG）第2條第1項不同的團體協約規定，並不要求「永久有利」於法律的規定，而是從客觀的標準來看，對於勞工較爲不利並非毫無疑問的（nicht zweifelsfrei）[329]。

二、特別休假

如前所述，在勞工無提供勞務，但卻得基於工資保障權請求繼續給薪，其薪資額度之確定，主要有兩個計算制度，其中一個是工資喪失原則（Entgeltausfallprinzip），另一個是平均參考方法（Referenzmethode）。

惟，有鑑於上述兩種計算工資的方法各有優缺點，德國聯邦勞工法院（BAG）在計算特別休假工資時，早在1988年即已採取將兩種方法結合在一

---

[327] Vgl. BAG v. 26.3.1985, NZA 1986, 397 [zu I 1].

[328] BAG v. 16.10.2019, AuR 2019, 533 f.; NZA 2020, 237 ff.

[329] BAG v. 6.12.2017, NZA 2018, 597 ff.

起的方法[330]。亦即在參考方法中，只納入工資因素，而排除時間因素。所以，也就不考慮在參考期間工作的時間範圍。而是將休假期間所應該給薪的工作時間範圍，以在休假期間內具體出現的工作時間為準，此即為工資喪失原則的運用[331]。只是，德國聯邦勞工法院此一參考方法的見解，實際上與聯邦休假法（BUrlG）第11條第1項參考方法的規定[332]，並不相同。依據該項規定，特別休假的工資，應以休假前十三週的平均工資計算而得，但不納入加班費、工資的增加或減少。

在我國，除了勞基法第2條第4款平均工資可視為參考方法的規定外，針對勞工已提供勞務或工資保障權存在（包括雇主受領遲延、勞工提供勞務障礙、各種假期之免除勞務等）時，雇主在一定期間內應繼續薪資，則並無平均工資的規定，而是以給付平常的工資處理（無工作日的前一日或前一段期間）。所以，此係較近於工資喪失原則的設計，但仍然有所不同。只不過，勞雇雙方是否得自由約定以一定期間的平均工資、作為計算工資的基礎？尤其是抽象的計算方法？似乎有再加斟酌的空間。無論如何，如果勞雇雙方未加以約定，則任何一方均不得主張類推適用勞基法第2條第4款六個月的平均工資計算[333]。

值得一提者，針對勞基法第38條第4項前段「勞工之特別休假，因年度終結或契約終止而未休之日數，雇主應發給工資。」勞基法施行細則第24條之1第2項一（二）規定，「前目所定一日工資，為勞工之特別休假於年度終結或契約終止前一日之正常工作時間所得之工資。其為計月者，為年度終結或契約終止前最近一個月正常工作時間所得之工資除以三十所得之金額。」似乎即為平均參考方法的應用，只是，如果其參考期間只有前一日之正常工作時間，則似難謂有平均工資可言。至於「最近一個月正常工作時間所得之工資除以三十所得之金額。」則似乎為自有的平均工資的規定[334]。只是，這裡既謂「正常工作時間所得之工資」，即指不包括延長工時工資（加班費）而言，而且，休息

---

[330] BAG v. 7.7.1988, AP BUrlG § 11 Nr. 22.

[331] 此一工資喪失原則，也應用於勞工由全時工作轉為部分時間工作時，對於之前已取得之特別休假之工資的計算。BAG v. 20.3.2018, NZA 2018, 851 ff.

[332] 依據商船勞動法（Seearbeitsgesetz, SeeArbG）第61條規定，特別休假工資係採工資喪失原則。

[333] 採取同說者，BAG v. 16.10.2019, NZA 2020, 237 ff., 238。

[334] 這表示：平均參考方法的參考期間，並不要求一致，而是可以按照雇主受領勞務遲延、勞工提供勞務障礙、各種假期之免除勞務等狀況，而設計符合其需要的時間長度。而在法未規定的情形下，並不宜採取類推適用勞基法第2條第4款所定六個月參考期間。

日、例休假日並無正常工作時間，當日雇主雖給薪，但似乎不應將之納入再除以30而得出金額。雖然如此，本書毋寧相信中央勞政機關只是規範疏漏或用語不夠精確而已，其並無意將休息日、例休假日工資排除在平均工資計算的基礎之外。

　　另外一言者，勞基法第2條第4款係以六個月的工資總額計算平均工資，其似未將該期間內的加班費、工資的增加或減少予以排除。

三、傷病假

　　勞工罹患傷病，在接受治療、休養期間，雇主應依勞工請假規則第4條、第6條規定，繼續給付工資。此在勞工普通傷病假期間，係「一年內未超過三十日部分」給付工資的半數。至於公傷傷病假期間，勞工請假規則第6條並未規定領薪的期間，而應以勞基法第59條第2款的規定為準。雇主應繼續給付原領工資。

　　有問題者，勞工在治療、休養期間繼續給付工資，其所謂「普通傷病假一年內未超過三十日部分，工資折半發給」，工資之計算方法，究竟應以勞工「當月若工作所得工資之半數」為準？或者「前一個月工作所得工資之半數」為準？法並無規定。至於勞基法第2條第4款之平均工資，應不適用於此。

　　而無論是以勞工「當月若工作所得工資之半數」為準或以「前一個月工作所得工資之半數」為準，都會面臨雇主企業經營時的各種風險、以及勞工工作收入不穩定等因素的影響[335]。立法上若能參考勞基法第2條第4款之參考期間方法（Referenzmethode）的做法，應該較為公平合理。至於期間不一定為計算事由發生之當日前六個月內所得工資總額，而是可以是一個月或三個月、甚至一年或三年為期。

　　另外，針對勞工因常請普通傷病假而缺勤，依據勞工請假規則第4條第3項及第5條規定，勞工普通傷病假「一年內未超過三十日部分」，「勞工普通傷病假超過前條第一項規定之期限，經以事假或特別休假抵充後仍未痊癒者，得予留職停薪。」言下之意，只要勞工一年內有三十日的普通傷病假，而其以事假或特別休假抵充後仍未痊癒者，雇主即得預告終止契約（勞基法第11條第5

---

[335] 依據行政院勞工委員會職業訓練局101年7月5日職業字第1010031902號函：「若受僱者請假致雇主給付之工資低於依就業保險促進就業實施辦法第21條第1項第1款各目規定之僱用獎助核發標準，受僱者於請假期間並未提供勞務，請按勞工實際獲致工資數額，覈實發給雇主僱用獎助，並不得超過本辦法第21條第1項第1款各目補助額度。」

款參照）。相對地，德國則是以僱主所製作的健康預測書中，在解僱前三年的平均參考期間（Referenzzeitraum），勞工每年平均缺勤九十三日，爲不經預告終止契約的理由[336]。果然達到此一日數，則要求僱主繼續給付薪資，即會顯示出與勞工的提供勞務間，嚴重地不符合比例原則。

第四項　工資請求權時間

　　針對上述各種工資續付的狀況，勞工究竟應在多久時間內主張工資請求權？此在勞基法及其他勞工法令並無特殊規定。似應回歸民法第125條～第127條規定處理。

　　依據中央勞政機關的見解，工資請求權的消滅時效，應適用民法第126條的五年期間。依之，「一、勞工特別休假因年度終結或終止契約而未休者，僱主如未依規定發給應休未休日數之工資時，其請求權係受民法第126條時效之限制。二、民法第126條規定『利息、紅利、租金、贍養費、退職金及其他一年或不及一年之定期給付債權，其各期給付請求權因五年間不行使而消滅。』」[337]其似乎是從外表觀察，認爲工資的發生與利息、紅利、租金、贍養費、退職金相同或類似，故應將工資請求權解釋爲「其他一年或不及一年之定期給付債權」之一種。採取同樣見解者，針對勞工領取勞保局核定墊償勞工工資的時效限制，同樣應適用民法第126條五年消滅時效之規定[338]。

　　與此不同的是，針對資遣費的請求權時效，中央勞政機關認爲「……至其請求權消滅時效期間，該法雖無明文規定，惟仍應適用民法第125條一般消滅時效期間之規定，因十五年間不行使而消滅。」[339]本書以爲此一見解應屬正確，蓋資遣費的本質並非工資，應適用一般請求權的消滅時效。

---

[336] BAG v. 25.4.2018, NZA 2018, 1056 ff., 1058.

[337] 內政部74年11月4日（74）台內勞字第359959號函參照。

[338] 行政院勞工委員會78年8月4日（78）台勞動2字第21362號函參照。

[339] 行政院勞工委員會84年9月27日（84）台勞資2字第134376號函參照。

第六章 | 工資彈性化問題

案例1：廣義工資的約定與記載（不一致）：不完全約定與完全的記載

甲受僱於乙擔任業務員一職，雙方在契約中約定每月工資總額新台幣4萬元，包括底薪、伙食津貼、全勤獎金、績效獎金（每年11月底查驗有無或多少績效）、久任獎金、三節獎金、差旅費、差旅津貼及交際費。雙方約定每月給薪一次，並於月底匯款。但是，全勤獎金的高低或有無視甲每月出勤的狀況而定。並且，在每年11月底審視績效的有無或多少而定績效獎金的有無或高低，並與12月份工資同時發放。又，三節獎金依三節發放時勞工是否在職、久任獎金則是以甲每年12月底仍在職才發放。差旅費、差旅津貼及交際費則依甲出差的地點、時間的長短而定。至於勞動契約並無年終獎金的約定，由乙依照每年的盈虧自行決定有無或高低。同樣地，勞動契約並無紅利的約定，由乙依據勞基法第29條及公司法第235條之1發放。問：上述甲由乙受領的各種給付，乙是否均應將每月給薪的項目，記載於薪資發放明細表？

案例2：附任意保留條款

甲受僱於乙擔任業務員一職，雙方除在契約中約定每月底薪新台幣4萬元外，並且有「當年度業績表現達到公司所訂目標時，乙承諾給甲三個月年終獎金，並且同意在明年再次發放，惟保留任意撤回的權利。」甲表示懷疑此種保留條款的效力。乙遂表示可改為如下之約定「當年度業績表現達到公司所訂目標時，乙承諾給甲三個月年終獎金，並且同意在明年再次發放，如甲至明年12月31日仍然在職。」甲則表示同意。

　　工資彈性化為勞動關係彈性化之一環，影響勞雇雙方的權益甚大。惟勞動法令似無任何規定。實務上，雇主可能將工資與非工資性質的津貼獎金混用，也可能將現行的工資部分移至未來領取的企業退休金或企業年金，造成其正當性或合法性的問題。其實，各種勞動條件間（尤其是工資與工時）具有一定程度的連動性及流動性，在總額成本的考量下，使得雇主擁有其彈性運用的空間，例如減少工時的工資額度，並增加工作時數；或增加工時的工資額度，並減少工作時數。此在勞基法最低勞動條件及其變動遵循法定程序的前提下，似難謂為不法。

第一節　勞動條件彈性

　　勞動關係的彈性，涉及到勞務提供契約類型的選擇（僱傭契約、勞動契約、承攬契約、委任契約、勞動派遣契約、電傳勞動契約、外包等）、勞動契約類型的選擇（部分工時契約、定期契約、移動勞動契約mobile work、家庭辦公室契約Home office等）[1]、試用勞動契約之採用、勞動契約內容／要素的彈性（工作內容、地點、工資、工作時間）、勞動契約變更與終止之彈性，以及退休的彈性（含退休年齡、退休金基數或額度）等。這些彈性的作為，有些已規定於勞動法令（尤其是勞基法）。例如調動（勞基法第10條之1參照）、工時彈性化措施（彈性工時、變形工時、工時除外措施、輪班工作、夜間工作，以及特別休假遞延至次一年度實施等）[2]等。值得注意者，部分彈性化作為，雇主能否發動，繫之於勞工團體或準勞工團體的同意，即賦予團體協約自治團體、勞工參與的團體自行約定符合其行業或廠場須要的規定。只不過，有些企業行為，由於屬於經營層面的問題，傳統上也有屬於公司法制或企業法制的範疇者，所以並不被視為彈性化的措施，例如延長工時工作、例休假日停止、企業的組織架構、改組、轉讓、關廠、歇業、破產等。

　　上述的彈性化作為，可以說貫穿整個勞務提供契約的過程，從訂約、工作地點、工資、工時、契約終止、及退休等，幾乎含蓋到每一個勞動條件。實務上多有加以採行者，惟勞動法制上似乎以工時彈性化為規範重點。對於勞動

---

[1]　但原則上不包括學習型勞動契約之選擇，例如與求職者訂立實習生契約。此類契約事實上都會被推定為勞動契約。請參閱楊通軒，實習生勞工法律問題之研究，東海大學法學研究，第38期，2012年12月，頁243以下。

[2]　楊通軒，勞工保護法：理論與實務，第一版，2019年9月，頁104。

法令已經規定的彈性化措施，其合法性固無庸置疑，但並非謂即無檢討其必要性或合理性的空間，例如勞基法第84條之1的工時除外規定（尤其是部分被中央勞政機關公告的工作者）。問題較大者，是未被法令規定的工作時間彈性作為，雇主是否當然即不得採行？或者以「法未禁止者，即為法之所許」的法理，而允許之？至於其他法未明定的彈性化作為呢？例如早期實務上採行而勞動法令未明定的勞動派遣，雖然隨著在勞基法加以部分規定而取得合法地位，但是否即可謂適用勞基法的行業即可採用勞動派遣？或者仍有勞動派遣自有的行業限制？

　　簡而言之。傳統上，以勞務提供契約類型而言，除非法律另有規定，否則雇主或工作委託者得自由選擇係以勞動契約或承攬契約或委任契約完成勞務。如其自始選擇承攬契約，則承攬人可能是自營作業者或自然承攬人，如此，勞務提供者將喪失勞工身分。假設從勞動契約轉換為承攬契約，則會受到較為嚴格的從屬性的審查。至於在現代，雇主可能不以自僱的員工、而是以勞動派遣的方式令派遣勞工完成其工作。至於勞動契約類型的選擇，除了勞基法第9條定期契約外，法律對於部分工時、移動勞動、家庭辦公室工作等均未有所規定，這代表事業單位得僱用此類彈性化的人力。而在勞動契約的採用試用期及契約變更，勞動法令並無限制，故勞雇雙方得自由為之。惟對於退休的彈性規定，包括退休年齡、退休金基數、或者是否以平均工資計算，勞基法及勞工退休金條例並無另行約定的空間。

　　至於工時彈性化措施，勞基法及性別工作平等（簡稱性平法）[3]已經有所規定，可知立法者係將勞動條件的彈性置於工時彈性上。雖然如此，如上所述，並非謂其他法無規定的工時彈性化作為即無合法的空間[4]。例如工作時間戶頭（Arbeitszeitkonto）如果僅是在單一事業單位內實施，而非在各事業單位間流通使用之從原事業單位攜帶到新的事業單位（所謂「可攜帶式的時間帳戶」），則在現行勞基法工作時間保障的架構下，是否無合法餘地？即非無問題。如果我們回到勞基法第1條的最低勞動條件保障的立法宗旨，則整體觀之，如果高於最低標準，即有合法的空間。尤其是越短時間結算的時間戶頭，即有越高的合法性，這就如以一定期間（例如一個月、半個月或一週）為準計

3　例如第19條。

4　有關工時彈性化問題之探討，請參閱楊通軒，勞工保護法：理論與實務，第一版，2019年9月，頁243-271。

算的平均工作時間，應屬合法之約定一樣[5]。況且，目前勞基法第32條第2項但書已含有時間戶頭的用意，一定程度合理化時間戶頭的做法。

在勞動條件的彈性化中，由於法令對於工資彈性幾無規定，而實務上卻存在不少做法，使其富有特殊性與複雜性。此尤其是勞雇團體得以團體協約約定工資事項（團體協約法第12條第1項第1款參照）及設立工資制度（例如標準、級／組別），更是增加其運用上的困難[6]。以下即說明之。

第二節　工資彈性必要性與正當性之理由

第一項　激勵性工資的設計（浮動薪 vs. 固定薪／底薪）

為了避免單一薪或固定薪所帶來優劣不分、導致工作成果下降的後果，企業界多有與工作表現有關的（arbeitsleistungsbezogene）特別給與。即在固定薪／底薪之外，另有浮動薪的設計。其名目有工作表現／績效獎金[7]、銷售或服務獎金、年度終結獎金。甚至也可以盈餘分配（Tantiemen）的約定。在做法上，也可將企業獲利時點作為特定日。針對績效／效率獎金或生產效率獎金，如勞工在約定日期前離職，應可按比例領取工資[8]。雖然如此，法院間有認為「績效獎金……，係為激勵員工士氣、提升經營效率所提供之獎勵，要屬雇主經營管理之權限」者[9]，其見解似有再斟酌之處。倒是，針對銀行業發放給員工的「業務獎勵金（含遞延獎金），係為鼓勵員工在遵循法令、保護金融消費者權益與健全交易市場之前題下，獎勵和提升該行理財專員於開發及維護客戶之投入與貢獻，核屬鼓勵、獎勵性質之給付。」而且，其「於發放日前離職或留職停薪尚未復職者，均不予發放，係為激勵在職員工而發給，兼有鼓勵員工久任之作用，為目前多數國內金融機關採行之制度，並未違反何強制規

---

[5]　楊通軒，個別勞工法：理論與實務，第六版，2019年7月，頁102、104。

[6]　即使針對傷病期間的無法工作證明，團體協約採取較勞工請假規則第10條嚴格之規定，也會影響工資的繼續給付。

[7]　最高法院107年度台上字第1650號民事判決、最高法院105年度台上字第220號民事判決參照。

[8]　BAGE 146, 284 = NZA 2014, 368, 371; Preis/Deutzmann, Entgeltgestaltung durch Arbeitsvertrag und Mitbestimmung, NZA Beil., 3/2017, 102.

[9]　最高法院106年度台上字第89號民事判決參照。

定。」[10]本書持贊同的態度。

第二項　基於特定原因之給付

　　這是指與誘因有關或與特定日期有關的（anlass- oder stichtagsbezogene）特別給付，而非工作的直接對價。其項目有：針對過去或未來的忠誠獎金、留才獎金（Halte- or Retentionboni）、久任獎金、獲利分配、分紅入股、雇主所為的社會給付（包括提供借貸、提供員工打折／折扣、提供停車位）等。對於此種特別給付，勞工如在特定日前離職，即不得要求按比例給付獎金或津貼。

　　另外，將部分工資項目的彈性化，也可以作為主管領導員工的工具。例如發予每日或每月表現最佳員工獎金。

第三節　工資各項目計算方式之問題

　　工資彈性化之合法運用，是否包括雇主將實質上的狹義工資、以獎金津貼等廣義的工資名義交互使用之情形？此在工資實務上，或不乏見之，但基於工資為勞動契約之要素，且非工資性質之津貼獎金各有其獨自之目的與功能，故其混合使用之合法性實有疑慮。此一問題，實際上也牽涉到勞基法第7條、第23條第2項及勞基法施行細則第14條之1等條文所規定之工資，係指廣義工資而言。在工資總額下之各工資項目明細，也包括津貼獎金等各種特別給與。但不得因此而以津貼獎金之名、而行工資之實。在此，除了名實合一的福利性質獎金津貼外，有疑義的津貼獎金實已被推定為工資。勞動契約中固應明確約定狹義工資的項目，但並非謂必定要明定每一項目的金額，而是可以隨個案的狀況而定金額的有無或高低，例如績效獎金、全勤獎金等。勞動契約亦得約定福利性給付及社會給付名目及金額，但亦得只約定名目而無金額，甚至亦得全無約定，而由雇主在特定時間點或針對特定事件而自行決定是否發與獎勵性或恩惠性給予。最後，勞基法第23條第1項「工資各項目計算方式明細」與勞動契約所約定的給付項目及金額並不一樣，採取覈實登記主義，即只將當次所發放的工資總額、工資項目記載，且即使違反勞動契約所約定項目及金額，也必須確

---

[10] 最高行政法院107年度判字第657號行政判決、最高行政法院107年度判字第545號行政判決、最高行政法院106年度判字第746號行政判決、最高行政法院106年度裁字第1179號行政裁定參照。

實登記【案例1】。

第四節　工資彈性化的做法及其審查

以下為工資彈性化的可能做法，除了工資與非工資結合／交替使用、一次性給付條款外，我國勞動契約實務上卻少有使用者（雖然，部分中央勞政機關有關工資的解釋也可能涉及彈性化）。這主要是與工資總額或工資項目應事先約定有關。如果是與工作表現有關的特別給付，實際上很難與任意保留條款[11]、撤回條款、裁量特別給付條款掛鉤運用。這些工作彈性化的措施如果是在定型化契約中訂定，則還要接受法院的審查，尤其是不明條款及民法第247條之1的審查[12]。以下即說明一些工資彈性化的做法。

第一項　一般

一、在工資項目中，部分工資的項目只是短期的或定期的給與。例如販賣特定名產的事業單位，只在特定節日或期間始會由員工在該地現場販賣，則工資只需在該日或該期間給予。

二、自動地或單一次地引用團體協約所規定的工資（引用團體協約工資條款）。這是雇主與非工會員身分的勞工約定，將團體協約所規定的工資一次地或自動地（多次地）適用及之。雇主可以自主地、彈性地適用團體協約工資，達到防止非工會勞工加入工會的目的。

三、尤其是，以勞資會議決議所做的工資事項較具彈性（勞資會議實施辦法第13條第1項二（二）、第22條第2項復議）。但是，必須注意勞動事件法第2條第1項第1款勞資會議決議的規定，因勞工得以勞資會議決議作為起訴的請求權依據。

四、另外，雇主得經由部分時間勞工的傳喚性工作（Arbeit auf Abruf）的運用，達到工資彈性化的目的。其原先是工時彈性化工具，但因工資的高低係

---

[11]　只是，德國聯邦勞工法院也有肯定具有雙務契約性格的工資，以附任意保留條款的特別給付的方式呈現者。BAGE 127, 185 = NZA 2008, 1173, 1177.另外，這些彈性化條款似與行政處分的附款有其類似之處，請參閱行政程序法第93條第2項規定。

[12]　Bauer/Heimann, Flexibel, motivierend und "all-inclusive" – Rechtssichere Vergütung von Führungskräften, NZA Beil. 4/2014, 114 ff.

跟隨應傳喚工作而定，所以會間接影響工資的高低。在我國，除了僱用部分時間工作勞工應行注意事項肆二有定義性規定外，並無實質的規定（每月或每週、以及每次的工作時間），所以，工資的高低可能落差很大。

第二項　工資與非工資結合／交替使用

亦即將工資的部分項目以特別給付（尤其是獎金或津貼）的方式呈現：契約的約定必須公平與透明，特別給付的目的必須明確，而且不得兼帶有工資的用意（Mischchrakter）。例如單純為獎勵勞動關係存在而發放的忠誠獎金或久任獎金有效，且可與中止／取消給付或返還給付約款併同運用。如果特別給付的目的不明，則應將之作為勞務的對價看待。

基於**工資項／名目濫用禁止原則**（勞基法第23條第2項參照），勞動契約或工會得以協商或簽訂團體協約的方式、甚至勞資會議得以決議的方式，採取一定的防範作為。

第三項　一次性給付條款

在勞動契約中對於所有加班時數的一次性給付條款（Pauschlierung）約定（總額加班費）。除非勞工由此一條款中，可以得知哪些勞務是在此範圍內，否則，該約定無效。如果雇主藉由此一條款要求勞工延長工時工作或例休假日工作，卻不給予加班費，此一條款即具有不可預見性。此種條款，也包括雇主表示只在法定最高加班時數內給予加班費。此與勞工的薪水高低無關。一旦約定無效，雇主即應依勞基法第24條或第32條之1給予加班費（加班費義務原則）或補休，或者依民法第483條第2項「按照價目表或按照習慣」給付報酬。不過，針對佣金制或按件計酬的一次性給付條款約定，由於其是以工作成果為準，而非工作時間，所以有效。

以下之一次性給付條款由於具有可預見性或明確性，因此有效：一、勞工因在夜間延長工時工作或例休假日工作，除非係由雇主所命令或事先同意者，否則不得要求加班費或補休。二、對於勞工……小時以內的加班，雇主每月給予……元一次性加班費。超過此一時數的加班，以補休的方式為之。勞雇當事人之任何一方，對於此一次性給付條款，得以一個月為預告期終止之，並且以個別約定或調整一次性給付的方式取代之。

另外，此種一次性給付條款約定尚需注意有無民法第74條規定之情況，即約定所清償的加班時數不得侵害勞動契約的對價性（Äquivalenzverhältnis）。在德國，如果一次性給付條款所清償的加班時數已超過正常工時的25%以上，已屬德國民法第307條第1項第1句不適當的歧視而無效[13]。

第四項　任意保留條款

任意保留條款（Freiwilligkeitsvorbehalt）是傳統的工資彈性化工具，係將工作與變動工資相連結的做法。與撤回保留條款不同的是，雇主雖給予勞工特定給付的請求權，但藉由任意保留條款卻可排除未來的請求權（裁量決定權）。在過去，此種條款廣泛地被承認效力，但因雇主可能依之肆意地位移給付與相對給付間的對價關係，現在能適用的範圍已極為有限。只有在附有任意保留條款的一次性給付（Einmalzahlung）始有合法性可言，相反地，附任意保留條款的整體性給付（Pauschalvorbehalt）則為無效。因其對於勞工構成不適當的歧視或違反公平原則而無效[14]。前者，例如雇主今年雖給予勞工一個月的聖誕節獎金或年終獎金，但勞工明年並無給付請求權。雇主即使承諾明年再次發放，惟保留任意撤回的權利。雇主在第一次給付時，其法律行為即已終結【案例2】。

雇主此種給予全體或部分員工的一次性給付，常以與員工簽定完成一定目標的協議方式（Zielvereinbarung）為之，其動機可以是最佳的業務表現、銷售量好、股票價格高、或員工忠誠度高，但其必須公開透明地表示「這只是一次性的給付，員工對於未來並無請求權」。此種附有任意保留條款的一次性給付，可以避免企業習慣的形成，台灣在2020年1月1日勞動事件法（第2條第1項第1款參照）施行後，尤其具有重要性。

上述任意保留條款適用上的限制，是針對勞工而言，如果是委任經理人或董事、負責人，即可自由約定，其做法例如：約定此類人員除了年度底薪[15]之外，在董事會公平裁量下，得由公司給與以紅利（Bonus）形式出現的變動

---

[13] Preis/Deutzmann, Entgeltgestaltung durch Arbeitsvertrag und Mitbestimmung, NZA Beil., 3/2017, 104.

[14] BAGE 147, 322 = AP BGB § 315 Nr. 113 = NZA 2014, 595 Rn. 52.

[15] 針對年度底薪，委任契約得約定平均分配為12次，按月給付之。

薪資，包括（一次性的或多次性的）年度特別給付、獎金等[16]。此種變動的薪資，事業單位「得」為給付、而非「應」為給付，與雙務契約中的工資義務尚有不同。此種合法的任意保留條款，是因為經理人或董事委任契約與勞動契約的性質迥異，經理人或董事並無人格從屬性，而是具有自主性，其是在自我負責下領導經營事業單位。事業單位並得毫無限制地與經理人或董事簽訂與工作有關的目標協議，這是與勞工簽訂此類協議有所不同的。另一方面，基於經理人或董事負有較高的忠誠性義務，必要時，事業單位也可以事後變動薪資、甚至減薪[17]。

第五項　撤回保留條款

撤回保留條款（Widerrufsvorbehalt）的特徵是，雇主承諾給予勞工一項給付，但在寬鬆的條件下得將之撤回。此一給付，可能是針對未來、但也可能是正進行中的給與。其是在勞動契約中所做的單方賦予雇主決定權的約定[18]。此一撤回條款必須透明，使得勞工知悉在何種條件下（企業經營原因或勞工的工作表現或其行為），雇主得行使撤回權。另外，此一條款也不得不適當地侵害勞動契約的對價性（Äquivalenzverhältnis），否則無效。依照德國聯邦勞工法院（BAG）的見解，雇主所撤回的工資，如果占與工作表現有關的工資項目／總額25%以上[19]或撤回與雙務契約無關的給付占工資總額30%以上[20]，即已非法地侵害勞動關係的核心部分。這是為了確保雙務契約的對價性而由法院實務演變而成。

第六項　裁量特別給付／單方確（決）定權

此種在勞動契約中所約定的工資彈性化工具，是在金融海嘯後成為德國法院裁判的焦點所在。其具有取代任意保留條款的功用。雇主必須根據德國民法第315條第1項公平裁量（nach billigem Ermessen），以確定特別給付的額度，

---

[16]　BGH v. 24.9.2019, NZA 2020, 244 ff.

[17]　BGHZ 207, 190, 209 = NJW 2016, 1236 Rn. 52.

[18]　BAG, NZA 1996, 603, 605.

[19]　BAGE 113, 140 = NZA 2005, 465, 467; BAG, NZA 2017, 777, 778.

[20]　BAG, NZA 2007, 87; NZA 2017, 777, 778.

可簡稱為裁量特別給付（Ermessenssonderzahlungen）。其特徵是：勞工根據勞動契約只被承諾有一特別給付請求權。其具體的額度則是由雇主在每一到期日單方確定之。例如針對聖誕節獎金，雇主單方決定勞工在職期間至少六個月者，可以獲得其每年所確定的聖誕節獎金額度的50%，如果在職十二個月以上者，可以獲得其每年所確定的聖誕節獎金額度的100%。

此種契約的約定有效，雇主得根據公平原則針對變動工資的額度部分，終局地加以決定。雇主負有符合公平原則的釋明責任及舉證責任。只要符合公平原則，此種特別給付的額度也可能是零（Null）。惟至少針對此種給付係作為勞務對價時，只有在面臨經濟的特別狀況之際，始可將特別給付的額度歸零。如果雇主係將請求紅利（Bonus）的額度與企業的獲利狀況與勞工達到其工作目標相掛鉤，則實際上其已先編列好紅利預算，則在獲利不佳時，其仍然應給予完成工作的勞工適當地獎勵給付。一旦雇主確定紅利的額度，此種給付相對於其他一次性地給付，具有優先適用性。亦即雇主不得一方面以特殊的經濟狀況而將裁量特別給付歸零，另一方面卻又以特殊動機為由給予勞工一次性給付。如此，雇主規避了一項可以優先作為履行契約義務的手段。

有問題的是，假設雇主在過去一直給予勞工一定最低數目的特別給付，這是否代表雇主潛藏一項風險，亦即只能就超過最低額度的部分，依照公平原則行使其決定權？對此，似應採否定見解，否則，將會迫使特別給付不斷地向上提升。這也使得工資彈性不在存在，反而是存在一個工資自動調升機制。

另外不明的是，此一裁量特別給付條款應否設立標準（Kriterien），以為雇主單方行使確定權時遵循之用？對此，德國聯邦勞工法院（BAG）認為非雙務契約關係下的給付並不需要。只不過，如果雇主保留權限將與工作表現有關的特別給付歸零，則似應設立標準行事。

第七項 特定日在職條款

特定日在職條款（Stichtagsklausel）係「時間類型化Typisierungen in der Zeit」的設計。其係對員工一體性對待的展現，並且只要所選擇的特定日與設定的事實一致，其界定受到優待的員工族群，從實用性（Praktikabilität）的理由即具有事理的正當性[21]。此一特定日，係落於員工請求特定給付期間的最終

---

[21] Vgl. BAG, NZA 2014, 335 Rn. 26; NZA 2010, 472 Rn. 30.

日。既是一體適用的規定，即不會考慮個別員工的特殊情況。根據此一條款，員工如欲自行終止契約，其預告離職的意思表示最快只能在特定日後次日行之。例如每年12月31日為特定日，則其最快在1月1日預告離職，而在一定期間後生效（勞基法第16條第1項參照）【案例2】。

　　在工作量日增而求職者日減的時代，雇主即有藉由特別給付以達到員工不要離職的利益。特定日在職條款即是在追求此種目的。我國銀行業所採取之業務獎勵金，即有此類特定日條款的約定[22]。此種條款是指勞工如在特定日未與雇主終止勞動關係，即有一特別給付請求權。在此，並不問終止是由誰發動或契約終止理由是存在於雇主或勞工身上或者是合意終止契約。只是，如果特別給付具有工資的性格，則對於已完成的工作（績效／效率／業績），勞工仍得依比例請求特別給付。相反地，如果是單純對於勞工忠誠的獎賞（年終獎金），則勞工將會喪失請求權。

　　值得一提者，由於團體協約當事人受到憲法上團體協約自治的保障，因此，其對於勞動條件擁有寬廣的決定權或判斷特權[23]。法院對於團體協約有關違反平等的差別待遇或對於自由權不當的限制[24]，固應拒絕承認其效力。但是，團體協約對於工資相關事項的約定，並無須採取最符合目的、最理性的或最合乎公平正義的解決方法，而是只要具有客觀的理由即可[25]。在實務上較常見者，為團體協約所約定的特定日在職條款（例如每年12月31日仍在職[26]）。依之，工會會員必須在特定日期勞動關係並未終止，對於特別給付（Sonderzahlung）[27]始有（按比例的）給付請求權。或者如在特定日前已經離職，即應將所領取的特別給付（部分）返還。團體協約當事人得自由約定特別給付為工資的性質或者為獎勵勞工過去或／及（在有契約條款特別約定時，）未來仍然在職之忠誠（Betriebstreu）獎金[28]、或者兼具兩者的混合性

---

[22] 最高行政法院107年度判字第657號行政判決參照。

[23] BAGE 163, 144 = NZA 2018, 1344 Rn. 36; BAGE 153, 348 = NZA 2016, 897 Rn. 31.

[24] BAG, NZA-RR 2017, 478 Rn. 29 = NZA 2018, 128 Os.

[25] 尤其是對於福利性的給付，團體協約排除非會員之適用，應無違反平等原則可言。

[26] 此並不區分是不定期契約或定期契約的勞工，一體適用之。惟對於長期無工作能力者、育嬰假者、提早退休者、死亡者遺屬、兵員役者，得由團體協約自行約定是否適用。

[27] 例如年度的一次性給與、在法定企業退休金或企業年金外之老年照護給付等，即屬之。

[28] 我國民間慣行的年終獎金是否具有忠誠獎金的性質，並不清楚，主要是勞動契約中未有相關的條件規定，尤其是未有促進來年忠誠的設計。

質，並且設定特別給付的條件及排除或刪減的事由[29]。此類特定日在職條款當然對於會員的工作自由或離職自由造成一定的拘束，這是因為自主決定離職或受到遲延或甚至阻礙[30]，惟會員也從此一工資制度中獲得好處。所以，相異於與勞動契約不得為拘束條款或返還條款的約定[31]，團體協約當事人得為此類條款的約定，其並未逾越基本法第3條第1項及第12條第1項保護義務功能（Schutzpflichtfunktion）的界線[32]。即團體協約特定日在職條款及返還條款係基於基本法第3條第1項及第12條第1項保護義務範圍（Schutzpflichtdimention）而來，其並非直接適用或類推適用民法第622條第6項規定[33]，蓋特定日在職條款及返還條款的拘束效力，與民法第622條第6項的預告期間不同。從比例原則來看，雇主也具有合法的利益，採取的手段也是合度的及必要的。

　　與團體協約特定日在職條款類似者，為團體協約特定日條款（tarifliche Stichtagsregelung），這是指將團體協約規定事項繫於特定日生效或失效，例如將修正的團體協約的工資制度自特定日起施行。由於團體協約當事人擁有寬廣的形成空間，所以，只要其遵守信賴保護（Vertrauensschutz）的界線，即得自由訂定特定日期。此一修正只受到法院濫權控制（Willkürkontrolle）的審查。亦即針對團體協約薪資級別規定（Stufenordnung）的修正，團體協約當事人約定特定日起施行，其會員如因此而添增升級到較高級別的限制者，並不得主張基法第3條第1項的一般平等待遇原則（allgemein Gleichheitssatz）受到侵害。即其為合憲的規定[34]。

　　再以具有遞延工資性質的企業的退休金而言，也可與特定日條款結合運用。例如對於一位員工，如其適用原有的企業協定（Betriebsvereinbrung）有關企業退休金規定，典型地對其有利者，則自特定日起生效的、修正的企業退休金規定將之排除在外，即使對其嚴重不利，他也必須接受，蓋企業協定當事人擁有裁量空間（Ermessensspielraum）。在此，並不存在企業組織法中禁止違反平等待遇原則。雇主有權決定納入退休金計算的所得為合及只納入部分的工

---

[29]　BAG, NZA-RR 2007, 474 Rn. 17 = NZA 2007, 1128 Os.

[30]　Vgl. BAGE 163, 144 = NZA 2018, 1344 Rn. 44; BAG, NZA 2013, 577 Rn. 40.本書以為：由此看來，此種功能與最低服務年限條款實有其類似之處。

[31]　BAGE 163, 144 = NZA 2018, 1344 Rn. 38; BAG v. 3.7.2019, NZA 2019, 1444 Rn. 34.

[32]　BAG, NZA 2018, 128 Os.; BAGE 111, 8 = NZA 2004, 1399 [zu B II 2 c].

[33]　BAG v. 3.7.2019, NZA 2020, 1440 ff.

[34]　BAG v. 19.12.2019, NZA 2020, 732 ff.

資項目。即其得決定只將底薪（Grundgehalt）計入退休金的計算基礎[35]。

第八項　薪資索回條款

　　薪資索回條款（Clawback）係指公司對於業已支付與委任經理人或董事等高階經營階層的變動工資成分及獎金（Gratifikation），在（最後一期款項）給付後一定期限內得要求返還而言[36]。此種約定，在美國早已廣泛流行。惟在其他國家（例如德國），不論是委任契約或勞動契約，並不普遍，而且，由於嚴重不利於工資的穩定性或索回期限過長或甚至難以執行，因此，社會各界普遍懷著質疑或拒斥的態度[37]。對於勞動契約所約定的薪資索回條款，德國聯邦勞工法（BAG）院並不承認其效力[38]。以下即略加說明之。

　　薪資索回條款係訂定於委任經理人或董事的委任契約中，公司得藉之要求返還變動的工資成分及獎金。其本意，除了避免薪資過度膨脹外，是希望委任經理人或董事（在職中或離職後[39]）基於本身為機關的忠誠義務，持續地促進或維護公司的利益及遵守法令的要求。此一為維護公司永續發展而約定者，一般稱為「與表現有關的performancebezogene薪資索回條款」。例如努力達成事業單位所設定的營運目標，即屬其一。與此相對者，如係為規範個別委任經理人或董事的違法或錯誤行為者，稱為「與配合有關的compliancebezogene薪資索回條款」[40]。例如在個案上或整體經營上故意或過失違反其職務者。實務上的薪資索回條款，大多為「與配合有關的」類型。原本，事業單位之給付變動的工資或獎金，得在證明委任經理人或董事持續地遵守雙方約定後為之（這通常是紅利系統Bonus-Malus-System的一部分）；或者，以薪資索回條款的約定，先行給付，而在委任經理人或董事違反雙方約定、從事於不利事業單位的

---

[35]　BAG v. 10.12.2019, NZA 2020, 976.不同的是，在台灣，只要是工資的性質，即必須納入退休金計算基礎。雇主並無權決定只選擇部分工資項目納入計算。

[36]　Georg Seyfarth, Clawback-Vereinbarungen in Vorstandsverträgen – Teil I –, WM 2019, 521 ff.依據德國金融機構薪資規則（Instituverütungsverordnung, InstitutVergV）第20條第6項規定，一般員工為二年，委任經理人則為七年。

[37]　Rüdiger Werner, Clawback-Regelungen in Vorstandsverträgen, NZA 2020, 155 ff.

[38]　BAG v. 6.5.2009, NZA 2009, 783; v. 24.10.2007, NZA 2008, 40.

[39]　此一薪資索回，性質與離職後競業禁止條款中所約定的違約金，尚有不同，後者為損害賠償的性質。請參閱行政院勞工委員會88年9月2日（88）台勞資2字第0034926號函。

[40]　對於在職的委任經理人或董事的錯誤行為，公司除薪資索回條款外，還可以解任或請求損害賠償。

行為後，要求返還[41]。後者，得以約定撤回條款（Widerrufsvorbehalt）或解除條件（auflösende Bedingung）的方式為之。前者，則是為避免薪資索回條款可能被認定為無效之疑慮，可以替代行使者（至少將大部分的工資或獎金，留到後來才給付）[42]。如果是尚在職的委任經理人或董事，事業單位甚且得（以所應為的給付與應返還的款項）行使抵銷權（Aufrechnung）[43]。而兩者均能確保事業單位永續的經營。

　　在德國，一般是在有關金融機構的規範準則中，要求金融機構必須與其委任經理人或董事、甚至員工有此類條款的約定[44]。主要的規定有：金融機構薪資規則（Institutverütungsverordnung, InstitutVergV）、資產投資法（Kapitalanlagegesetzbuch, KAGB）、股份公司法（Aktiengesetz, AktG）。依據金融機構薪資規則第20條第6項規定，金融機構應對於有第18條第5項第3款不利於公司行為的員工，根據契約的約定，要求其返還已經給付的變動的工資。這是指其行為造成金融機構嚴重的損失或受到行政制裁等而言。依據資產投資法第37條第1項及第2項規定，資產管理公司應為其管理人員及員工設定一個與穩固的且有效的風險管理相一致的薪資制度（Vergütungssystem），以遏止其從事與資產投資不一致的風險行為。此一薪資制度包含績效不彰或有害行為可能導致嚴重減少變動工資的規定，這也包括薪資返還的協定。依據股份公司法第87條第1項第2款規定，股票上市公司的薪資結構必須與公司永續的發展步調一致。因此，必須設置一個以數年為評價基礎（Bemessungsgrundlage）的變動的工資。董事會（Aufsichtsrat）在公司面臨特殊情況時，應有權對於薪資加以設限。薪資索回條款即可符合此一要求。蓋為永久確保公司的經營成果，只能經由此一條款為之。

---

[41] Nicolas Raitzsch, Keine Praxis ohne Theorie – Die Claw-Back-Klausel als Element nachhaltiger Vorstandsvergütung, ZIP 2019, 104.

[42] 另一種做法是：事業單位將紅利及獎金提撥到紅利專戶裡，由該專戶按照獲利或損失而定分配額，如此，也可以影響委任經理人或董事的經營績效。

[43] Georg Seyfarth, Clawback-Vereinbarungen in Vorstandsverträgen – Teil II –, WM 2019, 569, 572.

[44] 但是，其對於非金融機構應該會產生輻射的效果（Ausstrahlungswirkung），也就是說，其他領域的事業單位會參考運用。

第五節　法無明定的工資（計算）標準

　　針對勞基法未明定之工資（計算）標準，勞雇雙方具有一定的協商空間或雇主擁有自由決定的權限，以至於影響狹義工資額度的高低。雖然如此，其與工資彈性化之運用仍然有所不同。為釐清特定工資（計算）的標準，中央勞政機關有為數甚多的函釋，其中不乏攸關勞雇權益者，但也有見解可疑者，此處不再說明。

事項索引

國家圖書館出版品預行編目資料

工資保護法：理論與實務／楊通軒著. -- 初
　版. -- 臺北市：五南圖書出版股份有限公
　司, 2021.09
　　面；　公分
　ISBN 978-986-522-807-1（平裝）

1.勞動法規　2.工資　3.論述分析

556.84　　　　　　　　　　110007777

1RC2

工資保護法：理論與實務

作　　　者 ― 楊通軒（315.7）

發 行 人 ― 楊榮川

總 經 理 ― 楊士清

總 編 輯 ― 楊秀麗

副總編輯 ― 劉靜芬

責任編輯 ― 黃郁婷

封面設計 ― 王麗娟

出 版 者 ― 五南圖書出版股份有限公司

地　　　址：106台北市大安區和平東路二段339號4樓

電　　　話：(02)2705-5066　　傳　真：(02)2706-6100

網　　　址：https://www.wunan.com.tw

電子郵件：wunan@wunan.com.tw

劃撥帳號：01068953

戶　　　名：五南圖書出版股份有限公司

法律顧問　林勝安律師事務所　林勝安律師

出版日期　2021年 9 月初版一刷

定　　　價　新臺幣380元

經典永恆・名著常在

五十週年的獻禮——經典名著文庫

五南，五十年了，半個世紀，人生旅程的一大半，走過來了。

思索著，邁向百年的未來歷程，能為知識界、文化學術界作些什麼？

在速食文化的生態下，有什麼值得讓人雋永品味的？

歷代經典・當今名著，經過時間的洗禮，千錘百鍊，流傳至今，光芒耀人；

不僅使我們能領悟前人的智慧，同時也增深加廣我們思考的深度與視野。

我們決心投入巨資，有計畫的系統梳選，成立「經典名著文庫」，

希望收入古今中外思想性的、充滿睿智與獨見的經典、名著。

這是一項理想性的、永續性的巨大出版工程。

不在意讀者的眾寡，只考慮它的學術價值，力求完整展現先哲思想的軌跡；

為知識界開啟一片智慧之窗，營造一座百花綻放的世界文明公園，

任君邀遊、取菁吸蜜、嘉惠學子！